经济管理学术文库·经济类

机电产品技术性贸易壁垒问题研究

——以辽宁省为背景

The Research on the Problem of Mechanical and electrical
products technical barriers to trade
—Take Liaoning Province as the background

赵维双 赵长昊 / 著

经济管理出版社
ECONOMY & MANAGEMENT PUBLISHING HOUSE

图书在版编目（CIP）数据

机电产品技术性贸易壁垒问题研究：以辽宁省为背景/赵维双，赵长昊著 . —北京：经济管理出版社，2012.11

ISBN 978 – 7 – 5096 – 2222 – 3

I.①机…Ⅱ.①赵…②赵…Ⅲ.①机电设备—技术贸易—研究—辽宁省　Ⅳ.①F752.67

中国版本图书馆 CIP 数据核字（2012）第 281394 号

组稿编辑：张　艳
责任编辑：孙　宇
责任印制：杨国强
责任校对：蒋　方

出版发行：经济管理出版社
（北京市海淀区北蜂窝 8 号中雅大厦 A 座 11 层　100038）
网　　址：www. E – mp. com. cn
电　　话：（010）51915602
印　　刷：北京紫瑞利印刷有限公司
经　　销：新华书店
开　　本：720mm×1000mm/16
印　　张：17.25
字　　数：277 千字
版　　次：2012 年 12 月第 1 版　2012 年 12 月第 1 次印刷
书　　号：ISBN 978 – 7 – 5096 – 2222 – 3
定　　价：49.00 元

序 言

根据近年来世界贸易发展状况来看，机电产品在国际贸易中是最大的一类商品。特别是从 20 世纪 70 年代以来，世界机电产品贸易持续急剧增长，世界机电产品出口贸易占各类产品出口贸易总额的比重一直呈上升趋势。而机电产品进出口被看作是一国或一地区参与国际分工和对外贸易竞争的一个主要指标，并理所当然受到各国的重视。正是因为机电产品在一国对外贸易中的重要战略地位，使得许多国家长期以来一直对本国机电产品生产与贸易实施各种保护政策并给予高度关注。

随着贸易自由化和全球一体化的不断深入，在国际贸易领域，高关税和配额限制已经成为历史，世界各国转而采用非关税壁垒手段来保护本国的利益，技术性贸易壁垒正是这种非关税壁垒的典型代表。而技术性壁垒作为一种非关税壁垒手段，由于其复杂性、隐蔽性、透明度更低、不容易监督和预测等特点，近年来被各国广泛采用。这一方面可以使各国使用合法手段保护本国市场和消费者利益；另一方面会给国际贸易造成无形的阻碍。近年来，技术性贸易壁垒演变成标准壁垒、知识产权壁垒、绿色壁垒等一些新的形式，这些新的形式势必会对世界机电产品贸易产生一定的阻碍作用。所谓机电产品技术性贸易壁垒，是指一国的政府或非政府机构以维护国家安全、保障人类健康和安全、保护生态环境、防止欺诈为由，对机电产品强制或非强制性地采取复杂苛刻的技术法规、标准、合格评定程序、包装和标签制度、检验检疫制度等一系列技术性贸易手段，并且对国际机电产品贸易造成非必要的或非正当的障碍。

自我国加入世界贸易组织以来，机电产品对外贸易增长迅速，尤其在出口方面增长更为迅速。出口额由 2001 年的 1187.87 亿美元猛增到 2011 年的 10855.9 亿美元，11 年间增长了 9 倍，机电产品出口在全国总出口中的比重已经从 2001 年的 48.24% 增长到 2011 年的 57.18%，机电产品已经成为我国出口的第一大类产品。根据中国机电产品进出口商会与第十一届中国国际机电产品博览会发布的《促进中国机电产业自主创新、转型升级研究报告》称，我国机电产品出口额占世界机电产品出口总额的比重从"九五"期间的 3.4% 提升至"十五"期间的 8.5%。2006 年机电产品出口得到了大幅提升，在国际上排第三位，这足以证明我国已经是机电产品出口大国。至 2008 年底，中国机电产品出口额进一步上升到世界第二位，仅次于德国，远远超过其他国家。2009 年我国机电产品出口额已经超过德国，列全球首位。从上面的数据可以看出，我国已经是机电产品出口大国，机电产品出口额增长迅速，但是我们必须认识到，我国仅仅是机电产品贸易大国，还不是贸易强国。虽然我国机电产品出口列全球首位，但报告同样指出，我国机电产品出口还存在很多的问题，出口的机电产品技术含量不高，高新技术产品占整个机电产品出口的比重偏低，中低端机电产品存在生产能力过剩、竞争性不强的问题。而高端核心机电产品仍然以进口为主，有自主知识产权的产品较少，缺乏知名度较高的产品，名牌机电产品和名牌机电企业更少。我国优势机电产品的出口在机电产品主要出口市场不断遭遇国外技术性贸易壁垒的打击。尤其是美、欧、日等发达国家和地区，凭借其先进的科学技术和雄厚的经济实力，设置了各种苛刻的技术性贸易壁垒，严重阻碍了我国机电产品的出口。

而作为国家老工业基地的辽宁省更是将机电产品作为主要出口产品，随着国家大力发展机电产品出口，辽宁省机电产品出口额也实现了迅速增长。据辽宁省统计公报数据表明，辽宁省机电产品出口额已经从 2001 年的 40.3 亿美元增长到 2011 年的 187.4 亿美元，同样辽宁省机电产品出口额占辽宁省总出口额已经从 2001 年的 36.27% 增长到 2011 年的 43.46%。随着辽宁省机电产品出口迅猛增长，辽宁省机电产品出口遭遇技术性贸易壁垒也越来越多，技术性贸易壁垒严重影响了辽宁省机电产品的出口以及出口增长率。《关于"十二五"期间促进机电产品出口持续健康发展的意见》指出："深入贯彻落实科学发展观，务实推进科技兴贸战略、市场多元化战略、以质取胜战略，加快结构调整和发展方式转变，加强出口基地建设，规范出口秩序，推动诚信体系建设，大力培育自主品牌，增强自主创新能力，加快培育以技术、品牌、质量、服务为核心竞争力的新优势，促进出口结构转型升级，实现机电产品出口持续健康发展。"在"十二五"时期国家加快振兴东北老工业基地的背景下，我们提出"机电产品技术性贸易壁垒问题研究——以辽宁省为背景"这一论题，对促进辽宁省机电产品出口以及辽宁省机电产品出口增长率的提高具有一定的实际意义，对促进国家机电产品出口、机电产业全面升级以及东北老工业基地全面振兴也将发挥重要的作用。

在目前为数不少的技术性贸易壁垒研究专著中，多是从总体研究技术性贸易壁垒对我国的影响以及遭遇技术性贸易壁垒的原因，而且大部分仅是定性研究，缺乏实证研究。本书基于前人对技术性贸易壁垒研究的成果，按照技术性贸易壁垒近年来表现出来的新特征、新趋势，以及辽宁省机电产品出口遭遇技术性贸易壁垒的实际情况，将机电产品技术性贸易壁垒细分为机电产品标准壁垒、机电产品知识产权壁垒、机电产品绿色壁垒。阐述机电产品标准壁垒、机电产品知识产权壁垒、机电产品绿色壁垒的内涵以及对辽宁省机电产品出口的影响，为促进辽宁省机电产品出口增长、国家机电产业全面升级以及东北老工业基地全面振兴将发挥重要的作用。

赵维双

2012 年 9 月 1 日于沈阳

前　言

　　随着机电产品贸易的迅猛发展，技术性贸易壁垒对机电产品贸易的影响越来越大。就目前技术性贸易壁垒的发展趋势来看，技术性贸易壁垒呈现出一些新的特征形式，这些新的特征形式将会严重限制机电产品贸易。我国是世界第一大机电产品出口国，但是我国高端核心产品仍然主要依赖进口，有自主知识产权的名牌机电产品和名牌企业很少。而目前机电产品同样也是辽宁省的第一大类出口产品，辽宁省机电产品出口主要依靠加工贸易，有自主知识产权的名牌机电产品和核心竞争力的机电产品比较少，也正是这些因素导致辽宁省机电产品出口频繁遭遇国外技术性贸易壁垒，从而技术性贸易壁垒对辽宁省机电产品出口造成了一定的影响。因此，本书提出"机电产品技术性贸易壁垒问题研究——以辽宁省为背景"这个论题，深入探讨了技术性贸易壁垒的形成机制与影响机制，具有重大的理论意义和现实意义。

　　本书采用定性与定量相结合的方法，运用计量经济学、西方经济学、国际贸易学等多种理论方法与技术手段，借鉴国内外在技术性贸易壁垒领域的研究成果对机电产品技术性贸易壁垒的相关问题进行了深入和系统的研究，为完善和发展技术性贸易壁垒理论作出了不懈的努力和探索。全书共由九章组成：

　　第一章为构建机电产品技术性贸易壁垒的研究框架。梳理了技术性贸易壁垒相关研究文献，包括国外文献以及国内文献，构建了机电产品技术性贸易壁垒的研究框架，阐述了机电产品技术性贸易壁垒的研究背景、研究意义、研究内容，以及研究方法，为后续研究提供了理论基础与方法指导。

　　第二章为技术性贸易壁垒的理论概述。对技术性贸易壁垒的定义进行了重新界定，进而在此基础上提出机电产品技术性贸易壁垒的定义，并赋予其实际内涵。然后继续研究机电产品技术性贸易壁垒的特征以及发展趋势、机电产品技术性贸易壁垒的形成机制、机电产品技术性贸易壁垒的作用机理以及机电产品技术性贸易壁垒对出口国的经济效应。为后续研究辽宁省机电产品技术性贸易壁垒形成的原因以及技术性贸易壁垒对辽宁省机电产品出口的影响奠定了理论基础。

第三章为防范机电产品技术性贸易壁垒的国际规则。对机电产品技术性贸易壁垒的国际规则如《技术性贸易壁垒协议》、《实施卫生与植物卫生措施协议》、《与贸易有关的知识产权协议》等进行了梳理，在此基础上，对机电产品技术性贸易壁垒国际规则的产生背景、基本原则以及存在的主要问题进行了深入的分析，重点研究了国际规则存在的问题以及其怎样演变成技术性贸易壁垒。为后续研究政府、行业协会以及企业跨越机电产品技术性贸易壁垒奠定了扎实的理论基础。

第四章对辽宁省机电产品出口的现状进行了系统分析。根据收集的数据资料对辽宁省机电产品的出口现状、辽宁省机电产品出口遭遇技术性贸易壁垒的现状以及主要出口市场的机电产品贸易壁垒的种类进行了深入的分析，在此基础上，得出影响辽宁省机电产品出口的主要技术性贸易壁垒形式——机电产品标准壁垒、机电产品知识产权壁垒、机电产品绿色壁垒。

第五章对辽宁省机电产品遭遇技术性贸易壁垒的原因进行了研究。从生产层面、信息与管理层面、国际环境层面、消费者层面、法律层面五个方面对辽宁省机电产品出口遭遇技术性贸易壁垒的原因进行深入的研究，目的是找出辽宁省机电产品遭遇技术性贸易壁垒的真正原因，本章进一步验证了技术性贸易壁垒的形成机制。

第六章深入研究技术性贸易壁垒对辽宁省机电产品出口的影响。根据影响辽宁省机电产品出口的主要技术性贸易壁垒形式——机电产品标准壁垒、机电产品知识产权壁垒、机电产品绿色壁垒。分别进行定性分析标准壁垒、知识产权壁垒、绿色壁垒对辽宁省机电产品出口的积极影响以及消极影响，进一步验证了机电技术性贸易壁垒对机电产品出口的影响机制。

第七章实证研究技术性贸易壁垒对辽宁省机电产品出口的影响。根据影响辽宁省机电产品出口的主要技术性贸易壁垒形式——机电产品标准壁垒、机电产品知识产权壁垒、机电产品绿色壁垒，在此基础上运用贸易引力模型实证研究标准壁垒、知识产权壁垒、绿色壁垒对辽宁省机电产品出口的影响。

在定性分析的基础上，量化了标准壁垒、知识产权壁垒、绿色壁垒对辽宁省机电产品出口的影响。

第八章对发达国家应对技术性贸易的经验与启示进行了研究。系统分析美国、欧盟、日本应对机电产品技术性贸易壁垒的经验、应对机电产品技术性贸易壁垒的特点，研究发达国家应对机电产品技术性贸易壁垒的经验对发展中国家的启示以及对我国的启示，为后续研究辽宁省机电产品出口应对技术性贸易壁垒的对策奠定了基础。

第九章对辽宁省机电产品出口应对技术性贸易壁垒的对策进行了研究。根据前面的研究成果，分别从三个层次——政府、行业协会以及企业，提出辽宁省机电产品出口应对技术性贸易壁垒的具体措施。从三个层面共同努力，共同应对机电产品技术性贸易壁垒，旨在促进辽宁省机电产品出口健康、持续、快速地发展。

目　录

第一章 绪 论

第一节 研究背景及意义

长期以来，机电产品贸易在世界贸易中占据着极其重要的地位。由于其特殊性，各国对机电产品贸易实施保护的措施也日益增多。自 21 世纪以来，传统的关税与典型的非关税措施为代表的贸易壁垒措施已经大大弱化，一些新的、更加严格和带有隐蔽性的非关税措施正在逐渐成为非关税壁垒的主流，并对国际贸易产生日渐明显的阻碍作用，技术性贸易壁垒正是这样的非关税壁垒的典型，更为严格的技术性贸易壁垒的趋势愈演愈烈。近年来，技术性贸易壁垒表现为绿色壁垒、标准壁垒、知识产权壁垒等新的特征，这些新的特征对我国的机电产品出口造成严重的影响。据商务部调查表明，国外各种技术性贸易壁垒对我国出口的影响日益显著，已经涉及我国 2/3 以上的出口企业、1/3 以上的出口商品，每年造成的损失至少达到 200 亿美元，受技术性贸易壁垒影响最大的是机电产品、纺织品、农产品、轻工产品等。

"十一五"时期，随着改革开放不断深化，在国家政策扶持引导和国际产业大规模转移等内外因素共同作用下，我国机电产品进出口实现了高速增长。到 2010 年，机电产品已连续 16 年保持第一大类出口商品地位，占外贸出口总量近 60%、增量 70%；参与国际分工的能力进一步增强，在全球机电产品进出口格局中地位明显提高，跃居世界第一大机电产品贸易国、第一大机电产品出口国。作为东北老工业基地的辽宁省更是将机电产品作为主要出口产品，2000 年机电产品出口占辽宁省总出口比重达到 37.05%，2009 年机电产品出口占辽宁省总出口的比重为 42.85%，2010 年与 2011 年这一比例分别达到 43.46%、44.18%。但是受主要出口国技术性贸易壁垒影响，辽宁省机电产品出口的增长速度呈现下降的趋势，从 2000 年的 41.05% 下降到 2011 年的 20.33%，其中 2009 年出现负增长，达到 -10.49%。说明近年来，技术性贸易壁垒的新特征严重影响了辽宁省机电产品的出口，尤其是辽宁省机电产品出口的增长速度。"十二五"期间在国家提出五年后基本实现辽宁老工业基地全面振兴以及促进机电产品出口的背景下，特别提出技术性贸易壁垒对辽宁省机电产品出口的影响及对策这一论题，对促进机电产品出口产业优化升级，扩大辽宁省机电产品出口，促进辽宁省经济发展，振兴东北老工业基地具有极其重要的现实意义。

国外对我国机电产品实施技术壁垒有其正当理由，也有贸易保护主义动机，其形式主要表现为：不断颁布新的技术法规，扩大管制范围；制定严格的环境方面的标准，不断增加对机电产品的检测项目，提高标准水平；实行复杂的合格评定程序和质量认证制度；提高对机电产品的规格要求；调整检验检疫的重点，增加检验检疫项目，采取出口企业注册备案及其他登记管理制度等。总之，国外对我国机电产品出口规格要求之严、检测项目之多、技术标准水平之高、技术法规管制范围之广、合格评定程序和质量认证制度之复杂，使我国机电产品出口受到严重的限制，技术水平并不发达并且把机电产品作为主要出口产品的辽宁省更是遭受了更加严重的影响。从受影响的辽宁省的机电产品看，其范围越来越大，从机械产品、电子产品到高科技产品；从实施技术性贸易壁垒的国家看，主要集中在欧盟、美国、日本等发达国家，这三个市场的技术壁垒对辽宁省出口机电产品造成的损失占总损失的 95%；从实施技术壁垒的理由看，名目繁多、要求苛刻，如技术标准、技术法规、合格评定程序、绿色壁垒等。由此看出，国外对辽宁省机电产品出口实施的技术性贸易壁垒愈演愈烈，涉及的产品品种多、范围广，金额越来越大，后果也越来越严重。

与此同时，辽宁省在突破国外机电产品技术性贸易壁垒方面自身存在严重的问题，如管理体制混乱、法律法规保障体系不健全，缺乏有效的预警体系和争端解决的法律应对机制，缺乏针对技术性贸易壁垒的有效研发投入；企业同样没有针对性的研发投入，缺乏针对技术性贸易壁垒的长效应对机制；中介组织同样也未发挥其作为应对主体的法律功能，尚未建立完善的机电产品出口政策支持体系，尚未组织企业进行有针对性的突破技术性贸易壁垒，机电产品出口企业的服务平台尚未建成。这些问题的存在加剧了辽宁省机电产品出口的受损程度。因此，深入研究机电产品技术贸易壁垒的形成机制与影响机制、特点、形式并分析辽宁省机电产品遭遇国外技术性贸易壁垒方面的原因，技术性贸易壁垒对辽宁省机电产品出口的影响，并在此基础上运用贸易引力模型进行实证分析技术性贸易壁垒对辽宁省机电产品出口的影响，最后有针对性地提出跨越技术性贸易壁垒的对策，完善针对机电产品技术性贸易壁垒的长效应对机制，不仅对于促进辽宁省机电产品出口，减少国际贸易纠纷十分必要，而且对于确保辽宁省人民身体健康、增强辽宁省机电产品国际竞争力、促进机电产品出口的增加、增加机电企业与地方政府的收入，也具有非常重要的理论意义和实践意义。

第二节　研究内容

本书深入分析了技术性贸易壁垒的概念、特征和技术性贸易壁垒的形成机制与影响机制，以及发达国家应对技术性贸易壁垒的做法。在此基础上，结合辽宁省机电产品出口的现状、辽宁省机电产品遭遇技术性贸易壁垒的原因，总结出影响辽宁省机电产品最严重的技术性贸易壁垒形式。以这几种技术性贸易壁垒形式为着眼点，一方面，从定性的角度分别分析技术性贸易壁垒的各种主要形式对辽宁省机电产品出口的影响；另一方面，从定量的角度实证分析这几种技术性贸易壁垒对辽宁省机电产品出口的影响。最终综合定性分析以及实证分析的结论，提出辽宁省机电产品出口应对技术性贸易壁垒的对策。

一、机电产品技术性贸易壁垒的相关理论研究

主要阐明技术性贸易壁垒的基础理论，包括技术性贸易壁垒的概念，机电产品技术性贸易壁垒的定义、特征，机电产品技术性贸易壁垒的形成机制，机电产品技术性贸易壁垒的作用机理以及机电产品技术性贸易壁垒近年来出现的新形式，为下文分析辽宁省机电产品技术性贸易壁垒形成的原因以及技术性贸易壁垒对辽宁省机电产品出口的影响作铺垫。

二、机电产品技术性贸易壁垒的国际规则

本部分重点研究《技术性贸易壁垒协议》、《实施卫生与植物卫生措施协议》、《与贸易有关的知识产权协议》的产生背景、应该遵循的基本原则、存在的主要问题，便于政府与企业充分认识与技术性贸易壁垒相关的国际规则，避免辽宁省企业在进行机电产品贸易时因为不了解国际规则而遭遇技术性贸易壁垒。

三、辽宁省机电产品出口的现状

本部分主要分析辽宁省机电产品出口现状。主要包括辽宁省机电产品的出口现状、辽宁省机电产品出口遭遇技术性贸易壁垒的现状以及原因、辽宁省机电产品出口的主要市场的机电产品贸易壁垒的种类，另外，本部分也总结出辽宁省机电产品遭遇的主要技术性贸易壁垒形式——标准壁垒、知识产权壁垒、绿色壁垒。

四、辽宁省机电产品出口遭遇技术性贸易壁垒的原因

本部分主要从生产层面、信息与管理层面、营销层面、国际环境方面、消费者方面、法律方面分析辽宁省机电产品出口遭遇技术性贸易壁垒的原因，

以便后面可以提出针对性的对策。

五、技术性贸易壁垒对辽宁省机电产品出口影响的定性分析

根据辽宁省机电产品遭遇主要技术性贸易壁垒的形式，从定性的角度分别分析标准壁垒、知识产权壁垒、绿色壁垒对辽宁省机电产品出口的影响，也就是分别分析各种技术性贸易壁垒形式对辽宁省机电产品出口的积极影响与消极影响。

六、技术性贸易壁垒对辽宁省机电产品出口影响的实证研究

本部分通过贸易引力模型实证分析标准壁垒、知识产权壁垒、绿色壁垒对机电产品出口的影响，进一步明确哪种技术性贸易壁垒形式对辽宁省机电产品出口的影响起到积极效果，哪种技术性贸易壁垒形式有消极效果。

七、发达国家应对技术性贸易壁垒的经验与启示

本部分主要是分析美国、欧盟、日本应对技术性贸易壁垒的经验、应对技术性贸易壁垒的特点，发达国家应对技术性贸易壁垒的经验与启示以及对我国的借鉴，为下文分析辽宁省机电产品应对技术性贸易壁垒的对策做铺垫。

八、辽宁省机电产品出口应对技术性贸易壁垒的对策

本部分主要从三个层次分别提出应对策略，即政府、行业协会以及企业的应对措施。结合定性分析与实证分析结论以及辽宁省机电产品出口遭遇技术性贸易壁垒的原因，分三个层次提出相应的应对措施，以便能有效地应对国外的技术性贸易壁垒，从而促进辽宁省机电产品出口健康、持续、快速地发展。

第三节　国内外研究现状

一、国外研究现状

在国外最先对技术性贸易壁垒进行研究的是欧共体，它们认为各类技术、管理法规、技术标准通常会与健康、安全等公共利益联系在一起，一定程度上会成为不必要的贸易障碍，因而早在 1969 年欧共体就通过了《消除商品贸易中技术性贸易壁垒的一般纲领》，但是那时国外学者大多数对技术性贸易壁垒的研究处在简单的描述阶段，缺乏深入研究，直到 20 世纪 90 年代，在乌拉圭回合的《技术性贸易壁垒协议》的谈判时，西方学者开始对它进行了一定的研究。

（一）有关技术性贸易壁垒概念研究方面

西方学者在技术性贸易壁垒理论的研究方面，有的学者是直接对技术性贸易壁垒进行了定义，例如，Donna Roberts（1999）[①] 在《主要产品市场的技术性贸易壁垒：挑战与机遇》中将技术性贸易壁垒理解为：国内的法规或者标准能够限制国外的相关产品在本国市场上销售，从表面上看他们的理由是积极的，例如，纠正市场失灵、保护环境等。有的学者并没有直接给出技术性贸易壁垒的定义，而是规定得比较笼统，指出了包含范围。例如，英国学者 S. Henson 和 J. S. Wilson（2005）在出版的文章中认为，技术性贸易壁垒是"一个子集的非关税贸易壁垒"。包括应用于标签、产品安全、植物和动物健康、动物福利、社会问题的标准，技术性贸易壁垒包含的范围广泛和

---

① Donna Roberts. Analyzing technical trade barriers in agricultural markets：Challenges and priorities. Agribusiness，1999（15）.

内容较多。

（二）有关技术性贸易壁垒形成原因的研究

Uri Ronnen（1991）指出，有些情况下，比如安全产品，尽管消费者愿意为更高质量多付出，但政府出于温情主义或外部性原因，可能认为自由市场的质量不充分，而制定与实施最低质量标准。1996 年，Alessandra Casella 在《无边界的产品标准联盟》中提出了自己的观点，认为传统的观点有一定的问题，他认为一种产品的标准的制定不完全是政府的行为，产品的标准制定也有可能是企业的行为，企业在日常活动中也有可能对形成产品的标准产生一定的影响。1998 年，Suanne Thomshury ① 也对技术性贸易壁垒的形成原因进行了一定的研究，他认为技术性贸易壁垒的产生源于以下几方面的原因：①理性经济个体的偏好性。②经济个体的政治影响力。③经济个体与政府之间相互作用的均衡过程。2001 年，Keith E. Marskus 和 John S. Wilson② 对技术性贸易壁垒的形成原因进行归纳：①为了执行相关的标准使得执行方的成本增加。②设定的标准过高，高于正常合理的目的与要求。③相关国家在执行标准时，不是同等对待国内与国外的产品，而是采取区别对待的原则，对国内的产品应用一种标准，对国外的产品应用更加严格的一种标准。④所选择的标准往往不是目前可选标准中的最低标准，有时甚至是最高标准。⑤标准的强制性要求更高。

（三）关于技术性贸易壁垒影响的研究方面

Keith E. Marskus（2005）认为发达国家的技术性贸易壁垒确实给发展中国家的出口带来了抑制作用。而 Neil Gandal 和 Oz Shy（2001）在《标准化政策与国际贸易》中研究了政府标准化政策的选择问题。结论是：假设一国政府的政策是仅限于认可所有国外的标准与拒绝任何国外标准的情形，当网络

① Suanne Thomshury. Technical regulations as barriers to agricultural trade. PhD Diseration Blacksburg Virginia Polytechnical Institute and State University, 1998.

② Keith E. Marskus, John S. Wilson. Quantifying the Impact of Technical Barriers to Trade: A Review of Past Attempts and the New Policy Context. World Bank, 2000.

效应起作用时,所有成员国都会相互承认所有成员国的全部标准。但是当标准转换成本相对显著时,双方之间会形成一个标准化联盟,仅认可相互之间的标准,并且不认可第三国即非成员国的标准。Alan O. Sykes(1996)[①]认为技术性贸易壁垒将会通过对国内、国外消费者的福利产生不利的影响。这些不利影响主要体现在如下几个方面:①市场上商品种类变少,使得消费者可选择的商品大为减少。②生产成本上升导致最终产品价格的上升,使得消费者花费同样的钱却买到更少的产品。③因不相容而导致的市场分割,进而导致进入壁垒增加,垄断性得到加强。

(四) 对技术性贸易壁垒影响的实证方面

有些专家和学者运用贸易引力模型和计量经济学方法来考察标准对贸易的影响。例如,Peter Swann 等人对 1985～1991 年英国的净出口、出口、进口与本国的标准数目及英国和德国认可的国际标准数目进行了回归分析。结果发现,英国的标准对其出口和进口都有积极的促进作用。Silja Baller(2007)[②] 在总结前人工作的基础上,采用了 Melitz(2003) 的企业生产效率差异模型来建立方程,并采用最小二乘法进行估计。通过估计,他得出的结论是签署共同的认证协议对于促进双边贸易量的增长有显著作用。Johannes Moennas 运用贸易引力模型对上述研究进行了改进,研究了 12 个国家的 400 多个行业的国家标准和双边相互认可的标准对国际贸易的影响。实证结果表明双边互认标准对贸易具有一定的促进作用。而就相关行业的进口国家标准而言,国家标准对非制造业产品进口有明显的抑制作用,而对制造业产品进口却有一定的促进作用。这表明前人对技术性贸易壁垒的实证方面已经有了一定的研究。

---

① Alan O. Sykes. The Economics of Injury in Antidumping and Countervailing Duty Cases. International Review of Law and Economics, 1996 (16): 5－26.

② Silja Baller. Trade Effect of Regional Standards Liberalization—A Heterogeneous Firms Approach. World Bank Policy Research Working Paper, 2007.

（五）关于跨越技术性贸易壁垒的研究方面

Barbara Fliess 和 Joy A. Kim（2008）[①] 在《特定的环境产品贸易以及与之相联系的服务贸易所面临的非关税壁垒》一文中，从企业自身的角度提出了自己的建议，进而得出"突破技术性贸易壁垒主要在于出口商本身，而不在于政府，出口商可以将自己的出口成本负担转嫁到其他商业合作伙伴身上，比如，在出口市场上雇佣当地的商业合作者"的结论。Michelle P. Egan（2002）[②] 研究中提到在欧盟制定标准时涉及多家企业、消费者协会和贸易协会，他通过英国小玩具公司和美国 Dormont 公司的例子证明了中小企业不能总处于被动挨打的局面。中小企业不但可以跨越技术性贸易壁垒，而且还能通过一定的方式来制定行业的标准。一旦中小企业自己的标准成为行业标准、国际标准，那么企业的产品在国际市场中就享有一定的地位。

总之，进入 20 世纪 90 年代以来，由于相关国家技术性贸易壁垒的大量使用，国外对技术性贸易壁垒的研究取得了较大进展，涌现了许多研究成果，为后人的研究提供了重要的研究基础，但是还存在一定的问题，缺乏全面性与系统性，国外对技术性贸易壁垒的研究大多是针对问题的某一方面。另外，在实证研究方面还有待进一步深入。

二、国内研究现状

国内学者较国外学者而言，研究技术性技术贸易壁垒的步伐稍稍有点儿落后，叶柏林和陈志田在 1992 年著的《技术引进与进出口商品的标准化》[③]一书，是我国最早对技术性贸易壁垒进行研究的著作。进入 21 世纪以后，国外的技术性贸易壁垒对我国产品的限制开始增多，这引起了国内专家、学者

---

① Barbara Fliess, Joy A. Kim. Nor – tariff Barriers Facing Trade in Selected Environment Goods and Associated Services. Journal of World Trade, 2008, 42（3）：535 – 562.

② Michelle P. Egan. Constructing a European Market：Standards, Regulation and Goverence. Oxford University Press, 2001.

③ 叶柏林，陈志田. 技术引进与进出口商品的标准化. 北京：中国标准出版社，1992.

的关注，很多专家、学者从技术性贸易壁垒的概念、形成原因、影响、对策等各个方面进行了有针对性的研究。

（一）有关技术性贸易壁垒的概念方面

比较有代表性的是：夏友富（2001）[①] 认为技术性贸易壁垒是指一国或区域组织以维护国家或区域基本安全、保障人类健康和安全、保护动植物健康和安全、保护环境、防止欺诈行为、保护产品质量等为由而采取的一些强制性或自愿性的技术性措施，这些措施对其他国家或区域组织的商品、服务和投资进入该国或该区域市场产生影响。方爱华（2001）在提出技术性贸易壁垒概念的基础上，对其进行分类，其中内容为：①技术标准与规章。②产品检疫、检验制度与措施。③包装和标签要求。④信息技术壁垒。⑤绿色壁垒。

（二）有关技术性贸易壁垒产生的原因

高文书（2003）[②] 把技术性贸易壁垒的成因归结为：经济技术的不断发展、世界贸易组织对贸易的约束越来越强、国际协议派生出的不合理国际标准增多、全球环境的恶化，各国国情的不同，提出环境的标准各异。学者张海东（2004）指出技术性贸易壁垒形成除了受经济动因影响外，贸易政策调整的需求与政府对政策的供给两个因素的相互作用及其平衡也对技术性贸易壁垒的形成产生重要的影响。康晓玲和宁艳丽（2005）认为扩散技术性贸易壁垒的经济动机在博弈情况下得到强化。

（三）对技术性贸易壁垒作用机制的研究

国内学者主要从数量控制机制和价格控制机制两个方面进行了研究。冯宗宪和柯大纲（2001）提出技术性贸易壁垒实际上是关税与非关税壁垒的一种交替作用的过程，是一种复合性的作用形式。这种机制的主要表现形态并

---

① 夏友富. 试论技术性贸易壁垒（TBT）. 中国工业经济，2001（2）.
② 高文书. 贸易技术壁垒经济分析. 财贸经济，2003（9）.

不是固定不变的，首先是数量上的控制，然后是价格上的控制，而价格控制表现为价格的上升，价格上升必然会导致出口的数量发生一定的变化，呈现"数量控制—价格控制—数量控制"交替循环变化的过程，而且这样的过程会一直持续下去。陈志友（2004）认为技术性贸易壁垒一旦实施，对出口国的出口产品就产生了明显的数量控制和价格控制的双重作用，动态地看，技术性贸易壁垒表现为"数量控制—价格控制—数量控制"的循环控制机制。

（四）有关技术性贸易壁垒对机电产品出口影响的研究方面

大部分学者只是在定性分析技术性贸易壁垒对我国机电产品出口的影响。如周祥成（2008）定性分析了技术性贸易壁垒对我国机电产品出口造成的正面影响与负面影响。章俊欣（2005）也定性分析了技术性贸易壁垒对我国机电产品出口造成的积极影响、消极影响以及产生消极影响的原因。在定量方面大都是对我国机电产品出口的影响研究。如刘佳姝（2008）用贸易引力模型定量分析了技术性贸易壁垒对我国机电产品出口的影响研究，通过回归结果可以进一步验证技术性贸易壁垒在短期会由于价格、数量的作用机制，阻碍贸易的进行，使短期贸易额下降；但是在长期，由于出口厂商自身产品的改进和规模效应会促进双方贸易的进一步发展。姜国庆（2011）[①] 的实证分析的结果是国外实施的技术性贸易壁垒对我国机电产品出口产生负面影响，从模型的时间跨度来看，仍然是属于短期内，主要是技术性贸易壁垒的限制效应发挥作用。

（五）有关技术性贸易壁垒最新发展趋势的研究方面

对于技术性贸易壁垒的发展趋势各个国家呈现的趋势有所不同。章俊欣（2005）认为在国际贸易中随着参与贸易的产品的技术等级越来越高，各国针对技术性贸易壁垒的要求也越来越严格。主要体现为：①在技术标准体系中技术含量的提升主要是由许多新技术、新产品的出现而推动的。②各国产

---

① 姜国庆，庄明星. 技术性贸易壁垒对我国机电产品出口的影响. 沈阳工业大学学报：社会科学版，2011（4）.

业的发展尤其是高新技术产业的发展推动了国际贸易的结构升级，进而导致各国建立了越来越严格的技术性贸易壁垒。朱坤林（2011）[1] 认为技术性贸易壁垒与知识产权高度集成、技术性贸易壁垒与环境保护结合起来、与消费安全有关的技术性贸易壁垒日趋严格、科技进步将进一步加剧技术性贸易壁垒对国际贸易的影响、技术性贸易壁垒将成为未来多边贸易谈判的主题。

（六）有关应对技术性贸易壁垒措施的研究方面

李纪宁（2008）[2] 分别从政府层面与企业层面提出了对策与建议。章俊欣（2005）不但考虑政府的应对策略、企业的应对策略，还加上了过去应对技术性贸易壁垒的经验、充分利用 WTO/TBT 协议、检验检疫部门应对策略。而唐晓玲（2006）[3] 认为突破技术性贸易壁垒应该树立指导思想与总体运行框架，基于这个基础再进行积极突破技术性贸易壁垒。她指出突破技术性贸易壁垒应该树立"正确识别，客观面对，积极突破，合理设置"的基本指导思想以及三位一体（企业—中介组织—政府—世界贸易组织争端解决机制）的总体运行框架，政府、中介组织、企业各自提出针对性的措施进行积极有效的突破技术性贸易壁垒。

总之，国内学者都比较偏重理论研究、政策研究，对于实际的研究偏少；对于我国整体的研究较多，对于具体省份的研究较少；在实证研究方面也缺少深入的分析。国外与国内的研究成果对于本书的研究提供了理论基础与经验借鉴。

---

[1]　朱坤林. 技术性贸易的演变历程及其发展趋势. 中国经贸，2011（10）.
[2]　李纪宁. 对技术性贸易壁垒功能的辩证思考. 中国科技信息，2008（10）.
[3]　康晓玲，宁艳丽. 外国对华实施技术性贸易壁垒问题的博弈分析. 经济体制改革，2005（2）.

第四节 研究方法与技术路线

一、本书研究方法

（一）理论研究与应用研究相结合

阐述技术性贸易壁垒的形成机制与影响机制，结合发达国家突破技术性贸易壁垒的经验、辽宁省机电产品出口的现状及辽宁省机电产品出口遭遇技术性贸易壁垒的原因，分析技术性贸易壁垒特征对辽宁省机电产品出口的影响。

（二）定性分析与定量分析相结合

本书不仅从影响辽宁省机电产品技术性贸易壁垒的主要形式着手，分别定性分析标准壁垒、知识产权壁垒、绿色壁垒对辽宁省机电产品出口的影响，而且还引用大量的图表和统计数据，并且建立数学模型来定量分析标准壁垒、知识产权壁垒、绿色壁垒对辽宁省机电产品出口的影响。

（三）规范分析和实证分析相结合

本书在技术性贸易壁垒相关理论、技术性贸易壁垒形成机制与影响机制的基础上，采取部分分析、系统分析、综合分析等多种分析方法，利用EVIEWS 6.0 软件，建立计量经济模型来实证分析技术贸易壁垒新特征对辽宁省机电产品出口的影响，对于两种分析的结果进行综合，客观、公正地分析标准壁垒、知识产权壁垒、绿色壁垒对辽宁省机电产品出口的影响。

（四）静态分析和动态分析相结合

本书不仅静态分析了技术性贸易壁垒对辽宁省机电产品的影响，分析了在目前的形势下，通过调查、收集资料分析技术性贸易壁垒对辽宁省机电产品出口的影响，而且还动态分析了技术性贸易壁垒对辽宁省机电产品出口的影响。

（五）局部分析与总体分析相结合

本书不仅局部分析了各种技术性贸易壁垒对辽宁省机电产品出口的影响，包括局部定性分析与局部定量分析标准壁垒、知识产权壁垒、绿色壁垒对辽宁省机电产品出口的影响，还从总体角度分析技术性贸易壁垒的作用机理及影响。

二、本书技术路线

本书由九章构成：第一章为绪论，第二章为技术性贸易壁垒相关理论基础概述，第三章为机电产品技术性贸易壁垒的国际规则，第四章为辽宁省机电产品出口现状分析，第五章为辽宁省机电产品出口遭遇技术性贸易壁垒的原因，第六章为技术性贸易壁垒对辽宁省机电产品出口的影响，第七章为技术性贸易壁垒对辽宁省机电产品出口影响的实证研究，第八章为主要发达国家应对机电产品技术性贸易壁垒的经验与启示，第九章为辽宁省机电产品出口应对技术性贸易壁垒的对策。

本书主要由三大部分组成：理论篇、实证篇和政策篇，并按照理论—实证—政策的研究路线展开。

理论篇主要阐明技术性贸易壁垒的基础理论，包括技术性贸易壁垒的概念，机电产品技术性贸易壁垒的定义、特征，机电产品技术性贸易壁垒的形成机制，机电产品技术性贸易壁垒的作用机理以及机电产品技术性贸易壁垒近年来出现的新形式，以及《技术性贸易壁垒协议》、《实施卫生与植物卫生措施协议》、《与贸易有关的知识产权协议》的产生背景、应该遵循的基本原则、存在的主要问题，便于政府与企业充分认识与技术性贸易壁垒相关的国际规则，避免辽宁省企业在进行机电产品贸易时因为不了解国际规则而遭遇技术性贸易壁垒。

在理论部分，本书还分析了辽宁省机电产品出口现状。主要包括辽宁省机电产品的出口现状、辽宁省机电产品出口遭遇技术性贸易壁垒的现状以及原因，另外，本部分也总结出辽宁省机电产品遭遇的主要技术性贸易壁垒形式——标准壁垒、知识产权壁垒、绿色壁垒。接着从定性的角度分别分析标准壁垒、知识产权壁垒、绿色壁垒对辽宁省机电产品出口的影响，也就是分别分析各种技术性贸易壁垒形式对辽宁省机电产品出口的积极影响与消极影响。

实证篇主要通过贸易引力模型实证分析标准壁垒、知识产权壁垒、绿色壁垒对机电产品出口的影响，本书主要通过贸易引力模型作为基础进行实证研究。在实证研究中，本书选取了2000～2011年的数据，实证分析标准壁垒、知识产权壁垒、绿色壁垒对机电产品出口的影响。目的是进一步明确哪种技术性贸易壁垒形式对辽宁省机电产品出口的影响起到积极效果，哪种技术性贸易壁垒形式对辽宁省机电产品出口的影响起到消极效果。

政策篇主要在提出辽宁省机电产品出口应对技术性贸易壁垒的对策之前，首先分析美国、欧盟、日本应对技术性贸易壁垒的经验和特点，发达国家应对技术性贸易壁垒的经验与启示以及对我国的借鉴。接着本书从三个层次分别提出应对策略，即政府、行业协会以及企业的应对措施。本书的技术路线详见图1.1。

机电产品技术性贸易壁垒问题研究 —— 以辽宁省为背景

本书的研究背景、意义与国内外研究现状以及本书研究

技术性贸易壁垒的相关理论研究

机电产品技术性贸易壁垒的国际规制

分析辽宁省机电产品出口的现状，总结影响辽宁省机电产品出口的技术性贸易壁垒种类

辽宁省机电产品出口遭遇技术性贸易壁垒的原因

从技术性贸易壁垒各个种类形式定性分析技术性贸易壁垒对辽宁省机电产品出口的影响

运用计量软件实证分析技术性贸易壁垒形式对辽宁省机电产品出口的影响

发达国家应对技术性贸易壁垒的经验以及发达国家应对技术性贸易壁垒的经验对我国的启示

从三个层次提出辽宁省机电产品出口跨越技术性贸易壁垒的对策

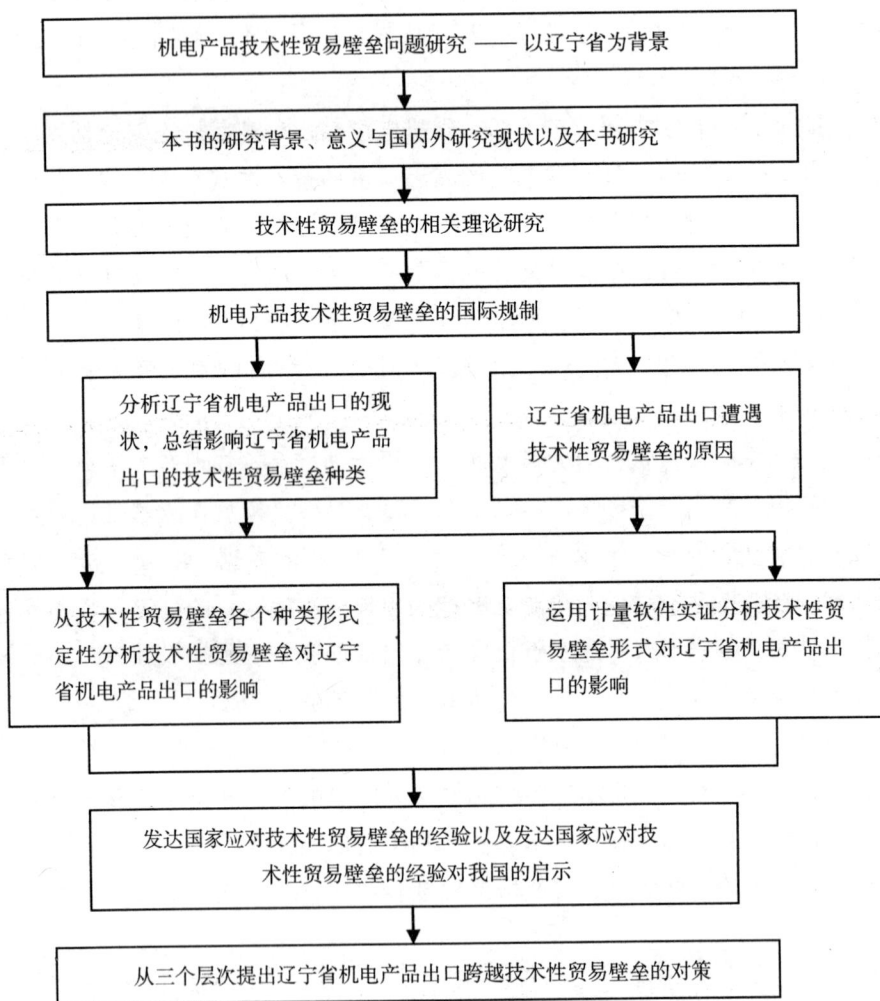

图1.1 本书的技术路线

第二章 机电产品技术性贸易壁垒相关理论概述

第一节 技术性贸易壁垒的定义

在当今的国际贸易发展中，技术性贸易壁垒变得越来越流行，技术性贸易壁垒问题已经受到各国政府、企业和有关国际组织关注。但是，由于技术性贸易壁垒相对于关税壁垒和传统的非关税壁垒而言仍然是新的事物，学术界对于技术性贸易壁垒的定义、特点和分类等问题存在着很多的不一致观点，甚至在比较权威的专业文献中也是有着区别的。因此，本章首先简要回顾和评论学术界对技术性贸易壁垒的不同理解，在此基础上提出对技术性贸易壁垒的新界定。

一、技术性贸易壁垒界定的学术分析

（一）技术差异说

有的理论直接从技术性贸易壁垒产生的实际原因出发，将"技术性贸易壁垒"归结为技术的差异，或者认为是不同国家在技术标准、技术法规以及评定程序等方面存在的制度差异。该学说认为，技术性贸易壁垒是由于国家

与国家之间技术方面的差距造成的。例如，罗双临（1997）[1]认为，技术性贸易壁垒是指国家与国家之间进行商品交换时，由于每个国家实行的技术法规、技术标准、认证制度和检验制度等方面存在着各种各样的差异，正是因为这种差异导致了技术性贸易壁垒的形成，它实际上是某些发达国家利用其自身在技术上的优势，对进口的产品实行限制的一种措施；王鹰柏（2002）[2]也认为TBT是指国与国之间进行商品、劳务贸易中由于其实行的技术规则、技术标准、检验制度和方法、认证制度等方面的差异而形成的具有歧视性的限制进口的一系列做法，属于非关税壁垒之一。总之，两者的观点都认为不管技术性贸易壁垒的形式怎样，实质上都是技术方面的差异。

技术差异说能够很好地反映当今国际贸易中相当一部分的技术性贸易壁垒现状及其产生原因，对技术标准的国际间协调、合格评定方法的相互承认等贸易自由化谈判有一定的指导意义。但是此观点也有其片面性，把技术差异与技术性贸易壁垒进行等同，其实技术差异仅仅是导致技术性贸易壁垒的一部分，国家之间的风俗习惯、要求等不同，同样也会导致技术性贸易壁垒的产生。即使各国的技术标准、法规以及合格评定程序制度等是一致的，在实施的过程中国家之间也会内外有别，同样也会造成事实上的贸易障碍。

（二）差别待遇论

差别待遇论从技术性贸易壁垒实施的标准的角度出发，认为只有在对待所有国家包括自己国家都应该应用统一的标准，否则就是认为有差别的待遇。Fischer和Serra（2000）[3]认为，在开放经济条件下，如果一国所采用的标准相当于所有厂商，不论是国内厂商还是国外厂商，都应用统一的标准，那么这些标准不构成技术性贸易壁垒。郑晗（2005）[4]认为，所谓技术性贸易壁垒是指国家与国家之间进行商品贸易时，国家之间会通过颁布法律、法令、

---

① 罗双临. 论国际贸易中的技术性壁垒及其对策. 长沙电力学院社会科学学报，1997（1）.
② 王鹰柏. 当代国际贸易中的技术性贸易壁垒及其对策. 湖南经济，2002（7）.
③ Fischer Ronald and Pablo Serra. Standards and protection. Journal of International Economics，2000：52.
④ 郑晗. 试析技术性贸易壁垒和我国的出口贸易. 浙江学刊，2005（2）.

建立技术标准、认证制度、检疫制度等措施，构筑较高的技术屏障，也就是说，对外国进口产品制定过分严格的技术标准、卫生检疫标准、商品包装和标签等标准，从而提高进口产品的技术要求，增加出口国出口的难度，最终达到限制进口的目的的一种贸易壁垒。赵春明（2001）[①] 将技术性贸易壁垒定义为，在国际贸易中，商品进口国通过颁布法律、指令、条例、规定，建立技术标准、认证制度、检验制度等方式，对来自国外的产品制定严格的技术标准、卫生检疫标准、商品包装和标签标准，从而提高进口产品的技术要求，增加进口难度，最终达到限制进口目的的一种非关税壁垒措施。

差别待遇论继承了传统理论的观点，认为技术性贸易壁垒是由于相关国家在实行标准的时候是内外有别的，或者对于不同的国家也同样执行不同的标准。差别待遇增加了进口国的随意性、针对性、灵活性，便于进口国实现某些国内的目的，但是对于出口来说，增加了很大的不确定性，可能导致更大的损失。把差别待遇等同于技术性贸易理论有其片面性，差别待遇只是形成技术性贸易壁垒的一种，而且在当今世界贸易组织框架下，要求各个成员国实行国民待遇以及最惠国待遇的前提下，实行差别待遇的可能性在逐步缩小，从某种意义上说，差别待遇论已经不太符合实际了。

（三）技术性贸易措施论

技术性贸易措施论认为国际贸易中的一些技术性措施，如标准、技术法规、合格评定程序等本身就是贸易壁垒。技术性贸易措施论认为，技术性贸易措施本身就是技术性贸易壁垒，一些学者将动植物检验检疫措施、标准看成是阻碍自由贸易的壁垒。例如国内学者叶柏林（2001）[②] 等认为，技术性贸易壁垒是对工业产品或消费品的某些特性的强制或非强制性的规定，以及检验产品是否符合这些技术法规和确定产品质量及使用性能的认证、审批和实验程序。高文书（2003）[③] 认为，所谓技术性贸易壁垒就是指由于各国的标准、技术法规、合格评定程序、检验检疫措施等技术性贸易措施的体系不

---

① 赵春明．非关税壁垒的应对与运用．北京：人民出版社，2001．

② 叶柏林．如何应对国际贸易中的技术壁垒．中国标准化，2001（4）．

③ 高文书．贸易技术壁垒经济分析．财贸经济，2003（9）．

同，或水平不同，或信息不足，或不能相互协调，或歧视性制定和实施而给国际贸易造成的障碍。技术性贸易措施论认为国际贸易中的一些技术性措施，如标准、技术法规、合格评定程序等本身就是贸易壁垒。

技术性贸易措施论在理论界有一定的代表性，目前有很大一部分技术性贸易壁垒表现为复杂苛刻的技术法规和标准、繁琐冗长的评定程序等，贸易措施也会严格限制相关国家的产品的出口。但是贸易措施论将技术性贸易措施与技术性贸易壁垒等同有一定的片面性，技术法规、标准以及合格评定程序等都是限制贸易的手段，所以技术性贸易措施不是技术性贸易壁垒。技术性贸易措施论也没有看到多数情况下技术性贸易壁垒的本质，是故意限制贸易，而标准、技术法规等只是实现这一目的的合适的手段。

（四）市场失灵论

市场失灵论以市场失灵概念作为技术性贸易壁垒分析的出发点，认为有些技术性措施的主要目标是为了纠正市场失灵，虽然可能会产生贸易限制效果，但这些措施有其合法性，所以不应该被认为技术性贸易壁垒。Donna Roberts（1999）[①] 从外部效应的角度对技术性贸易壁垒进行了定义，他认为技术性贸易壁垒是各国管理外国产品在国内市场销售的不同法规和标准，它们的表面目的是纠正与这些产品的生产、分配和消费有关的外部效应产生的市场无效。但是该定义表明技术性贸易壁垒实质上是打着纠正市场失灵的旗号而行贸易保护主义之实。

市场失灵论认为技术性贸易壁垒的本质是利用市场失灵之名行贸易限制之实，而其他方面比如技术法规、技术标准以及合格评定程序，只是实现这一目的的手段，这些手段只有在被用来故意限制贸易的时候才成为技术性贸易壁垒。这种观点有一定的实际意义。但是，这个定义将技术性贸易壁垒仅限定在以纠正市场失灵为借口进行限制贸易，缺乏全面性。技术性贸易壁垒的表现还有其他方面的原因，例如忽略了发达国家与发展中国家因经济、技

---

① Donna Roberts. Analyzing technical trade barriers in agricultural markets: Challenges and Priorities. Agribusiness, 1999（15）: 336 – 337.

术等因素在制定国内外标准时所形成的贸易壁垒。

二、技术性贸易壁垒的重新界定

通过前文的分析，我们发现，以上国内外学者对技术性贸易壁垒的定义都具有一定的合理性，也有一定的片面性。尽管研究的目的与重点不一样，但是都具有一定的共同性：一是技术性贸易壁垒的外在表现形式，即技术法规、技术标准与合规评定程序等；二是技术性贸易壁垒都是非关税壁垒形式。

技术性贸易壁垒涉及的范围广泛，主观原因与客观原因错综复杂，有正常限制不符合本国规定的产品进入，也有以合法的目的故意限制国外产品进入，保护本国市场的目的；就其实效和结果来看，其具有扭曲国际贸易、背离贸易自由化的效果。另外，技术性贸易壁垒就其存在的形式来看，有技术法规、技术标准和合格评定程序，形式多种多样；基于这样的分析，本书在前人研究的基础上，将技术性贸易壁垒定义为一国政府或非政府机构以维护国家安全、保护人类与动植物安全和健康、保护环境、防止欺诈行为等为由采取的强制性或非强制性的技术性限制措施或技术法规，这些技术性限制措施或技术法规主观或客观地成为别国的产品自由进入的障碍。

如果进口国为实现保护国家安全、保护环境、保护人类生命与健康等合法理由时，按照世界贸易组织规则是允许各成员方以不妨碍正常贸易进行或者对其他成员方造成歧视的技术性贸易措施，此时的技术性贸易壁垒是合理的技术性贸易措施。如果进口国以保护国家安全、保护环境、保护人类生命与健康等为借口，有意违背有关 WTO 规则，实施技术性贸易壁垒而给国际贸易造成不必要的障碍时，则构成不合理的技术性贸易壁垒。

技术性贸易壁垒是一个总括的概念，不论出于什么目的，只要通过与技术相关的手段对正常贸易产生限制就形成了技术性贸易壁垒。技术性贸易壁垒主要包括技术标准壁垒、绿色壁垒、知识产权壁垒。技术性贸易壁垒作为非关税壁垒的主要形式，也正在被越来越多的发达国家所利用。

标准壁垒是一种新型的非关税壁垒，它主要以技术性贸易壁垒中标准部分作为主要研究对象，包括的范围比较广泛。主要包括一般的技术标准、国际性、区域性、国别性的绿色标准，检验和检疫相关的标准，以及合格评定中涉及的认证标准等。

知识产权壁垒是指一国打着保护知识产权的旗号，在立法、行政、司法方面采取与贸易有关的措施，这种措施对含有知识产权的产品的市场准入设置了不合理的障碍。另一种对知识产权的定义是指一国实施的或支持的，以保护知识产权为名义的，对含有知识产权的商品的进口限制措施，或者凭借拥有的知识产权优势，滥用法律垄断权，对国际贸易造成不合理障碍的其他措施。

绿色壁垒有时也称为"环境壁垒"，是指进口国以保护自然资源、生态环境和人类健康为由，通过一系列复杂、苛刻的环保制度和标准，对来自其他国家和地区的产品及服务设置障碍、限制进口，以实现保护本国市场为目的的新型非关税壁垒。

从定义来看，技术性贸易壁垒主要包括以下几个特征：

（1）技术性贸易壁垒的表面目的都是合法并且具有正当理由的，即维护国家安全、保护人类与动植物安全和健康、保护环境、防止欺诈行为等，尽管表面的动机都是合理的，但是实质动机既有合理的一面也有不合理的一面。

（2）技术性贸易壁垒是由一系列的技术标准、技术法规与合格评定制度构成的，这些手段在一定的范围内是合理的，但是超过一定的范围就是不合理的，如果人为地设置过高的标准那就构成了贸易障碍。特别是有些发达国家设置过高的技术性要求，使得大部分发展中国家甚至发达国家都难以跨越。

（3）技术性贸易壁垒本质是本国对别国的产品自由进入构成障碍，即技术性贸易壁垒不能构成正常贸易的障碍，如果对正常贸易的进行产生了阻碍作用，就构成了技术性贸易壁垒。

第二节　机电产品技术性贸易壁垒的
概念及特征

一、机电产品技术性贸易壁垒的概念

由于国际劳动分工的不断加深以及科学技术的迅猛发展，机电工业以及机电产品的国际贸易也突飞猛进地发展起来。并且机电产品国际贸易发展速度高于其他任何大类商品的国际贸易发展速度，同时亦高于国际贸易总的发展速度。机电产品出口在世界总出口中所占比重是不断上升的，随之而来，机电产品技术性贸易壁垒的形式也日益增多并且趋于多样化。本书将研究的视角限定于机电产品技术性贸易壁垒，由于在前面已经介绍了什么叫技术性贸易壁垒，在此本部分还需要进一步研究机电产品技术性贸易壁垒，这也是本章研究的主要内容。首先，明确什么是机电产品，机电产品的种类、范围等。其次，结合前面对于技术性贸易壁垒的定义，对机电产品技术性贸易壁垒概念进行明确。

按照国家商务部机电产品进出口司对于机电产品的定义，机电产品指的是机械和电气设备的总和。随着科学技术的进步，传统意义上的机电产品的品种已经发生了较大的变化。现代意义上的机电产品主要泛指机械产品、电工产品、电子产品和机电一体化产品及这些产品的零件、配件、附件等。上述机电产品的概念是日常管理工作中逐渐形成的且是约定俗成的概念。机电产品的种类多、范围广。在国家商务部机电产品进出口司编制的《机电产品进出口统计工作手册（1999 年版）》中，列出了"机电产品的目录"，明确了机电产品的范围。表 2.1 列出了机电产品范围目录。对列入"机电产品目录"的商品，按有关机电产品检验监管的政策文件实施检验管理。

表 2.1　机电产品范围目录（对应的 HS 编码）

68042100	68042210	68043010	6805
7011	7307 – 7326	7412 – 7419	75072000
7508	7609 – 7616	7806	7907
8007	81019200 – 81019900	81029200 – 81029900	81039000
81043000	81049010	81049020	81059000
81060090	81079000	81089000	81099000
81100090	81110090	81121900	81129900
82 – 91 章（8710 除外）	9207	93031000	93032000
93033000	9304	93052100 – 93059000	93061000
93062000	93063000	94011000	94012000
9401300	9402	94031000	94032000
9405	9501	95031000	95038000
95041000	95043010	95043090	95049010
95049090	95069110	95069900	9508
9613			

资料来源：《机电产品进出口统计工作手册（1999 年版）》（国家出入境检验检疫局）。

根据以上对技术性贸易壁垒的界定以及机电产品的范围，本书认为，机电产品技术性贸易壁垒就是指一国的政府或非政府机构以维护国家安全、保障人类、动植物生命和健康、保护生态环境、防止欺诈等为由对机电产品强制或非强制性地采取复杂苛刻的技术法规和标准、合格评定程序、包装和标签、检验检疫制度等一系列技术性贸易手段，并且对国际机电产品贸易造成非必要或非正当的障碍。机电产品技术性贸易壁垒最初表现为技术法规与技术标准、合格评定程序，随着国际贸易的发展及一些国家保护本国产业、保护本国市场的需要，机电产品技术性贸易壁垒又演变出了新的形式，而且每一种新的表现形式都更加灵活、更加隐蔽、更不易被人发觉、更难令受限国应付。例如机电产品标准壁垒、机电产品知识产权壁垒、机电产品绿色壁垒等。

二、机电产品技术性贸易壁垒的特征

机电产品技术性贸易壁垒具有一般的技术性贸易壁垒所具有的共性，例如广泛性、复杂性、隐蔽性、针对性、灵活性、争议性、扩散性等，同样也具有其自身的个性，在实践中又体现其不同的特征。

（一）机电产品技术性贸易壁垒的一般特征

1. 广泛性

从机电产品角度看，机电产品技术性贸易壁垒不仅涉及零部件，而且牵涉到所有的制成品和成套产品；从过程角度看，机电产品技术性贸易壁垒包括研究开发、生产、包装、运输、销售整个产品完整的生命周期；机电产品技术性贸易壁垒既包括国际或区域性协议、国家法律、法令、规定、要求、指南、准则、程序等强制性措施，也包括非政府组织等制定的自愿性规则。

2. 复杂性

配额、许可证等非关税壁垒的规定比较明确，但是机电产品技术性贸易壁垒包含各种各样的技术，并且能够应用在很广泛的领域，使其显得更加复杂。而世界贸易组织也允许各个国家根据自身特点（如风俗及消费习惯等）制定与其他国家不一样的技术性要求。因此，要证明技术性要求是否阻碍正常的国际贸易进行并不容易。而且机电产品技术性贸易壁垒涉及较多的是技术法规、技术标准及国内政策法规，其类别很多，各国或地区设置的技术性贸易壁垒又互不相同，而且这些技术标准和技术要求又是处于变化之中的，让人防不胜防。因此，复杂性是机电产品技术性贸易壁垒的特征之一。

3. 隐蔽性

机电产品技术性贸易壁垒由于涉及更多、更广的技术，使其在实行贸易保护时有很强的隐蔽性。具体体现为：一是机电产品技术性贸易壁垒在表面上可以不针对任何国家，可以对所有国家规定同样的技术标准，同时也能避免配额、许可证等非关税措施在国家之间存在的分配不合理与歧视性问题；二是机电产品技术性贸易壁垒并不是通过直接途径进行限制机电产品进口的，而是通过间接途径使得机电产品出口商减少机电产品出口额甚至退出进口国市场；三是由于机电产品技术性贸易壁垒的应用领域十分广泛，机电产品进口国往往会以保护环境、保护人民安全、健康等目的进行限制进口，使得人们看不出在合理的目的后面隐藏着的不合理的"贸易保护"。综合以上可以看出，技术性贸易壁垒具有极其重要的隐蔽作用。

4. 针对性

随着国际投资自由化的发展，通过国际直接投资便可避开国外的关税和配额等非关税壁垒，别国的货币贬值也会导致本国的进口的增加，低价倾销在世界上日益盛行。而通过有针对性地构筑技术性贸易壁垒，专门为其他成员国产品设置障碍，阻止其某种特定产品的出口，就可以避免上述情况发生，最大程度地限制本国进口。由于机电产品技术壁垒措施具有不确定性和可塑性，因此在具体实施时进口国可以随意地针对相关出口国的机电产品制定针对性的技术标准与技术性要求，进一步地限制相关出口国的机电产品出口。

5. 灵活性

关税税率以公布形式出现，比较明确的数量限制和配额规定的进口产品数量都比较透明，而技术性贸易壁垒是比较隐蔽的。机电产品技术性贸易壁垒措施更多的是以高科技基础上的技术标准为基础，科技水平不高的发展中国家难以做出判断。由于机电产品技术性贸易壁垒的隐蔽性使相关国家在任何必要的情况下可以随时采取技术性限制，因此可以说机电产品技术性贸易壁垒的隐蔽性导致其在运用过程中具有灵活性。因此，灵活性也成为机电产品技术性贸易壁垒的特征之一。

6. 争议性

由于机电产品技术性贸易壁垒有其合理合法的一面，对于同样的机电产品来说，技术水平发展不同的国家和地区之间所实施的技术标准不同，各成员国在经济发展和技术标准制定上也有很大区别，特别是发达国家和发展中国家之间达成一致标准的难度就更大，这就非常容易引起争议，并且难以协调，以致成为国际贸易争端的主要内容。因此，争议性也是机电产品技术性贸易壁垒的特征之一。

7. 扩散性

尽管世界贸易组织要求采取技术性贸易措施应尽量减少对贸易的影响，但是一般来说，一旦技术性贸易措施影响一国贸易，其程度较之于关税和一般非关税壁垒是相当大的。尤其是机电产品技术性贸易壁垒措施很容易产生连锁反应，从一种机电产品扩散到一系列的机电产品，从一个国家的机电产品扩展到多个国家甚至全球的机电产品。许多技术性贸易措施可能严格限制甚至直接禁止某些机电产品的进口。

（二）机电产品技术性贸易壁垒的新特征

机电产品技术性贸易壁垒具有一般的技术性贸易壁垒所具有的共性，但是近年来，随着各国科技与经济的发展，机电产品技术性贸易壁垒在实践中又体现以下不同的特征。

1. 技术性要求不断拓展并趋向精密

自 20 世纪 90 年代以来，机电产品技术性贸易壁垒最为明显的特征是技术性要求不断拓展，尤其是涉及国家安全、人类健康与安全、环境保护等方面越来越严格，甚至许多的标准要求达到了精密的要求，主要表现在指标体系、检测标准、专业认证三个方面。

2. 指标体系延伸，技术法规和法令体系化趋向加强

由于技术进步，许多国家采用的技术性贸易壁垒的技术含量不断升级，对进口机电产品的要求越来越苛刻，已经从个别限量指标发展成为名目繁多的限制或禁止指标体系，加大了机电产品出口的难度。例如，欧盟《报废电子电气设备指令》、《限制电子电气设备使用某些有害物质指令》、欧盟 EUP 指令及 REACH 法规，欧盟的这些体系化指令已经影响整个机电行业及上游产业，这些指令就是典型的体系化限制的措施。

3. 检测标准大幅提升，强制性检测标准增多

各国为了切实保障国民安全、健康和环保，在当代国际贸易中纷纷推出许多新的强制性检测标准，特别是安全卫生标准方面，对进口机电产品进行强制性检测已经变成了一种新的发展趋势。而一旦所检测的进口机电产品达不到进口国所规定的技术性标准，进口国家就会把此类机电产品排除在本国

市场之外，甚至可能对货物进行没收并销毁，给机电产品出口国造成很大的损失。

4. 产品专业认证发展迅速

机电产品认证是技术性贸易壁垒的三大表现形式之一，但在 20 世纪 70 年代末，各国主要是进行产品认证，并且经历了从对机电产品全部质量性能指标的符合性认证，其中包括对机电产品的安全性等进行一般认证。但是，从 20 世纪 90 年代至 2011 年，机电产品认证从过去的一般认证迅速地发展成了对机电产品专业的认证，并且专业认证发展也更加迅速。

5. 机电产品技术性贸易壁垒新形式不断出现

针对机电产品技术性贸易壁垒过去主要以技术标准、技术法规、合格评定程序形式出现，自 20 世纪 90 年代以来，随着各国经济技术的发展，机电产品技术性贸易壁垒的新形式不断出现，主要是在机电产品技术性贸易壁垒中加入环保因素形成机电产品绿色壁垒；技术性贸易壁垒与技术标准相结合形成机电产品标准壁垒；技术性贸易壁垒与知识产权技术相结合形成机电产品知识产权壁垒。

6. 南北国家的关注重点差异明显

20 世纪 90 年代以前，设置机电产品技术性贸易壁垒的主要是发达国家，但是从 20 世纪 90 年代后期开始，发展中国家越来越频繁地针对机电产品运用技术性贸易壁垒。发达国家由于技术水平较高，发达国家居民已经具有较高的生活标准，他们对于购买的机电产品的质量和安全的需求日益增长，导致了发达国家出于保护环境以及消费者利益而设置技术性贸易壁垒。而发展中国家由于对外出口机电产品能力有限，有的东南亚国家甚至没有产品机电出口，它们只能选择保护本国的机电产品市场不受外来干扰，先力求维持市场目前的状况而不至于进一步恶化，再图谋逐步恢复。因此，许多发展中国家针对机电产品运用技术性贸易壁垒的目的只是为了保护本国的机电产品市场。

7. 机电产品技术性贸易壁垒的承载功能放大

目前，当今国际贸易中的技术性贸易壁垒在实施过程中承载功能放大，主要表现为：

（1）机电产品技术性贸易壁垒的出台背景更加复杂。最初机电产品技术性贸易壁垒大多根植于本国的标准与立法，很多仅仅涉及纯技术方面的指标，这些机电产品技术贸易壁垒的出台背景大都是基于消费者的需求升级来考虑的，但是现如今，机电产品技术性贸易壁垒更多地体现贸易保护的特征，有些甚至已经超出经济范畴，成为政治较量和文化渗透的工具。

（2）苛刻的两难选择。在各国实施其制定的技术法规、技术标准和合格评定程序时，往往会附有相当详细的细则说明，对其进行贸易商品的商品品种、规格、花色、款式、包装等都有非常详细具体的要求，有些不但要求苛刻，甚至让机电产品出口商处于想放弃进口国市场，但是又赚取不了太多利润的两难选择境界。

8. 自愿性措施与强制性技术法规结合

发达国家在执行机电产品技术贸易措施时，出现自愿性措施与强制性技术法规相结合的趋势，而且许多自愿性措施逐渐转变为强制性技术法规与标准，例如有许多自愿性的措施，如 ISO9000、ISO14000、各种环境标志认证等，它以生产者自愿为原则决定是否申请认证。2008 年全球性金融危机之后，自愿性措施正在与强制性措施结合并有向强制性技术法规方向转化的趋势。如进入美国的机电产品须获 UL 认证、药品须获 FDA 认证，进入加拿大的大部分商品须获 CSA 认证，进入日本的很多商品须获 SG 标志或 ST 标志，进入欧盟的机电产品则要通过 CE、CS 等产品质量认证。正是将自愿性措施向强制性措施的转变使得机电产品以后遭遇的形势会越来越严重。

9. 波及、仿效和扩散效应愈益明显

机电产品技术性贸易壁垒因为可能会涉及健康、安全保护的问题，所以较易产生"多米诺骨牌"式连锁效应。随着关税的大幅降低以及传统非关税壁垒的限制性使用，很多国家便会使用技术性贸易壁垒这一新型"武器"。一旦某个国家（地区）针对机电产品实施技术性贸易壁垒，许多国家为了保护本国的机电产品市场纷纷进行仿效，这样机电产品技术性贸易壁垒就会从一国扩散到多国甚至全球，从发达国家扩散到发展中国家。技术性贸易壁垒的波及效应也比较广泛和深远，某一国家针对机电产品实施了技术性贸易壁垒，同样也会针对相关机电产品甚至整个机电产业实施技术性贸易壁垒。比如,欧盟 2002 年通过的 WEEE 指令扩大了其所适用的机电产品范围,从原来几种机电产品扩散到多种机电产品,新的 WEEE 指令几乎包括所有家电、电器及信息技术和电信产品。

第三节　机电产品技术性贸易壁垒形成机制及表现形式

一、机电产品技术性贸易壁垒形成机制

(一) 理论原因

1. 贸易保护理论促进机电产品技术性贸易壁垒的形成

贸易保护理论的发展大体包括早期重商主义、近代李斯特保护幼稚工业理论、资本主义垄断时期凯恩斯主义理论、当代保护贸易理论。[①]

(1) 早期重商主义。该理论主张一国在对外贸易中就应尽可能地多输出少输入,最好不输入,只有这样一国才能迅速地增加货币,即财富的积累。该观点主要内容是对外贸易必须保持顺差,即出口必须超过进口。

(2) 近代李斯特保护幼稚工业理论。该理论认为,从短期看,落后国家可以买到一些廉价商品,似乎占了便宜;从长远看,落后国家的工业却因此发展不起来,社会生产力得不到提高,就会长期居于落后地位和从属地位。反之,如果落后国家采取保护贸易政策,从短期看,某些商品价格,特别是先进的工业品价格是高一些,但是,为了培育自己的民族工业,就应当忍受暂时的牺牲。经过一段时期,民族工业发展起来了,原来依靠进口的商

---

① 黄倪丽,王晓红. 技术性贸易壁垒对中小企业技术创新的影响研究. 科技与管理,2006 (3).

品——先进工业品的价格就会降下来。这样，看起来似乎开始时减少一些财富，但却通过保护贸易，发展了自己民族的生产力，即创造财富的能力，这才是真正的财富。总之，该理论认为只有通过保护"幼稚产业"建立自己独立的工业体系，才利于本国生产力的发展。

（3）资本主义垄断时期凯恩斯主义（超保护主义）理论。凯恩斯的国际贸易理论经继承者的修改和补充，演变为扩张性贸易顺差理论。该理论的主要论点包括鼓吹贸易顺差以扩大有效需求；鼓吹贸易顺差有益，贸易逆差有害。政策主张包括认为古典学派的国际贸易理论已经过时，反对自由贸易；应该采用保护主义，由国家政府出面直接干预对外经济活动，通过各种措施，扩大出口，限制进口，取得对外贸易顺差。扩大有效需求的目的在于救治危机和失业。

（4）当代保护贸易（新贸易保护主义）理论。当代保护贸易理论是20世纪80年代初才兴起的，新贸易保护主义与之前的贸易保护主义相比有很大的区别。新贸易保护主义以绿色壁垒、技术性贸易壁垒、知识产权壁垒等非关税壁垒措施为主要表现形式，加强对本国市场的保护。新贸易保护主义的主要目的是设置花样繁多的贸易壁垒形式，来保护本国生产厂商和本国市场，维持本国在国际分工和国际交换中的支配地位。当代保护贸易理论以合法的手段（如维护国家安全、人类健康、环境保护等）行贸易保护之目的，具有名义上的合理性、形式上的隐蔽性、手段上的欺骗性和战略上的进攻性等特点。[①]

如上所述，贸易保护的理论有很多种，既有古老的早期重商主义、近代李斯特保护幼稚工业理论、超保护主义理论、新贸易保护主义理论，又有其他非主流的贸易保护理论。通过对以上贸易保护主义理论进行归纳得知，贸易保护主义主要采用两种手段即关税手段与非关税手段。

就机电产品而言，贸易保护主义在当今更多地表现为机电产品的非关税壁垒，机电产品非关税壁垒是指除关税以外的对国际贸易机电产品限制的其

---

① 黄倪丽，王晓红. 技术性贸易壁垒对中小企业技术创新的影响研究. 科技与管理，2006（3）.

他所有措施，目前，机电产品关税壁垒的保护作用日渐削弱，传统非关税壁垒对机电产品的作用也日益受到 WTO 多边贸易体制的严格约束，世界贸易环境正在向好的方向发展，但越来越多的西方发达国家却频繁采取灰色区域措施，这在一定程度上构成了对以关贸总协定为主体的国际贸易体系的威胁。目前根据机电产品非关税壁垒的种类来看，机电产品技术性贸易壁垒占了很大的比重，本书重点研究机电产品技术性贸易壁垒。按照机电产品技术性贸易壁垒的作用机制，可以将其分为以下三类：

第一类是价格费用所形成的机电产品技术性贸易壁垒。一般做法就是进口国通过各种技术措施直接影响进口机电产品的成本，从而影响这些进口机电产品的最终价格，或通过直接影响出口国国内机电产品的成本，从而影响到它们的最终价格，改变国产机电产品与进口机电产品的价格差，使得进口机电产品与国内机电产品相比不存在价格优势，甚至存在价格劣势，最终达到限制机电产品进口、保护国内机电产品市场与机电产品厂商的目的。所以，贸易保护主义利用价格费用形成机电产品技术性贸易壁垒。

第二类是数量限制所形成的机电产品技术性贸易壁垒。通常做法是进口国通过技术手段直接限制进口机电产品的数量或机电产品进口总额，从而达到直接地、有效地限制机电产品进口的目的。进口国通过对进口机电产品制定严格的条例、法规等间接地限制机电产品进口，如歧视性的政府采购政策，苛刻的技术标准、卫生安全法规，检查和包装、标签规定以及其他各种强制性的技术法规，对进口的机电产品进行强制性的规定，使得进口机电产品不得不因为这些强制性技术要求而放弃进口国市场，从而达到限制机电产品进口、保护国内机电产品市场的目的。总之，数量限制是可以形成机电产品技术性贸易壁垒的。

第三类是综合作用所形成的机电产品技术性贸易壁垒。它对机电产品贸易的限制作用较前两类更强，主要是通过各种技术性规定、技术性标准以及海关的检验来达到限制机电产品进口的目的，它不仅仅是对进口机电产品数量或者进口机电产品价格单独起作用，而是对进口机电产品的数量与价格都起着间接的影响作用。此种技术性贸易壁垒也会随着时间的推移而发生相应的变化，所以综合作用所形成的机电产品技术性贸易壁垒是影响最为深远的机电产品技术性贸易壁垒。

2. 市场失灵理论所形成的机电产品技术性贸易壁垒

市场失灵理论认为，完全竞争的市场结构是配置资源的最佳方式，但在现实中，完全竞争的市场结构仅仅是属于理论上的可能，理论上的假设前提条件是相当苛刻的，在现实中是不可能存在的。由于垄断、外部性、信息不对称特性，在公共物品领域仅仅让价格机制来配置资源无法实现效率——帕累托最优状态，所以就容易出现市场失灵。

西方经济学里所讲的市场失灵，主要是指由于市场本身存在不可克服的局限，比如存在垄断、外部性、公共物品、信息不对称等市场失灵，而导致市场自身无法实现"帕累托最优"状态。据国内外学者的研究证明，适当的贸易干预政策是能够纠正市场失灵的，并可以提高本国的福利水平。而进口国为设置技术性贸易壁垒而采取的手段本身就是市场作用的结果，这些手段主要是为了纠正市场失灵、实现某种社会公共目标，保护环境、保护发明者与消费者等公共利益而出现的。所以政府为了纠正本国的市场扭曲、增强本国的福利水平而采取的一系列措施会导致技术性贸易壁垒的产生。

就目前机电产品而言，进口国政府为了纠正本国市场失灵、实现某种社会公共目标，保护环境、保护发明者与消费者等公共利益，就会制定相关的技术法规来限制相关机电产品的进口。但是这种技术法规对机电产品的技术要求很大程度上高于相关国家尤其是发展中国家本国的技术要求，所以说政府为了纠正本国的市场扭曲、增强本国的福利水平而采取的一系列措施会导致机电产品技术性贸易壁垒的产生。另外，由于进口国市场不完全竞争可能导致机电产品质量的次优选择。因此，进口国政府往往通过制定机电产品最低质量标准或者机电产品标签来保证市场上流通的机电产品达到一定的质量水平，而政府的这些规定是为了纠正本国市场失灵、保护环境、保护发明者与消费者等公共利益而出现的，但是同样也会形成机电产品技术性贸易壁垒。

3. 规制俘获理论形成的机电产品技术性贸易壁垒

规制俘获理论认为政府实行管制是综合其自身的政治利益和各种利益集团对管制的作用与导向的影响，尽管政府管制有时可能会有利于厂商，可能也会有利于消费者，但是肯定会有利于政府自身的政治利益，并不一定会提高社会福利。同时该理论也对市场经济条件下政府管制可能存在的弊端进行了分析。

该理论的重要结论为，受管制企业为了自身的利益而采取许多措施，使其在政府管制的高层面上产生相应效用。由于利益集团力量的非均衡性和贸易保护主义偏向，政府可以通过经济法规来再分配经济中的剩余，经济法规因而成为"财富再分配的引擎"，这一点在经济学界已经达成了广泛的共识。两种相反的利益集团为了追求各自的利益而相互竞争，最终通过经济法规来分配各自的经济利益。目前研究最常见的是生产者利益集团与消费者利益集团。但是在目前的国际贸易研究中，有许多学者认为国内产业集团与国外出口的集团是一对利益矛盾体，国内产业集团所代表的生产者和国外生产者之间的力量是不对称的，关键是经济个体组织起来的能力，通常认为较少的国内生产者集团是很容易组织起来的，国内产业集团通过多种方式削弱对方的力量来提高其自身产业的政治影响力，例如减少集团内部组织协调成本、避免"搭便车"等，因此国内产业集团与大量的、分散的国外生产集团相比较，国内产业集团能够最终"俘获"政府机构的决策过程。由于国内生产者能够俘获国内政府机构，通过制定较严格的技术性贸易壁垒来限制国外生产者的产品进入，所以规制俘获过程也能导致技术性贸易壁垒。

目前，针对机电产品而言，进口国的机电产品生产商较国外分散的机电产品出口商更容易俘获本国的政府。因为机电产品出口在一国总出口的重要性以及国内机电产品生产者集团易组织性，机电产品国内产业集团可以通过多种方式来提高本国机电产业的政治影响力，因此国内机电产业集团与大量的、分散的国外机电生产集团相比较，国内机电产业集团能够最终"俘获"政府机构的决策过程，受俘获的政府可以通过制定严格的技术法规与技术标准来限制国外的机电产品进入本国市场。这些技术法规与技术标准将会对进口机电产品起到严格的限制作用，甚至很多机电产品被阻挡在进口国市场之外。所以说规制俘获的过程会形成机电产品技术性贸易壁垒。

4. 技术差距理论所形成的机电产品技术性贸易壁垒

美国学者 M. V. 波斯纳（Michael V. Posner）在《国际贸易与技术变化》中提出了国际贸易的技术差距理论。该理论认为，技术实际上是一种生产要素，并且实际的科学技术水平一直在提高，但是在每个国家的发展水平是有区别的，技术领先的国家从而就有了技术上的优势，在国际贸易中，技术领先国会出口技术密集型产品，但是随着贸易的进行，技术会被进口国所模仿，技术出口国的技术优势会逐渐消失，由此引起的贸易也就结束了。

其实世界各个国家在技术层面上是存在着差异的，技术上相对领先的国家预先发明出一种新的技术产品或者一种新的生产工艺，而其他国家暂时还没有开发出这种产品，由此产生国际间的技术差距，所以该国就会在一段时期内独享出口此种新的技术产品的比较优势，成为该种新技术密集型产品的出口国，别的国家则会进口出口方的技术。但是，随着贸易的继续进行，通过贸易产生的示范效应、专利转让以及直接投资，这些技术将被其他国家模仿，技术领先国的技术优势就会逐渐地消失，其他进口国最终会掌握该项技术，贸易的走向会随之发生变化，技术模仿国成为该项技术的出口国，技术领先国由原来的出口国转变成为进口国。但是，这种技术转移存在一定的时滞性。发达国家正是凭借技术优势以及技术转移的时滞性设置了各种各样的技术性贸易壁垒。所以从长期的角度来看，只有缩小国家间的技术差距，技术性贸易壁垒才可能减少，否则技术性贸易壁垒就会成为相关国家难以逾越的一道屏障。因此，简单的模仿或是仅为达到发达国家技术性贸易壁垒要求而进行改进，是无法真正跨越技术性贸易壁垒的，只有技术创新才是跨越技术性贸易壁垒的根本途径。

就机电产品而言，世界各国在技术水平上存在很大的差异，技术上相对领先的国家先开发出一种新技术机电产品，该国就会在一段时期内独享出口此种机电产品的比较优势，成为新技术机电产品的出口方，其他国家成为该机电产品的进口方。随着贸易的进行，技术会发生转移，其他国家迟早会掌握该项技术，最终，贸易的走向会随之发生变化，技术模仿国成为该机电产品的出口国，技术领先国由原来的机电产品出口国转变成为机电产品进口国，但是，这种技术转移存在一定的时滞性，所以技术领先国利用这种时滞性制定出新的机电产品技术标准，而技术模仿国由于技术上的差距，机电产品很难进入到技术领先国市场，最终形成机电产品的技术性贸易壁垒。所以，技术差距有可能导致技术性贸易壁垒的形成。另外，技术领先国会在原有技术优势的基础上继续研发出新的技术标准和技术功能以阻碍类似机电产品的进口。所以从长远的角度看，只有缩小国家间的技术差距，技术性贸易壁垒才可能减少，否则机电产品技术性贸易壁垒将长期存在。

5. 需求差异理论形成的机电产品技术性贸易壁垒

需求差异理论认为消费者的需求差异导致了发达国家与发展中国家之间存在隐蔽的贸易障碍，科学技术的发展提供给人类种类多样的产品选择，同时，随着发达国家人们收入水平的提高，发达国家居民的基本需求在得到满足以后，他们已经进入较高的需求层次，对需求产品的安全性能、质量标准、卫生方面等要求更加严格，同时消费者的自我安全保护意识也不断加强。但是，发展中国家在经济发展上还是落后于发达国家，发展中国家的居民由于经济发展水平问题，他们对产品质量安全和环境保护、卫生要求等方面重视不够，加上技术相对比较落后，造成部分产品不符合发达国家的相关技术性要求，于是，发达国家的居民就对发展中国家的这些产品形成不了有效需求，使得这些产品在发达国家市场上处于"无人问津"的状况，还会进一步影响发达国家的消费者对发展中国家所有产品的信任度，导致发达国家的消费者的"逆向选择"。这样，国家之间的消费者需求差异无形地在发达国家与发展中国家之间构筑了技术性贸易壁垒。所以由于发达国家与发展中国家之间的需求差异导致了技术性贸易壁垒的产生。

就机电产品而言，机电产品在安全性能、质量标准、包装等方面存在很大的差异性。由于发达国家的消费者已经进入较高的需求层次，所以对机电产品的安全性能、质量标准、卫生方面等要求更加严格，同时消费者的自我安全保护意识也不断加强。但是，发展中国家的消费者并没有达到较高的需求层次，对产品的安全性能、质量指标要求较低，所以本国的机电产品市场厂商也没有较强的动机去生产质量标准高、安全性能强、卫生达标的机电产品。另外，发展中国家的机电产品生产技术也相对比较落后，所以最终导致发展中国家的机电产品在发达国家的市场上处于无人问津的尴尬的境地。正是由于机电产品需求方面的差异导致机电产品技术性贸易壁垒的形成。

（二）经济原因

世界经济的快速发展给机电产品技术性贸易壁垒的产生提供了条件。经济水平和生产技术的不断提升，使消费者对机电产品的要求也逐渐提升，不仅要求机电产品的可用性，更要求机电产品环保健康。由于各国所处的经济社会发展阶段不同，必然使得各国对机电产品的质量、卫生等标准不一致，从而使得低标准国家生产的东西无法通过高标准国家的进口标准，从而形成了机电产品技术性贸易壁垒。①

随着经济结构和科学技术的不断变化，国际贸易中的机电产品结构也发生了相应的变化，从最开始的劳动密集型机电产品开始向技术密集型机电产品发展，尤其是近些年，技术性密集型机电产品在世界国际贸易中的比重逐年提高，机电产品的技术含量要求也越来越高，那么各国的技术性贸易措施也随之水涨船高。目前，用来保障机电产品进口国国家安全、保护人类与动植物健康、保护环境、保证机电产品产品质量等的技术法规、标准等技术性规定层出不穷，还建立了一系列的机电产品质量认证制度，涉及的范围越来越广泛，从机电产品本身的质量扩大到机电产品的生产、运输、包装等方方面面，技术标准和法规、合格评定程序等检测检疫也越来越细致，对机电产品进入所设置的名目也越来越多、越来越复杂，尤其是涉及人类安全和环境保护方面的规定。

随着机电产品技术性措施数量的不断增多，且彼此间的技术性措施差异较大，内容较复杂等，更增加了机电产品出口的难度，因为出口国对机电产品出口使用的有关标准、规定等措施的收集极其困难。尽管现在信息技术发展很快，但是由于这些技术性措施是各国在技术性贸易壁垒协议的约束下自行设置的，导致了信息的公布不及时，技术性措施不透明。在这种形势下，许多国家受科技水平的限制，生产出的机电产品很难达到进口国的要求，特别是更依赖科技优势的高科技机电产品屡屡受阻。随着各国经济不断发展，各国的技术性措施不断升级，已经发展成为阻碍机电产品进出口的巨大屏障。

各国出于保护国内产业的考虑，总是希望通过各种技术手段限制机电产品的进口，利用技术性贸易壁垒保护本国的机电产业，这是技术性贸易壁垒盛行的最主要原因，绝大多数的技术性贸易壁垒都是为此目的而设置的。机

---

① 章志键. 技术性贸易壁垒对我国外贸出口的影响及对策. 价格月刊，2009（4）.

电产品开始作为国际贸易的主要产品,各国一直致力于本国机电产品的出口,随着机电产品在本国的对外贸易中的作用日益重要,各国纷纷利用设立技术性贸易法规与标准来保护本国的机电产品市场、保护本国的机电产品生产商。如美国、欧盟、日本为了达到保护本国和地区的机电产业的需要,设置了环保、安全、卫生等方面的技术性贸易限制措施。

(三) 社会原因

当前世界各国都意识到了环境保护和人类健康的重要性和紧迫性,所以各国都纷纷采取了各种相应的措施,对污染环境和危害人类健康的机电产品制定了严格的进口规定。各国环境状况不同,生产的机电产品及采取的生产方式多种多样,人们的风俗习惯也大相径庭,所以各国按本国国情所制定的机电产品标准之间存在很大差异。如果进口国的机电产品标准高于出口国,则不可避免会产生技术性贸易壁垒,将出口国的机电产品拒之门外。又因为技术性贸易壁垒具有某种程度的合理性,免不了有些国家就会以合法的目的,对他国机电产品实施过高标准,形成技术性贸易壁垒。当机电产品出口国提高生产水平,达到机电产品进口国的标准时,进口国又可提升本国机电产品的标准,再一次阻止机电产品的进口。①

消费者本身对环保意识、安全意识和保健意识的谨慎态度空前提高,同样也加强了机电产品技术性贸易壁垒的实施。世界性的环境问题日益引起人们的热烈讨论和高度重视。人们的价值观渐由重视物质价值转向以强调非物质价值的绿色价值观,人们对机电产品的购买不仅要满足商品的使用功能,还要求商品在使用过程中或者是废弃后的销毁过程中不会破坏自然环境,尤其是发达国家的消费者已经将是否环保作为选择商品的重要因素。有市场调查表明,将近4/5的美国人不会购买给环境造成污染的企业生产的商品;几乎所有的意大利人购买商品时都会考虑商品是否环保;大多数的德国人和荷兰人只购买贴有环保标志的商品。消费者选择的商品从绿色食品、绿色用品,

---

① 章志键. 技术性贸易壁垒形成机制的博弈分析:基于国家间及国内不同利益集团相互博弈的视角. 企业经济,2009(3).

到绿色能源、绿色材料；从生态住宅到生态旅游；从绿色生产到绿色产业、绿色市场，多种多样，应有尽有。据美国国际环保商业公司统计，1990年该公司新产品仅有5%为绿色产品，而到1997年该比重已达到80%。目前，德国、日本等国开发的新产品中，绿色产品都占60%以上。发达国家消费者的这种偏好和需求决定了发达国家制定机电产品更高要求的准入标准的必然性，但是也为发达国家对发展中国家设置机电产品技术性贸易壁垒提供了基础。因为发展中国家科学技术落后、生产水平较低，国内设置的许多环境标准远远低于发达国家所规定的标准，所以生产的机电产品也就难以达到发达国家制定的用以保护环境及动植物健康的技术性规定和标准。

另外，国际贸易中也存在不合格甚至是假冒伪劣机电产品，如不安全家电产品、不安全儿童玩具、农药含量超标的包装等，这些机电产品的确会破坏进口国的环境，危害人类和动植物的安全和健康，所以对进口机电商品加强检验检疫就成为机电产品贸易一项必不可少的重要环节。目前，世界各国都制定了针对机电产品的相关检疫检验规定，在为进口机电产品把好质量关的同时，也提高了这些检疫检验规定成为技术性贸易壁垒的概率。所以说此种社会原因也会导致机电产品技术性贸易壁垒的形成。

（四）科技原因

发达国家和发展中国家科技发展的不平衡，直接强化了技术贸易壁垒。第二次世界大战以来，出现了第三次科学技术革命的浪潮，科学技术得到了空前发展，生产技术全面革新，尤其在电子学、原子能、半导体、高分子化学、航天科技、高能物理学、生物工程学等方面。科技的颠覆性发展促使社会经济结果和社会生活结构的变化，引起了新兴工业部门的建立和发展，导致一系列新的消费品的出现。第三次科技革命产生了大量的新知识、新技术、新工艺和新材料，电子计算机、原子能及空间技术的异军突起彻底颠覆了世界生产结构，彻底改变了消费者的消费观念。随之而来的第四次科技革命，带来了更多新兴领域的诞生和发展，尤其是信息技术、纳米技术、生物工程等方面，使得科技成果转化为社会生产力更加便捷和迅速，科技成果带来的生产效率更加高效，加速了生产专业化的步伐，促进了全球经济一体化的进一步深化。

随着科学技术在生产领域的广泛应用，技术密集型产品在世界贸易额中的比例进一步上升，国际贸易中所涉及的各种技术问题变得更加复杂。一方面，发达国家作为历次科技革命的主动发起者，理所当然地拥有世界最先进的科学技术，在国际市场竞争中，通过不断的技术提升和技术创新，生产的商品科技含量高、质量水平高，由于生产的专业化，商品价格更低廉，从而在国际市场中占据主导地位。另一方面，发达国家凭借科学技术的先进性，对进入它们国家的商品制定了更高水平的技术标准、认证制度等技术性措施，增加了其他国家商品出口到这些发达国家的难度。同时，发达国家居民的环保、健康意识得到前所未有的增强，绿色消费也开始深入人心。消费者组成若干团体，要求中央和地方政府建立相应的法律法规，保护人类和动植物的安全和健康，保护环境与生态不被破坏，进而使得国家对相关产品的检验标准与法规进一步提高了。发展中国家作为这几场科技革命的被动接受者，科技水平远远落后于发达国家，许多先进的技术都是花费了大量的人力、物力及财力从发达国家购买的，存在着时间上的滞后性，短时间内难以在生产上调整过来，也就难以进入发达国家市场，那么发达国家所设置的技术性措施对发展中国家而言就构成了技术性贸易壁垒。现代科学技术的更新速度越来越快，当发展中国家刚掌握了新技术，马上又会出现更先进的技术替代原技术，致使发展中国家技术更新不及时，而此时发达国家的技术性措施已经更改，使得发展中国家的出口再次受阻，再次形成了技术性贸易壁垒。

（五）环保原因

随着经济全球化和贸易自由化的发展，人类在享受日新月异的现代文明的同时，也同样面临着日益严重的环境问题：资源过度开采，污染物过量排放，生态受到严重破坏，人类自身的健康也受到威胁。随着人类对自身健康和可持续发展问题的逐渐重视，许多国家提出加强对进口机电产品的限制，并因此制定一些相关的法律、技术法规、政策措施、技术标准等，这说明了以环保原因而对某些机电产品的限制有其合法的目的。但是近来部分国家夸大了环保方面的原因，导致别国机电产品进入其市场的难度进一步加大。总之，以保护环境为名，行贸易保护之实，会对相关的进口机电产品起到限制性作用。所以说发达国家以保护环境为理由制定出的技术标准与技术法规，也会导致机电产品技术性贸易壁垒的形成。

（六）法律原因

为了促进贸易自由化，世界贸易组织（WTO）的前身《关税与贸易总协定》（GATT）从1949年开始进行了八轮多边贸易谈判。谈判的中心内容为大幅度削减关税、取消国际贸易中的歧视待遇，消除各种非关税贸易壁垒。在世界贸易组织的积极推动下，到1988年，发达成员方工业制成品加权平均关税已经降低到3.8%，中等发达成员方为6%，发展中成员方为12%。关税对进口的限制大幅度削弱，一些非关税措施也大大削减。在此种形势下各个成员方难以使用传统的关税措施以及数量限制措施等贸易保护手段。但是由于WTO的一些例外以及特殊规定，给各国设置技术性贸易壁垒提供了一个"合法"的借口，再加上技术性贸易壁垒较之其他的技术性措施具有更加隐蔽、灵活性、针对性、双重性等特点，使得各国纷纷转而利用技术性贸易壁垒。另外，WTO的一些例外规定虽然要求对技术性贸易措施进行规范，但同时又允许在一定条件下采取技术性贸易措施，这就为各国"名正言顺"地实施技术性贸易壁垒提供了保障。

目前就机电产品而言，涉及机电产品的技术性贸易壁垒的法律有《技术性贸易壁垒协议》、《实施卫生与动植物卫生措施协议》、《贸易与环境的决议》、《建立世界贸易组织协议》、《补贴与反补贴措施协定》和《原产地规则协议》。但是这些协议都存在着各种各样的自身的问题。例如《技术性贸易壁垒协议》实质性内容中指出，"标准化机构应保证不制定、不采用或不实施在目的或效果上给国际贸易制造不必要障碍的标准"，此处的"不必要"障碍的界定比较模糊，由于应用比较模糊的"定性词"难以进行量化，这就给了相关国家很好的理由制定比较高的技术标准。另外，如《实施卫生与植物卫生措施协议》虽然规定了各缔约方只能以合法的理由实施各种检验措施，如以保护人类、动植物生命和健康、保护环境与资源等，但是不能对其他国家或地区造成贸易上的歧视，并鼓励各个国家采用国际标准、准则，但只要在科学上证明是合理的也允许采用高于国际标准的措施。这项规定也有其不足之处，例如"科学上证明是合理的"这一规定没有量化指标，在实际操作时存在一定困难。所以这些法律自身存在着一些"漏洞"，这些也给相关国家设置机电产品技术性贸易壁垒提供了某种可能性。法律本身原因也会导致机电产品技术性贸易壁垒的形成。

二、机电产品技术性贸易壁垒表现形式

机电产品技术性贸易壁垒的一般表现形式主要包括技术法规、标准、检验检疫及通关程序、合格评定程序及认证制度、包装及标签要求等方面。

（一）机电产品技术性贸易壁垒一般表现形式

1. 苛刻复杂的机电产品技术法规

按照《技术性贸易壁垒协议》的定义：技术法规是由政府或者有关组织所指定并强制执行的关于产品特性或者相关工艺和生产方法、包括使用的管理规定在内的文件。技术法规还包括专门适用于产品、工艺和生产方法的专门术语、符号、包装、标志或标签要求。所以根据技术法规的定义，机电产品技术法规就是指政府或者有关组织所制定并且强制执行的关于机电产品特性或者相关工艺和生产方法。为了阻碍外国的机电产品的进口，保护本国机电产品市场，许多国家制定了严格的技术法规，且这些技术法规总是不断更新、层出不穷，要求严格苛刻，让大部分发展中国家望尘莫及。以欧盟的REACH法案为例，2009年6月1日，欧盟原有有害物质限制指令76/769/EEC被废除，REACH法规附件XVII中的限制条款开始生效。2009年6月底，附件XVII经历了第一次修订，在原有52类限制物质的基础上，再增加了6类限制物质。如果出口国出口的产品不符合上述条件，将会面临失去欧盟市场的风险。欧盟的REACH法规的不断更新的趋势使得大多数发展中国家的机电产品面临严重的境地。

2. 严格的机电产品技术标准

技术标准是指被公认机构批准的，非强制性的，为了通用或反复使用的

目的，为产品或其加工和生产方法提供规则、指南或特性的文件，科研、设计、工艺、检验等技术工作，为产品和工程的技术质量，为各种技术设备和工具等制定的标准。技术标准可以进一步分为产品标准、工艺标准、检测试验标准、设备标准、原材料标准、半成品标准、安全卫生环境保护标准等。随着科技的发展，标准化已经延伸到机电产品的各个领域，比如生产、销售、包装等领域。机电产品技术标准已经从过去主要解决产品零部件的通用和更换问题，发展成为一个国家实施贸易保护的重要壁垒和非关税壁垒的主要形式。例如在技术标准领域制定名目繁多的技术标准，日本对机电产品的限制是 JIS 规格标准，其中许多是高于国际标准，不达标就不能进入日本国内市场。而欧盟将机电产品的标准延伸到机电产品的各个领域，欧盟启动ISO14000 环境管理系统，要求进口产品从生产准备到制造、销售、使用及最后处理阶段都要达到环保标准，而且这个标准是不断变化、更新的。所以说机电产品技术标准严重地阻碍了机电产品的出口。

3. 复杂的合格评定程序和质量认证制度

世界贸易组织对合格评定程序的定义为：任何直接或间接用以确定产品是否达到技术法规或者标准要求的程序，主要由认证、认可和相互承认三部分组成。认证是指由授权机构出具的证明，一般由第三方对某一事物、行为或活动的本质或特征，经当事人提出的文件或实物审核后给予的证明，这通常被称为"第三方认证"，认证可分产品认证和体系认证。认可主要包括产品论证机构认可、质量和管理体系论证机构认可、实验室认可、审核员或者评审员的资格认可等。相互承认是指认证或者认可机构之间通过签署相关承认协议，彼此承认认证和认可的结果。《技术性贸易壁垒协议》鼓励成员积极考虑接受其他成员的合格评定结果，并就达成相互承认协议进行谈判。

其中针对机电产品的最为典型的就是美国 UL 认证和欧盟 CE 认证，虽然美国对 UL 认证没有强制性的要求，但是从许多实践案例来看，没有 UL 标志的机电产品很难得到美国消费者的青睐，一旦没有 UL 标志的产品被检出问题，美国就会以没有 UL 标志为由进行惩罚。因此，UL 认证是对机电产品进入美国以及北美市场的半强制性要求。欧盟的 CE 认证是欧盟协调成员国之间的标准差异而制定的一系列有关产品安全的政府指令，欧盟委员会强制性地规定：任何国家的产品要进入欧洲市场，都必须是已获得 CE 认证的产品，所以复杂的合格评定程序和质量认证制度也是阻碍机电产品出口的不利因素。

4. 严苛的包装和标签要求

标签是附在商品或包装容器上的说明和图样。包含以下几种信息：制造商、产品名称、产品的商标、产品的主要成分、产品的品质特点、产品的使用方法、产品的数量、储藏条件以及需要注意的警告标示以及其他广告性图案、文字等。许多国家往往对进口机电产品在标签、包装方面做出严格的规定和特殊的要求，以保护其国内机电产品市场。例如，进入美国市场的电器产品必须获得"UL"标志。进口国对进口商品在包装方面的要求主要是防止包装材料对环境方面所造成的负面影响。当然造成另外一个结果就是对许多的机电产品出口造成很大的障碍。

最近被越来越多的发达国家所推崇的碳标签制度也是严苛的包装和标签要求的新典范。所谓碳标签是为了缓解气候变化，减少温室气体（GHG）排放，推广低碳排放技术，把商品在生产过程中所排放的温室气体排放量在产品标签上用量化的数字标示出来，以标签的形式告知消费者产品的碳信息。此种标签必定对机电产品出口造成严重的影响。也就是说，利用在机电产品上加注碳足迹标签的方式，引导消费者购买碳排放较低的商品，从而达到减少温室气体排放、缓解气候变化的目的。这将导致一些技术水平相对较低的机电企业由于生产的机电产品含有更多的碳排放量，在出口目标市场上不具有竞争优势，容易被赶出发达国家的市场，而环保型的生产方法和技术需要较高的投入，无形中将增加机电出口企业的成本压力。目前许多发展中国家还没有推出"碳标签"，发展中国家大部分机电产品出口企业在国际形势要求下势必要采取相应的措施。"碳标签"的实施需要核定生产过程中导致的温室气体排放量，势必会给企业带来一定的影响，给厂商带来额外成本。

（二）机电产品技术性贸易壁垒新的表现形式

机电产品技术性贸易壁垒除了具有一般表现形式以外，还具有新的表现形式。主要包括机电产品标准壁垒、机电产品知识产权壁垒、机电产品绿色壁垒。

1. 机电产品标准壁垒

机电产品标准壁垒是一种新型的非关税壁垒，它主要以技术性贸易壁垒中标准部分作为基础，包括一般的技术标准、绿色标准、检验和检疫标准、包装与标签要求以及合格评定中涉及的认证标准。目前各国对机电产品的标准要求越来越高，比如欧盟在节能方面的标准——欧盟 EUP 指令密集出台，2009 年 9 月 9 日，美国能源署出台了 5 项新的节能标准，涉及白炽灯、空调、商业锅炉、自动售货机等多类产品。预计该标准将于 2012 年正式生效。机电产品标准壁垒主要分为以下几种形式：

（1）技术标准与技术法规形成的技术性贸易壁垒。[①] 技术标准与技术法规成为发达国家设置技术性贸易壁垒最常用的手段，技术标准与技术法规具有强制性、针对性、很难突破性，因此受到了发达国家的青睐。综合来看，技术标准与技术法规形成的技术性贸易壁垒主要表现在如下几个方面：①机电产品技术标准数量繁多。目前发达国家拥有的机电产品技术标准数量繁多，远远超出发展中国家的机电产品技术标准数量，而且发达国家大部分技术标准都以国内的法律形式存在，具有一定的强制性，其他国家很难突破。②机电产品技术标准不断更新。机电产品升级换代及机电产品技术创新的加快，无疑会促进技术标准的不断更新，发展中国家在机电产品生产方面由于技术上比较落后，难以跟上发达国家技术标准的变化。③机电产品技术标准不断攀高。随着各国机电产品技术的迅速发展，对进口机电产品所要求的技术标准要求也越来越高，近年来，机电产品技术标准的构筑越来越高是机电产品技术性贸易壁垒一个重要的趋势。④机电产品技术标准使用灵活。技术标准和法规专门化也是机电产品技术性贸易壁垒的一个新的趋势之一，根据《技术性贸易壁垒协议》的规定，成员方中除了由中央政府机构制定，地方政府机构和非政府机构也可以参与制定，专门用来应对来自相关国家的机电产品标准壁垒，另外由于各国的标准的不一致性，就使成员国可以灵活机动地选择对自己有利的标准。

（2）与认证制度相关的技术标准壁垒。认证制度是按照机电产品标准和

---

①　李钢英. 技术标准壁垒形成的理论研究. 广西民族学院学报：哲学社会科学版，2004（s2）.

相应技术要求，经过认证机构确认，并通过颁发证书和认证标志来证明某一机电产品符合相应技术要求的活动，是许多国家保证机电产品质量的一种普遍做法。机电产品要想进入国际市场，获得相关的认证已经是必不可少的。目前国际上通行的认证体系主要有两种：质量管理体系（ISO9000）和环境管理体系（ISO14000）。另外，还有很多针对机电产品的相关认证制度。

（3）与计量检测相关的技术标准壁垒。发达国家的计量监督十分严格，通常国际上都把原材料、工艺和计量作为工业化生产的三大支柱，由此可见，计量在某种意义上标志着一个国家经济和科技发展的水平。任何机电产品在进入其他国家的市场之前，进口方与出口方都会按照自己国家的技术标准或者国际标准加强检测，所以各种检测仪器的准确性就会关系到产品的质量问题，关系到相互之间的认可程度。因此，各国的基准标准通过国际比对确定了量值的一致性和等效性，各国校准和检测数据才能得以互认，才能保证国际贸易往来顺利进行。[①]

（4）与商品包装、标记和标签相关的技术标准壁垒。包装、标签和标志所形成的图形标志能够便于识别与理解，方便消费者了解产品的各种有关信息，涉及我们日常生活的很多方面。但是发达国家一般对于机电产品的包装、标志以及标签等有严格的要求。如果相关机电产品在包装方面没有达到发达国家的要求，比如质量、规格、碳标签等，那么将不能进入发达国家的市场。由于国家之间在商品包装、标记和标签方面存在着区别，将会严重影响相关国家的机电产品出口。

（5）与合格评定制度相关的技术标准壁垒。所谓合格评定程序，也就是各国依据技术规章、技术标准对进出口产品进行测试、检验、评估以确定该产品是否符合要求的程序。①合格评定制度会增加产品的成本，使得产品的竞争优势下降。这是由于检验、测验、调查、取证、裁定等手段往往增加产品的成本，从而降低了产品的竞争力。②合格评定程序手续复杂，花费时间较长。认证和检验复杂、烦琐，产品要完成复杂的评审步骤要花费很长的时

---

① 李钢英. 技术标准壁垒形成的理论研究. 广西民族学院学报：哲学社会科学版，2004（s2）

间。在完成一系列的合格评定程序之后，进口国即使允许相关机电产品进入本国市场，由于市场行情发生了一定的变化，出口国机电产品也很难保持原来的竞争优势。

2. 机电产品知识产权壁垒

机电产品知识产权壁垒是指一国打着保护知识产权的旗号，在立法、行政、司法方面采取的与贸易有关的措施，这种措施对含有知识产权的机电产品的市场准入设置了不合理的障碍。另一种对机电产品知识产权的定义是指一国实施的或支持的，以保护知识产权为名义的，对含有知识产权的机电产品的进口限制措施，或者凭借拥有的知识产权优势，滥用法律垄断权，对国际贸易造成不合理障碍的其他措施。发达国家一方面设立技术壁垒，要求出口国企业的机电产品要达到其设定的技术水平或技术标准；另一方面把该标准水平下的技术申请了专利，将技术性措施与专利壁垒交叉使用。该方法可以最大限度地保护本国机电产品企业的利益，如果出口国企业要想出口这种机电产品，就要给对方交纳极高的专利使用费，出口国企业的利润会大受挫折，甚至部分机电产品由于成本问题就使该机电产品很难再走出国门。如欧盟打火机 CR 法案，出厂价或海关价低于 2 欧元的打火机必须安装防止儿童开启的安全锁（简称" CR 装置"），并且须通过欧盟相关认证部门的实验。但是欧盟很早之前就对相关的安全装置申请了专利，中国的打火机要想出口欧盟就要面临两种选择，要么支付昂贵的专利费用，要么退出欧盟市场。不管是哪种选择，都对中国的打火机出口欧盟产生严重的影响。所以说机电产品知识产权壁垒是发达国家利用其掌握的核心技术，使用知识产权的武器，限制别国机电产品出口的一种新型贸易壁垒形式。

3. 机电产品绿色壁垒

机电产品绿色壁垒有时也称为"机电产品环境壁垒"，是指进口国以保护自然资源、生态环境和人类健康为由，通过一系列复杂、苛刻的环保制度和标准，对来自其他国家和地区的机电产品设置障碍、限制机电产品进口，以实现保护本国的机电产品市场为目的的新型非关税壁垒。

随着各国消费者对天然、安全、健康、环保的重视，绿色消费成为国际社会的潮流。各国为顺应这种消费趋势，设置了从零部件到机电产品制成品；

从机电产品的研究开发、生产加工、包装运输、销售到消费各个环节的"绿色"技术标准、法规和检验检疫制度，直接或间接地对贸易产生一定的阻碍作用，构成了错综复杂的机电产品绿色壁垒。由于绿色壁垒有其合法性，很多国家经常打着维护国家安全、保护人类的生命与健康、保护生态环境的旗号，行贸易保护主义之实。绿色壁垒现在不但被发达国家所利用，也被一部分发展中国家所利用。但是发达国家技术水平发达，所以发达国家所实施的绿色壁垒影响更为深远。如欧盟的"双绿指令"要求出口商自行承担报废产品的回收、处理及再循环的费用，并要求从 2006 年 7 月 1 日起，进入欧盟市场的电子电气产品禁用六种有害物质（铅、汞、镉、六价铬、多溴联苯、多溴联苯醚），这将对很多国家的机电产品进入欧盟市场产生一定的阻碍作用。就目前发展的趋势来看，生产和使用绿色环保机电产品已是大势所趋，绿色壁垒将是未来国际贸易领域中对机电产品出口影响最大的技术性贸易壁垒之一。

第四节　机电产品技术性贸易壁垒的影响机制

一、机电产品技术性贸易壁垒的作用机理

（一）机电产品技术性贸易壁垒的数量控制作用机理

机电产品技术性贸易壁垒的数量控制作用机理是指进口国利用技术手段对进入该国市场的机电产品数量进行限制。通常，进口国会对进口机电产品提出种类繁多的技术性要求，出口机电产品为了进入进口国市场，出口的机电产品就必须符合进口国的技术性要求，而且，这些技术性指标还会经常变动，将会严重阻碍出口国的机电产品的进入，所以这些机电产品技术性要求对进口机电产品产生明显的数量控制作用。如图 2.1（a）所示，图中横轴表

示机电产品进口量，A、B、C、D、E 表示进口机电产品种类。纵轴表示进口国对于进口机电产品检验的技术性指标，由下至上表示检验的技术性要求逐次提高。针对 A 产品而言，当机电产品技术性要求为 X0 时，A 因低于进口国的要求而被拒绝进口，B、C、D、E 种类的机电产品则因达到进口国机电产品技术的要求而被允许进口。所以说当机电产品技术性要求为 X0 时，机电产品技术性贸易壁垒对 A 产品产生一定的数量控制作用。如果进口国将进口机电产品的技术性要求提高到 X1 的水平，从图 2.1 可以看出，X1 的要求超过 X0 的要求，这时 A 产品、B 产品将因为低于技术性要求而被拒绝进口。但是 C、D、E 种类的机电产品因为达到进口国机电产品技术要求而被允许进口，所以说当机电产品技术性要求为 X1 时，机电产品技术性贸易壁垒对 A 产品和 B 产品产生一定的数量控制作用。机电产品出口企业需要提高出口机电产品技术标准，才能符合进口国的要求而被允许进口，如图 2.1（b）所示，企业提高机电产品标准，达到 X1，可以被重新进口，所以说机电产品技术性贸易壁垒具有数量控制的作用。

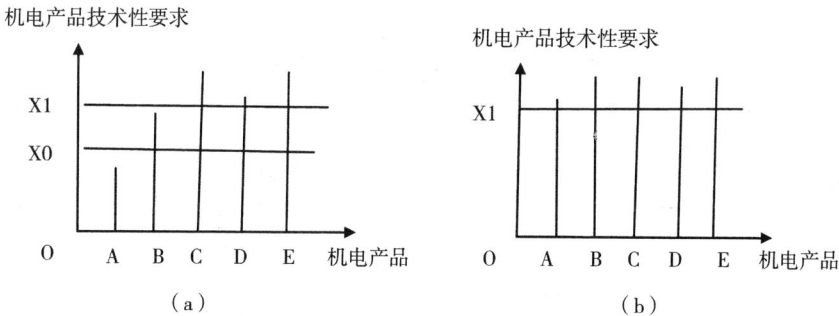

图 2.1　机电产品技术性贸易壁垒的数量控制作用机理

（二）机电产品技术性贸易壁垒的价格控制作用机理

机电产品技术性贸易壁垒的价格控制机制是指由于利益驱动，出口机电产品为了进入进口国市场，出口的机电产品就必然会努力突破技术性贸易壁垒，但是出口机电产品要想进入进口国市场，就必须按照进口国规定的环境、卫生等方面的技术要求，出口国就必须要对机电产品质量进行改进、对机电产品技术水平进行提高，使之符合进口国对机电产品规定的要求，从而就会使得出口机电产品的成本增加。另外，许多机电产品在进入进口国市场前还必须经过一定的合格评定程序，出口方必须为此支付一定的费用，从而会进一步增加出口机电产品的成本，因此机电产品成本的增加就形成了机电产品技术性贸易壁垒的价格控制作用。

如图 2.2（a）所示，图中横轴表示机电产品的产量，纵轴表示机电产品的成本。假设 AC 为企业生产某一出口机电产品的单位平均成本，由于生产过程存在规模经济，因此，AC 凸向原点并严格递减。假设该机电产品的国际市场价格是 P_0，则在没有技术性贸易壁垒的情况下，机电产品出口企业产量为 Q_0，机电产品出口到国外市场的单位产品利润为 W。当进口机电产品的技术标准、法规高于出口机电产品，阻碍了出口国机电产品的出口时，出口机电企业必然要改进机电产品质量，提高机电产品技术水平、更新先进的生产设备、聘请高技术人才，对出口机电产品投入更多人力、物力，使产品符合进口国机电产品标准。这一额外投入记为 AC_0，AC_0 的存在使机电产品的单位平均成本曲线上移至 AC′，如图 2.2（b）所示。这样，在机电产品产量仍为 Q_0 的情况下，该机电产品在进口国的售价至少需要从 P_0 提高到 P_1，机电出口企业才能获得正常利润，而提高售价就会降低机电产品在进口国的竞争力。从 P_0 提高到 P_1 就会使得出口机电产品的价格上升，上升的价格将会导致出口国出口的机电产品在进口国市场上失去竞争优势，这就是机电产品技术性贸易壁垒的价格控制机制。这种情况下，机电产品出口企业可通过增加机电产品的产量、扩大机电产品生产规模，实现规模效益，将机电产品生产数量提高到 Q_1 的水平上，来降低平均成本赢得竞争优势。

（三）机电产品技术性贸易壁垒的双重控制作用机理

机电产品技术性贸易壁垒的双重控制作用机制指的是机电产品技术性贸易壁垒不仅具有数量控制作用与价格控制作用，而且两者还会共同对机电产品进口起限制作用。机电产品技术性贸易壁垒会导致机电产品出口国的出口数量减少，此时对出口的机电产品具有明显的数量控制作用，出口国的机电

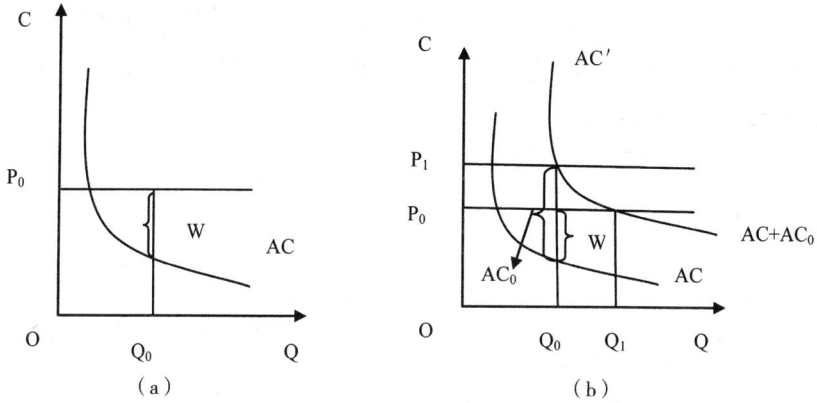

图2.2 机电产品技术性贸易壁垒的价格控制作用机理

产品为了进入进口国市场不得不提高机电产品质量，进行国际认证等，从而就会导致机电产品价格上升，此时机电产品的价格控制机制也在起作用。在出口国机电产品跨越进口国机电产品标准的过程中，数量控制作用机制与价格控制作用机制其实在同时起作用。另外，进口国的技术性要求还会不断变化、更新，进口机电产品在突破进口国技术性贸易壁垒的过程中，数量控制作用机制与价格控制作用机制也在同时起作用。如图2.3所示，横轴代表机电产品数量，纵轴代表机电产品价格。假设进口国为大国，Dm为进口国的机电产品进口需求曲线，SX为实施技术性贸易壁垒之前出口国的机电产品出口供给曲线，SX与Dm相交于E点，也就是说，进出口国供求平衡在E点达到平衡，此时机电产品出口量和机电产品进口量均为Q_0，均衡价格为P_0。当机电产品进口国对进口机电产品实施技术性贸易壁垒以后，此时不符合进口国技术要求的机电产品则被拒之于进口国门外，此时数量控制作用机制在起作用。出口国的机电产品为了进入进口国市场，不得不跨越进口国机电产品技术性贸易壁垒，则进口产品就需要提高机电产品的质量、更新生产设备、提高机电产品的技术水平、聘请高技术人才、寻求国际认证等，这些都会增加机电产品出口国的成本。由于出口国的机电产品供给弹性小，出口供给曲线将向左上方移动至SX_1。假设进口需求不变，则新供给曲线SX_1与需求曲线Dm交于新的均衡点E_1，出口机电产品的价格由P_0上涨为P_1，出口量也

将由 Q_0 减少为 Q_1。所以,通过以上可以分析出技术性贸易壁垒具有数量控制与价格控制的双重作用机制,这种双重控制机制导致出口国出口机电产品的难度进一步增加。

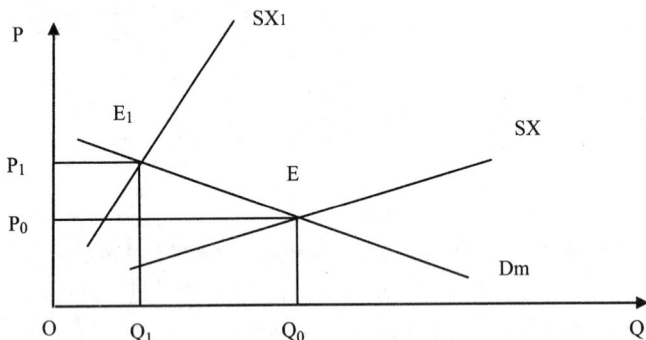

图2.3　机电产品技术性贸易壁垒的双重控制机理

(四) 机电产品技术性贸易壁垒的动态控制作用机理

上述分析都是从静态角度来探讨机电产品技术性贸易壁垒对贸易的动态控制效应。机电产品技术性贸易壁垒与机电产品其他非关税壁垒还存在着一定区别,机电产品技术性贸易壁垒是会随着技术进步而不断的提高,所以技术进步的因素也是一个十分关键的因素。从动态的角度考虑,机电产品技术性贸易壁垒虽然在一定时期内限制了相关国家机电产品的出口,但是这仅仅是临时性的技术壁垒,机电产品出口国最终会跨越机电产品技术性贸易壁垒。进口国与出口国间设置与跨越技术性贸易壁垒的较量,可以看作是国际贸易利益再分配的动态博弈过程。当出口国跨越了机电产品技术性贸易壁垒之后,进口国为了保护本国的机电产品市场,又会设置新的机电产品技术性贸易壁垒,新的机电产品技术性贸易壁垒将会对机电产品出口产生数量控制作用,出口国按照新的机电产品标准与法规要求进行生产,就需要增加机电产品的成本,机电产品技术性贸易壁垒便产生价格抑制作用。随着技术创新的深入,新的机电产品技术标准不断涌现,新的一轮抑制效应又在延续。如图2.4 (a)所示,纵轴表示机电产品检验技术标准,横轴代表机电产品 X 的出口量，当技术标准为 T_0 时，只有达到或优于该项标准的机电产品 X 方可允许进入进口国，对应的机电产品 X 的出口量为 Q_2；当机电产品进口国逐步把检验标准提高到 T_1 和 T_2 时，机电产品出口量随之减少为 Q_1 和 Q_0。在机电产品进口国把技术标准从 T0 提高到 T_1 和 T_2 时，出口国出口的机电产品由原来的出口量 Q_2 减少到 Q_1、Q_0。所以，随着时间的推移与技术的进步，进口国会不断提高机电产品的技术标准，这样就会导致出口国跨越进口国的技术性贸易壁垒的难度进一步加大。在图2.4（b）中，出口国提高了机电产品技术水平，面对进口国更高的技术标准 T_1 和 T_2，机电产品 X 的出口量较图2.4（a）明显地提高了很多，表明有更多的 X 机电产品能顺利进入进口国市场。从上述分析可以看出，发展中国家机电产品要想在应对发达国家的技术性贸易壁垒时占据有利地位，关键在于提高自身的技术水平，进而提升机电产品的技术优势。

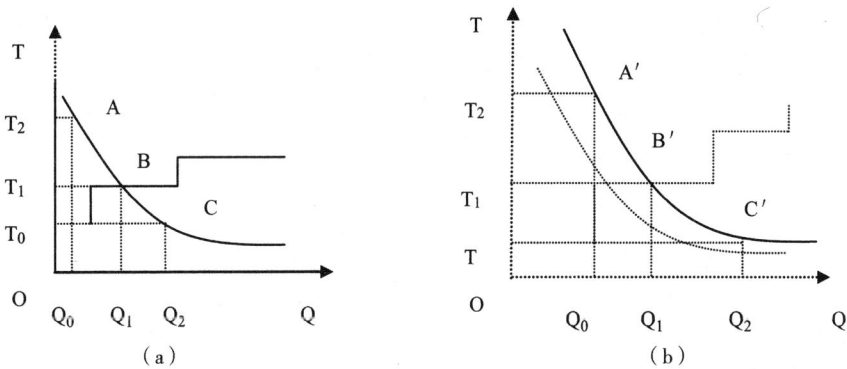

图2.4　机电产品技术性贸易壁垒的动态控制作用机理

从以上分析可以看出，机电产品技术性贸易壁垒具有对进口机电产品数量和价格上的双重控制作用。当技术性贸易壁垒一旦形成或发生变动时，就会对进口机电产品产生数量控制作用和价格抑制作用，进而对出口国和进口国的机电企业经营结构和社会福利水平产生影响。

二、机电产品技术性贸易壁垒的经济效应

(一) 消费者效应

为了保护国内的机电产品市场与机电生产商，各国纷纷加强对国外机电产品进口的限制，一般进口国所设立的机电产品技术标准在正常的情况下都会高于出口国的机电产品技术水平。在这种形势下，出口国在短期内只能选择三种方式来规避机电产品技术性贸易壁垒：①调整机电出口市场，规避或绕开机电产品技术性贸易壁垒，包括放弃原来的机电产品出口市场而转向第三国市场，或者从第三国建立机电产品生产基地，再通过第三国进入该国。②受到进口国机电产品技术性贸易壁垒的限制而减少甚至停止该机电产品的出口。在该机电产品停止出口之后，机电产品出口国可以选择"走出去"战略，通过在对外直接投资（FDI）来代替机电产品的出口。③进行寻租活动，通过贿赂等方法获取进入进口国机电产品市场的资格。①

在中长期中，机电产品出口厂商可以通过提高机电产品生产技术水平、加强对突破机电产品技术性贸易壁垒的研发投入来直接满足机电产品技术性贸易壁垒的要求。机电产品出口厂商在短期与长期的不同应对方法对出口国国内消费者的影响是不同的。本书将分别分析短期做法与中长期做法对出口国国内消费者的影响。

1. 短期做法对出口国国内消费者的影响

调整机电出口市场，规避或绕开机电产品技术性贸易壁垒。机电产品出口国选择新的机电产品出口市场，或者通过第三国转口进入目标出口市场，面对这种情况，出口国消费者效应的变化主要取决于机电产品出口规模的变化。如果最终机电产品出口数量大幅增加，机电产品出口规模和国内机电产品生产规模扩大，则国内消费者能从机电产品生产的规模经济中获利；如果总的机电产品出口量大幅降低，机电产品出口规模缩小，则国内消费者将不

---

① 李树，陈刚. 技术性贸易壁垒的经济效应分析. 经济问题，2009（5）.

得不为机电产品生产商承担一部分成本，国内消费者的效应将降低。

当采取第二种应对策略，机电产品出口国便会减少机电产品出口或者退出进口国市场，但是可能产生的影响是机电产品出口国将原来用于出口到相关国家市场的产品一部分或者全部都投放到国内市场进行销售，导致国内的该种机电产品供应量大幅增加，国内机电产品价格大幅下降。这样，机电产品出口国消费者可基于替代效应和收入效应而增加该机电产品的消费，消费者剩余增加。[①]

在短期内，机电产品出口商减少机电产品出口或者退出进口国市场后，也会选择停止生产该种产品。由于此类机电产品主要是用于出口的目的，而非用于投放本国市场，所以在本国市场销售该类产品就会出现销售量减少，或者就会出现生产规模不经济等情况。一旦此类机电产品停止生产，就会导致本国消费者损失了消费该类机电产品的机会，同时该类机电产品的价格在国内也会得到大幅提高，消费者剩余就会减少。另外，当出口国采取对外直接投资的方式来代替机电产品出口时，机电产品出口国就会在进口国当地市场制造并销售产品，所以这对机电产品出口的国内消费者的福利效应并不产生任何影响。

在短期内，当采取第三种应对策略，即以贿赂方式获得继续机电产品出口的机会时，这种贿赂是一种纯粹的成本增加，对机电产品出口国国内消费者的福利没有任何正面影响与负面影响。[②]

2. 中长期做法

在中长期中，机电产品出口厂商可以采取提高机电产品生产技术水平的方法来克服机电产品技术性贸易壁垒的限制作用。机电产品出口厂商在提高出口机电产品的技术水平的时候，如果国内市场和国外市场没有足够的措施进行分割，而只能实行自由贸易，那么机电产品出口厂商在国内供应的机电产品也应该是技术改进了的机电产品，否则就会出现平行进口的现象。[③] 如果关税、配额、许可证、人员流动限制、外汇管制等措施使国内外市场相互

① 李春顶. 技术性贸易壁垒对出口国的经济效应综合分析. 国际贸易问题，2005（7）.

② 王耀中，侯俊军. 论技术型贸易壁垒的消费效应. 国际贸易研究，2005（2）.

③ 李树，陈刚. 技术性贸易壁垒的经济效应分析. 经济问题，2009（5）.

独立，则机电产品出口厂商有三种选择：①向国内市场提供技术同样改进了的机电产品。②以原技术标准向国内市场供应机电产品。③向国内市场同时供应新技术标准的机电产品和原有技术标准的机电产品。具体分析如下：

（1）如果机电产品出口厂商向国内市场提供技术改进了的机电产品。如果机电产品出口厂商向国内市场提供技术改进了的机电产品，那么国内消费者将在支付更高价格的同时获得更高质量的机电产品。而消费者是否会继续保持和增加对这个机电产品的需求则取决于两种因素，即机电产品的需求价格弹性和消费者对机电产品质量的偏好。如果机电产品的需求价格弹性比较大，消费者需求量就会大幅下降，反之则不会有很大的变化。如果由于国内消费者受到收入的限制而对高质量机电产品缺乏强烈的偏好，那么机电产品的需求弹性效应几乎不受影响；如果国内消费者收入水平较高，或者基于技术性贸易壁垒的"唤醒效应"而对高质量的机电产品具有较强的偏好，需求弹性效应将被大幅度削弱，消费者的福利将得到提高。[1]

（2）如果机电产品出口厂商向国内市场提供原有技术标准的机电产品。如果机电产品出口厂商向国内市场提供原有技术标准的机电产品，但是由于国内外市场不可能处于完全分割的状态，因此存在平行进口的可能，那么消费者只需要支付更低的成本就可以获得同样质量的机电产品，这样，由于价格下降，消费者的需求和消费量增加，福利将明显增加。

（3）如果机电产品出口厂商向国内市场同时提供两种技术标准的机电产品。如果机电产品出口厂商向国内市场同时提供两种技术标准的机电产品，那么消费者将获得对更多种质量水平机电产品的选择机会，其消费的满足程度和福利水平有可能得到提高。[2]

（二）产业效应

1. 短期中的产业效应——贸易限制

在短期之内，技术性贸易壁垒将会对机电产品出口造成一定的消极影

---

① 王耀中，侯俊军. 论技术型贸易壁垒的消费效应. 国际贸易研究，2005（2）.
② 李树，陈刚. 技术性贸易壁垒的经济效应分析. 经济问题，2009（5）.

响，使得出口国企业的出口量急剧下降，从而也会进一步影响该国国内的机电产业发展。在短期之内，经济实力有限、对相关国家市场过于依赖并且应变能力差的企业将会受到严重的影响。它们中的一部分企业可能会倒闭，从而退出该机电行业。而另一部分企业由于经济实力雄厚，技术创新能力强，应变能力好，则受到的冲击将比经济实力薄弱的企业受到的冲击要小很多。由于这些企业突破技术性贸易壁垒能力强，所以它们一般不会因为某些国家或者地区实施技术性贸易壁垒就使得销售量大幅减少，所以对于它们来说，技术性贸易壁垒在短期内虽然对企业的出口产生一定的消极影响，但是影响程度较经济实力单薄、出口依存度高、技术创新能力差的企业来说还是比较小的。

总体来说，一国机电产业在短期内会遭遇技术性贸易壁垒的严重限制，虽然技术创新能力强，能够很快地突破进口国的技术性贸易壁垒的限制，但是目前就发展中国家而言，技术创新能力强的机电产品出口企业占一国中机电产品出口企业中的比重仍然较小，在遭遇机电产品技术性贸易壁垒的情况下，一般很难在短期内跨越发达国家机电产品技术性贸易壁垒，很多机电产品出口企业不得不因此而退出相关国家市场，这对一个国家的机电产业而言是一个巨大的损失。所以，在短期内技术性贸易壁垒对一国机电产业存在贸易限制作用。

2. 中长期中产业效应——贸易促进

在长期内，对于那些实力薄弱，在短期的冲击中就已经生存不下去的机电产品生产企业，也就没有什么中长期的效应了，稍微苛刻的技术性贸易壁垒冲击就足以使它们在机电产品市场中消失。弗农·雷蒙德（Vernon Raymond）的产品生命周期理论模型认为任何产品都会经历创新阶段、成熟阶段和标准化阶段。图 2.5 中产品的创新阶段用 AB 表示，机电产品的成熟阶段用 BC 表示，机电产品的标准化阶段用 CD 表示。一般而言，技术性贸易壁垒多数是发生在机电产品标准化阶段，也就是图中的 CD 段，技术性贸易壁垒在短期内使机电产品出口国以更快的速度丧失机电产品出口优势地位，也就是使 CD 向左下方偏移，变为 CD_1，这时如果机电产品出口方不想出任何办法突破技术性贸易壁垒，则机电产品出口会沿着 CD1 以更快的速度下降。但如果机电产品出口国自觉地提高本国机电产品的科技水平，针对机电产品技术性贸易壁垒进行研究，进而突破技术性贸易壁垒的约束，机电产品出口国的出口量在下降到一定阶段以后，如在 E 点，跨越技术性贸易壁垒，同时也带来了一轮新的技术创新，新的技术创新会进一步增加机电产品出口国的出口，如图中 EF 所示。机电出口产品由于突破了技术性贸易壁垒而进入一个新的技术创新阶段，机电产品出口量反而会增加。由于进口国针对机电产品设置技术性贸易壁垒而出口国跨越技术性贸易壁垒是一个永无止境的过程，经过如此周而复始的过程，机电产品出口国在技术性贸易壁垒的限制下会不断地突破、不断地跨越，使得机电产品出口量不断增加、技术创新速度不断提高，对贸易发展起到了促进作用。所以说技术性贸易壁垒虽然在短期内使得机电产品出口国的出口受到了抑制，但是长期来看，技术性贸易壁垒会提高机电产品出口国的创新速度，增加了机电产业的贸易量，也就是存在着机电产业贸易促进效应。

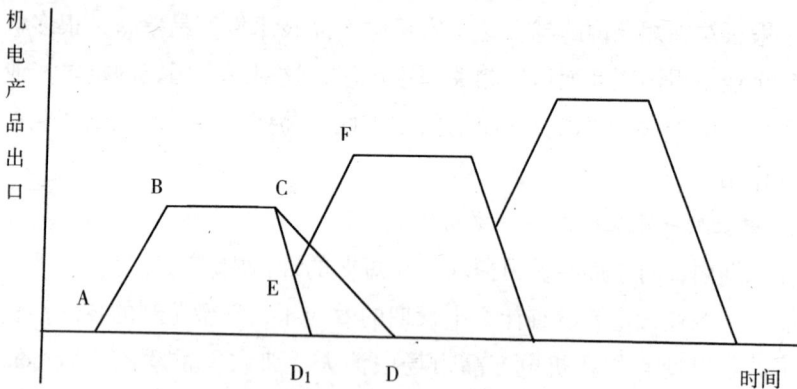

图2.5　机电产品技术性贸易壁垒的中长期效应——贸易促进效应

按照这一推论的结果，在长期之内如果对技术性贸易壁垒进行合理的管理和利用，则存在中长期的贸易促进作用。这样它就会使机电产品的出口供给增加，同时由于技术改进的机电产品能更加满足人们的需求，从而会刺激机电产品需求的增加，这样，新的均衡点的机电产品贸易量就会增加。对于贸易条件，在中长期之内，OF*曲线会向左移动到OF，同时出口机电产品技术的改进会使得OE向右移动到OE*，新的均衡点使得出口国贸易条件改善，如图2.6所示。

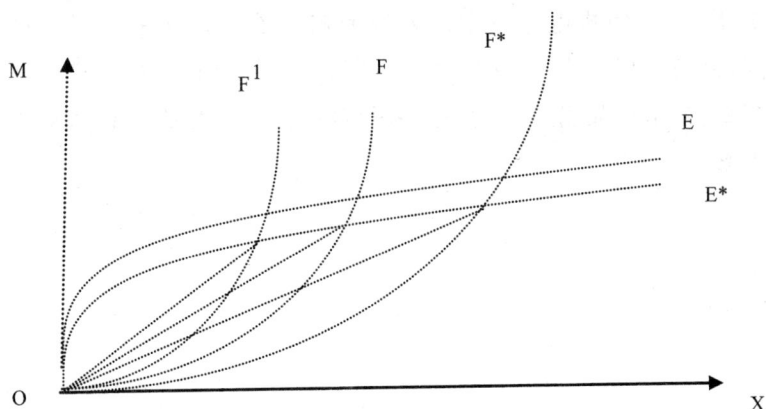

图2.6 中长期机电产品出口国贸易条件改善

（三）机电产品技术性贸易壁垒的社会福利效应

技术性贸易壁垒的社会福利效应，国内学者一般也是从短期的效应进行分析，认为技术性贸易壁垒会降低出口国的社会福利水平。本书在此主要研究机电产品技术性贸易壁垒对出口国社会福利效应问题，本书认为机电产品技术性贸易壁垒存在短期和中长期的效应区分。

1. 机电产品技术性贸易壁垒的短期福利净效应损失

机电产品技术性贸易壁垒会造成出口国的福利净效应损失。如图2.7所示，我们假定贸易双方均为机电产品贸易大国，纵轴表示出口机电产品的价格，横轴左边表示出口国的出口机电产品供求数量Q^X，右边表示进口国的机电产品供求数量Q^M，S、D曲线和S^*、D^*曲线分别表示机电产品进口国和出口国的机电产品供给曲线和需求曲线，两国在自由贸易下的均衡为供求曲线的交点，贸易发生以后，两国以P^E的价格进行贸易，贸易量为图中的Q_1Q_4或者是Q_5Q_8，但当机电产品进口国开始实施技术性贸易壁垒以后，会阻止很大一部分的机电产品进口量，这就使得出口国的该机电产品在国内供过于求，所以国内机电产品价格将下降；而同时进口国由于该机电产品供给减少，机电产品价格反而上涨。如图 2.7 所示，进口国的机电产品价格上涨为 P_2，出口国的价格下降为 P_1。这时机电产品出口国的消费者由于机电产品价格下降而得益，其国内机电产品消费者剩余增加了（d＋e）的面积，但机电产品生产者剩余减少了（a＋b＋c＋d＋e）面积。两者相抵后的净损失为（a＋b＋c）。所以从短期来说，机电产品技术性贸易壁垒使得机电产品出口国的消费者得利，生产者损失。总体来说是损失更大。[①]

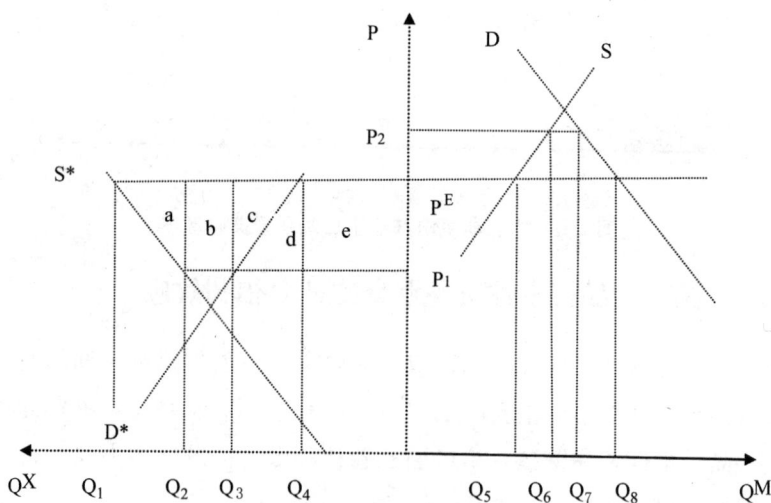

图 2.7 机电产品技术性贸易壁垒的福利净效应

2. 机电产品技术性贸易壁垒的中长期的福利净效应由负转为正

社会福利效应的变化是随着机电产品贸易量的变化而变化的，所以在中长期之内的技术性贸易壁垒给机电产品出口国带来的贸易效应必然影响着社会福利效应。从前面的分析可以看出，在中长期之内，机电产品技术性贸易壁垒促使出口国在机电产品技术上的创新和突破必然带来贸易量的重新恢复

---

① 李春顶. 技术性贸易壁垒对出口国的经济效应综合分析. 国际贸易问题, 2005（7）.

和增加，即机电产品的价格会增加，机电产品贸易量会随之加大，从而就促使出口国的机电产品生产者和机电产品消费者的剩余都增加，也就是社会福利增加。①

---

①　李春顶．技术性贸易壁垒对出口国的经济效应综合分析．国际贸易问题，2005（7）．

第三章 机电产品技术性贸易壁垒的国际规则

自从世界贸易组织成立以来，关税壁垒与传统的非关税壁垒都得到了限制性使用，因此很多国家转而采用一些新型的手段来保护本国的市场。由于技术性贸易壁垒具有一定的隐蔽性、针对性、灵活性、复杂性等特点，因此深受很多发达国家的青睐。美国、欧盟、日本等发达国家也正是利用这些特点规避有关国际规则的约束，广泛而频繁地使用技术性贸易壁垒来阻碍其他国家的机电产品的出口。因此，近年来国际机电产品贸易争端已经演变为损害更加严重的技术性贸易战。美国、欧盟、日本等发达国家经常利用技术性贸易壁垒来阻止相关国家的产品进入本国市场。名目繁多又不断升级的技术性贸易壁垒已成为目前机电产品贸易争端的主要领域，严重制约国际机电产品贸易的发展。为了防范技术性贸易壁垒，促进国际机电产品贸易自由化，世界贸易组织在其相关协定中采取了防范和救济措施。

第一节 与机电产品技术性贸易壁垒有关的国际规则

世界贸易组织框架下与机电产品技术性贸易壁垒有关的协议主要有以下几个：

一、《技术性贸易壁垒协议》

《技术性贸易壁垒协议》是世界贸易组织有关防止非关税壁垒协定中最重要的协定之一，主要由 15 个条款和 3 个附件组成。该协议的宗旨是：为便利的国际贸易，技术法规、标准、符合性评定程序以及标签标志制定等技术要求方面展开国际协调，遏制新形势下以带有歧视性的技术要求为主要表现形式的贸易保护主义，最大限度地减少和消除贸易中的技术性贸易壁垒，为世界经济全球化服务。

协议的目标是：消除一切技术性贸易壁垒，实现贸易的自由化和便利化。由于国际标准和合格评定程序能为提高生产率和推动国际贸易做出重大贡献，协议鼓励制定此类标准和合格评定程序，但是希望确保缔约方的技术法规和标准，包括包装、标志、标签等不会给国际贸易制造不必要的麻烦。由于技术性贸易措施非常容易演变为技术性贸易壁垒，成为变相的贸易保护主义的手段。为此，《技术性贸易壁垒协议》要求各成员方在制定和实施技术性贸易措施时应遵循若干基本原则。这些基本原则可以说是《技术性贸易壁垒协议》约束技术性壁垒的关键所在。

二、《实施卫生与植物卫生措施协议》

《实施卫生与植物卫生措施协议》是乌拉圭回合多边贸易谈判结果的一个重要协议，由 14 个条款和 3 个附件组成。其目的是支持各成员实施保护人类、动物的生命或健康所采取的必需措施，以规范动植物卫生检疫的国际规则。

《实施卫生与植物卫生措施协议》实质上是《技术性贸易壁垒协议》的一部分内容的细化，在制定《实施卫生与植物卫生措施协议》之前，许多涉及食品卫生安全、动植物卫生的法规都属于《技术性贸易壁垒协议》管辖的范畴。《技术性贸易壁垒协议》允许成员方为寻求"合理的"目标，如为了保护人类、动植物健康、保护环境、动植物福利、宗教方面的目的以及对于公共安全的考虑，而采取对贸易具有潜在限制的技术或动物卫生及植物卫生法规。由于《技术性贸易壁垒协议》对卫生和动植物卫生措施约束不够具体，执行中难以监督，导致不少国家以保护人类、生态环境为名，行贸易保护之实，成为《技术性贸易壁垒协议》的"灰色地带"，阻碍了贸易的正常进行。为此世界贸易组织制定了《实施卫生与植物卫生措施协议》。

三、《与贸易有关的知识产权协议》

《与贸易有关的知识产权协议》是 1994 年与世界贸易组织所有其他协议一并缔结的，它是迄今为止对各国知识产权法律和制度影响最大的国际条约。《与贸易有关的知识产权协议》有七个部分，共 73 条。

主要条款有：一般规定和基本原则，关于知识产权的效力、范围、知识产权的使用标准，知识产权的执法，知识产权的获得、维护及相关程序，争端的防止和解决，过渡安排，机构安排、最后条款等。

与过去的知识产权国际条约相比，该协议具有以下三个突出特点：

（1）《与贸易有关的知识产权协议》比较全面，绝大多数类型知识产权类型都涵盖在该协议中，这些规定构成了世界贸易组织成员必须达到的最低标准，除了在部分条款的适用方面给予发展中国家和最不发达国家的优惠，其余条款要求所有成员（不论是发达国家还是发展中国家）均不得有任何保留，这样，《与贸易有关的知识产权协议》就全方位地提高了全世界知识产权保护的水准。

（2）《与贸易有关的知识产权协议》是第一个对知识产权执法标准及执法程序作出规范的条约，而且还明确规定了侵犯知识产权行为的民事责任、刑事责任和保护知识产权的边境措施、临时措施，所以说《与贸易有关的知识产权协议》是一部比较全面的条约。

（3）它引入了世界贸易组织争端解决机制，用于解决各成员之间产生的知识产权纠纷。之前很多条约并没有对参加国在立法或执法上违反条约的情况作出规定，更没有相应的制裁条款，而《与贸易有关的知识产权协议》则作出了很大的改变，将违反协议规定直接与单边及多边经济制裁挂钩。

四、《贸易与环境的决议》

《贸易与环境的决议》是在 1994 年 4 月 15 日的马拉喀什多边贸易谈判部长级会议上达成的，决定将贸易政策、环境和可持续发展三者的关系作为世界贸易组织的一个优先事项，并设立一个对所有缔约方开放的"贸易与环境委员会"，在世界贸易组织开始生效后即开展工作。

贸易与环境委员会的工作宗旨为在不违背多边自由贸易体制和对与贸易有关的环境保护工作方面，使贸易与环境两个领域中的各项政策能取得协调，使环境保护和贸易的持续增长能实现相互促进的目标。

贸易与环境委员会的具体任务是：协调好促进贸易持续增长与保护环境之间的关系，为了促进世界范围内可持续发展；提出关于相关的条款的修改意见，但是这些意见一定不能违背两个原则：一是促进贸易和环境措施之间积极的相互作用的原则；二是有利于促进可持续发展的原则；提出的修改意见也要考虑发展中国家，特别是最不发达国家的实际需要；避免各方出现妨碍贸易的保护主义的行为，坚持有效的多边规则以确保多边贸易体系响应《21 世纪议程》和《里约热内卢环境与发展宣言》，特别是《里约热内卢环境与发展宣言》的第十二条所规定的环境目标；对以环境保护目的而采用的贸易措施进行监管，以及那些对贸易产生重大影响的环境措施和对这些措施进行管理的多边规则的有效措施。防止以环境保护为名而影响市场准入的问题。

五、《关税与贸易总协定》

《关税与贸易总协定》（General Agreement on Tariffs and Trade，GATT）是一个政府间缔结的有关关税和贸易规则的多边国际协定。《关税与贸易总协定》的宗旨是为了提高缔约国人民的生活水平，保证充分就业、实际收入和有效需求的增长，扩大世界资源的利用。《关税与贸易总协定》于 1947 年 10 月 30 日在日内瓦签订，并于 1948 年 1 月 1 日开始临时适用。应当注意的是，由于未能达到 GATT 规定的生效条件，作为多边国际协定的 GATT 从未正式生效，而是一直通过《临时适用议定书》的形式产生临时适用的效力。

《关税与贸易总协定》分为序言和四大部分，共计 38 条，另附若干附件。第一部分从第 1 条到第 2 条，规定缔约各方在关税及贸易方面相互提供无条件最惠国待遇和关税减让事项。第二部分从第 3 条到第 23 条，规定取消数量限制以及允许采取的例外和紧急措施。第三部分从第 24 条到第 35 条，规定本协定的接受、生效、减让的停止或撤销以及退出等程序。第四部分从第 36 条到第 38 条，规定了缔约国中发展中国家的贸易和发展问题。这一部分是后加的，于 1966 年开始生效。

六、《建立世界贸易组织协议》

《建立世界贸易组织协议》于 1994 年 4 月 15 日在摩洛哥的马拉喀什签订，它是世界贸易组织的章程性文件，也是世界贸易组织的法律文件。世界贸易组织的法律文件既包括实体法性质的法律文件，也包括程序法性质的法律文件。在《建立世界贸易组织协议》的序言中规定："成员方在处理它们的贸易与经济关系方面，应基于提高生活水平、保证充分就业和有效需求的可持续增长、扩大货物与服务的生产与贸易为目标，同时允许按照持续发展目标，优化使用世界资源；根据各自的需求和经济发展的实际水平采取既保护和保存环境，又达到上述目标的手段。"认为坚持和保障一个开放、无歧视、平等的多边贸易体系同环境保护、促进可持续发展的行动不应有也不会有政策矛盾。

七、《补贴与反补贴措施协定》

GATT 1994 乌拉圭回合谈判达成的《补贴与反补贴措施协定》（SCMA），是在 GATT 1979 东京回合谈判达成的《补贴与反补贴守则》的基础上修订而成的，但是对《补贴与反补贴守则》做出了很多的改进，《补贴与反补贴措施协定》适用于更多的成员国，从此为世界贸易组织确立了更完善、更严格的补贴与反补贴的法律实践，并将对各成员方的补贴与反补贴立法与实践产生很大的影响。

该协定把补贴分为禁用和非禁用两大类。非禁用补贴可分为可申诉补贴和非可申诉补贴两大类，在某些特定条件下，所有成员方为促进现有的生产设施适应新的能对公司企业加重制约和经济负担的环保规范可以给予补贴，但是这类不可申诉补贴不得超过此类适应性调整成本的20%。若有助于消除环境的压力，可以采取符合"不可申诉补贴"标准的、合适的环境补贴。这样的环境补贴不受解决争端行动的约束。该协定规定：采取一定的手段消除环境压力，但是这些手段应该是合适的环境手段，那么此时的环境补贴就是合适的。如果这些补贴符合不可申诉补贴的标准就不受解决争端行动的约束。

八、《原产地规则协议》

《原产地规则协议》（Agreement on Rules of Origin）是为解决原产地规则方面的有关问题而制定的协议。它是《关税与贸易总协定》乌拉圭回合最后文本之一，于1994年达成于马拉喀什。只有原《关税与贸易总协定》缔约国才有权签署和接受本协定。1995年1月1日生效。

《原产地规则协议》除绪言外，共由4个部分和2个附件组成，是迄今为止总协定在原产地规则领域最系统的一项法律文件。根据《原产地规则协议》，原产地规则是指任何成员方为确定货物原产地所实施的法律、规章及普遍适用的行政决定。它包括所有用于非优惠性商业政策措施的原产地规则，即适用于1994年《关税与贸易总协定》第1、第2、第3、第11、第13条中的最惠国待遇；1994年《关税与贸易总协定》第6条中的反倾销和反补贴税；第19条中的保障性措施；第9条中的原产地标记要求以及任何歧视性的数量限制或关税配额的实施，还包括为政府采购和贸易统计而使用的原产地规则。

该协议承认明确的原产地规则及其实施能够促进国际贸易的发展，期望确保原产地规则本身不会对国际贸易造成不必要的障碍，不使各成员方在GATT 1994项下的权利丧失和减损，使与原产地规则有关的法律、法规和做法具有透明度，要求以一种公正、透明、可预知、一致的和无歧视的方式制定和实施，使用磋商机制和程序迅速地、有效地、公正地解决争端。

第二节 《技术性贸易壁垒协议》概述

一、《技术性贸易壁垒协议》产生的背景

针对技术性贸易壁垒日益盛行的情况，为了发展国际贸易，确保各国的技术法规、标准不会对国际贸易造成不必要的障碍，各国纷纷呼吁要求采取措施消除技术性贸易壁垒。20 世纪 60 年代后期，欧洲共同体开始采取各种措施，消除彼此间的技术性贸易壁垒。欧共体所通过的纲领给欧共体以外的国家极大的震动。它们担心欧共体在消除内部壁垒，大大增强经济实力的同时，会对外形成更加坚固的技术性贸易壁垒。在美国、加拿大和日本等国的倡议下，1964 年 12 月，WID 工业产品委员会建立了一个工作组，研究和分析由各缔约国通报的诸多贸易壁垒案例，并探索具体行动的可能性。1970年，《关税与贸易总协定》正式成立。经过东京回合艰苦的谈判，1979 年 32 个《关税与贸易总协定》缔约方正式签署了《技术性贸易壁垒协议》，1980年 1 月 1 日该协议正式生效。第一版《技术性贸易壁垒协议》在国际经贸活动实践中逐渐暴露出它的不足，因此在乌拉圭回合谈判中，第一版《技术性贸易壁垒协议》被修订，经过修订的协议于 1994 年在马拉喀什正式签署生效，即《技术性贸易壁垒协议》（简称《TBT 协议》）。①

实施《技术性贸易壁垒协议》的主要目的在于减少和消除贸易中的技术障碍，避免对国际贸易产生不必要的贸易壁垒。概括起来，《技术性贸易壁

---

① 徐睿霞．试析外国对华农产品技术性贸易壁垒的突破策略：基于美国、欧盟和日本经验的借鉴．商场现代化，2009（2）．

垒协议》的目标主要表现在以下几个方面：

（一）保护人身安全和人体健康

例如，国家性法规要求机动车配置安全座带以减少公路事故中对人的伤害；用以防止使用者被电击的电源插座。另一个以保护人体健康为目的的典型法规是香烟上必须标注"吸烟有害健康"字样。

（二）保护动植物的生命和健康

例如，许多国家要求在一定期限内不能捕捞鱼类中濒临灭绝的物种。

（三）保护环境

由于大气、水和土壤污染日益严重，消费者对环境问题日益担忧，促使政府制定保护环境的法规，例如，对回收的纸和塑料制品的规定；对机动车废气排放的限制规定。

（四）防止欺诈行为

大部分法规对消费者的保护主要是通过标签规定产品的相关信息。包括分等和定义、包装要求和规格（如尺寸、质量）等，这些法规用于避免欺诈行为。

（五）其他目标

法规的其他目标是质量、技术协调一致和贸易便利化。例如，要求机电产品的插头只有符合规定尺寸方可进入市场（这在某些发达国家相当普遍）。用于协调某些部门的法规，例如，广泛应用于经济一体化地区如欧盟 EFTA 的电信和终端设备的通用法规。消除不合理的机电产品技术性贸易措施，减少机电产品技术性贸易壁垒；通过制定多边规则，指导各国制定、采用和实施允许采取的机电产品技术性贸易壁垒措施，努力保证这些措施不形成对国际贸易不必要的障碍。

二、实施《技术性贸易壁垒协议》应遵守的基本原则

（一）非歧视原则

这个原则包括两项待遇，即最惠国待遇和国民待遇。具体来说，最惠国待遇是指本国对技术法规、标准、合格评定的规定和程序对所有签约国不能进行区别对待，而应该一视同仁；最惠国待遇是指对本国企业商品和外国企业进入本国的商品，其待遇也是一视同仁。

（二）正当合理原则

对贸易有限制作用的措施，不应超出正当目标的范围。这些正当目标是：保护国家安全要求；保护人类健康或安全；保护动植物的生命或健康；防止欺诈行为。这项原则也称有限干预原则。

（三）透明度原则

成员方所实施的与国家贸易有关的法令、条例、司法判决、行政决定，都必须公布，使各成员国及贸易商熟悉。一成员方政府与另一成员方政府所缔结的影响国家贸易的协定，也必须公布，以防止成员方之间不公平的贸易，从而造成对其他成员方的歧视。成员国拟采取的贸易措施与国际标准内容有不一致的情形出现时，并且这些措施可能对其他成员国的贸易产生重大影响，应通过适当方式提前通告其他成员国，并简要说明理由，对其他成员国的意见应进行讨论和予以考虑。签约国所有的技术法规、标准和合格评定程序都应公开透明，让所有国外出口厂商都能了解。[①]

（四）争端磋商机制原则

一旦某签约国违反了《技术性贸易壁垒协议》，设置了技术性贸易壁垒，

---

① 徐睿霞. 试析外国对华农产品技术性贸易壁垒的突破策略：基于美国、欧盟和日本经验的借鉴. 商场现代化，2009（2）.

受损害一方可以向 WTO 投诉，启动争端磋商机制，当磋商失效时，WTO 可以决定采用贸易制裁。

（五）尽量采用国际标准

各成员国制定有关技术法规、标准、合格评定程序，应以国际标准化机构制定的国际标准、准则或建议为基础，它们的制定、采纳和实施均不应给国际贸易造成不必要的障碍。如国际标准化组织（ISO）、食品法典委员会（CODEX）、国际兽医组织（OIE）等组织制定的相关标准。

（六）发展中成员国的差别待遇原则

发展中成员国在执行标准方面可能存在技术和财政方面的困难。《技术性贸易壁垒协议》增加了对参加本协定的发展中国家成员提供差别和更优惠待遇，同时也要求各成员在制定和实施技术法规、标准和合格评定程序时，应考虑各发展中国家成员特殊的发展、财政和贸易需要，以保证此类技术法规、标准和合格评定程序不对发展中国家成员的出口造成不必要的障碍。

三、《技术性贸易壁垒协议》演变成机电产品技术性贸易壁垒的原因

技术性贸易壁垒的产生以及它的新发展都与人们生活水平的提高密切相关。例如，环境与贸易的关系，进口国通过技术法规、技术标准、包装、循环再利用、标签制度等要求来保护环境，如果出口的产品不符合进口国的要求，则出口国的产品将不能进入进口国市场。随着人们生活水平的提高、当今科学技术的发展以及人类文明程度的提高，人们对所购买的机电产品的质量、卫生、环保等指标提出了苛刻的要求，但是许多生产者对此不以为然，为了实现利润，他们往往不惜以牺牲自然环境、人类健康与动植物的生命与健康为代价，对此仅依靠市场调控是无法使得双方的利益都得到保证，那么就需要一种国际的法律或者法规、规则来平衡双方的需求，于是代表双方共同意愿的国际组织就千方百计进行一轮谈判，于是国际组织就会将环保、道

德伦理观念渗透到国际贸易法规当中去，并通过签署一系列国际贸易法规来影响多边贸易体制和各国的国内法。如果出口国的机电产品未达到国际法规规定的环保等要求，消费者就会拒绝购买，进口国也会根据国际法规对出口国的机电产品进行惩罚，于是出口国的机电产品生产商不得不对此做出妥协。可见，技术性贸易壁垒对于社会公共利益还是具有一定有利之处的。从上面分析可知，技术性贸易壁垒本来是本着好的目的出现的，但是随着各国科技与经济的发展，技术性贸易壁垒就会对国际贸易产生阻碍作用。

（一）贸易保护主义

贸易保护主义是指在对外贸易中实行限制进口以保护本国机电产品在国内市场免受外国机电产品的竞争，并向本国机电产品提供各种优惠以增强其国际竞争力的主张和政策。在限制机电产品进口方面，主要是采取关税壁垒和非关税壁垒两种措施。前者主要是通过征收高额进口关税阻止外国机电产品的大量进口；后者包括采取进口许可证制、进口配额制等一系列非关税措施来限制外国机电产品的自由进口。

随着机电产品贸易的迅速发展及市场竞争的激烈加剧，在不违反《技术性贸易壁垒协议》的要求的同时，各国与一些国际性组织本着保护消费者利益的初衷，合理地制定了一系列机电产品技术标准、机电产品技术法规并在实践中严肃执行。按照《技术性贸易壁垒协议》的要求，这些基于正当目标在公正和科学的基础上要求进口机电产品及其机电产品加工方法或加工程序符合本国或本集团技术规范的措施，不能一概被冠为"贸易保护主义"措施，否则，危害人身安全和人体健康、动植物生命与健康、有污染的机电产品进入本国市场，不合标准、不合质量的假冒伪劣机电产品到处泛滥，其后果不堪设想。但是随着出口国出口机电产品的增多，对进口国国内的机电产业造成了冲击，于是进口国国内机电生产商就会俘获本国政府对出口国的机电产品进行限制，保护本国机电产品国内市场。按照世界贸易组织的要求，各国必须大幅降低机电产品关税水平，而传统的非关税措施的运用也受到了严格的限制，针对机电产品而言，技术性贸易壁垒由于其具有隐蔽性、针对性、灵活性等特点，技术性贸易壁垒便成为各国的首选对象。所以说，贸易保护主义者在不违反《技术性贸易壁垒协议》的要求的同时，为了加强对国内机电产品市场的保护，纷纷采用技术性贸易壁垒这种手段来达到自己的"合法"目的。贸易保护主义导致了机电产品技术性贸易壁垒的形成。

（二）《技术性贸易壁垒协议》本身存在的问题导致了机电产品技术性贸易壁垒的产生

1. 《技术性贸易壁垒协议》过于模糊

到目前为止，《技术性贸易壁垒协议》没有对技术性贸易壁垒做出明确的定义，使得技术性贸易壁垒在国际上存在争议，导致相关国家过于放大协议中的相关内容，给国际贸易带来了一定的阻碍作用。《技术性贸易壁垒协议》实质性内容中指出，"标准化机构应保证不制定、不采用或不实施在目的或效果上给国际贸易制造不必要障碍的标准"，此处中的"不必要"障碍的界定比较模糊，由于应用比较模糊的"定性词"难以进行量化，这就给了相关国家很好的理由制定比较高的技术标准。《技术性贸易壁垒协议》中实质性规定中指出"只要适当，标准化机构即应按产品的性能而不是设计或描述特征制定以产品要求为基础的标准"，此处的"适当"也是比较模糊的概念，在技术性贸易壁垒中，给予制定标准机构很大的空间，往往使得制定出的标准高于发展中国家正常水平的标准，使得包括我国在内的发展中国家遭受严重的损失。同时，《技术性贸易壁垒协议》仍存在例外条款。这很可能造成执行方在适用该项法规时有较大的自由裁量权。正是由于《技术性贸易壁垒协议》缺乏硬性标准，可操作性不强，规定比较模糊，使得成员国在实践过程中具有相当大的自由空间，从而为各国利用技术性贸易壁垒限制外国机电产品进入本国市场提供了可能性。所以说过于模糊的《技术性贸易壁垒协议》条款使得发达国家有正当的理由实施技术性贸易壁垒。

2. 给予发展中国家的优惠形同虚设

虽然《技术性贸易壁垒协议》在第 12 条中以 10 个条款的篇幅规定了对发展中国家的特殊待遇和差别待遇，但是细致分析起来，这些优惠并没有给发展中国家带来真正的实惠。①

首先，这 10 个条款基本上都是原则性、建议性的，并无多少有约束力的实质性内容。其次，这些条款的设置并未考虑到发展中国家面临技术性贸易壁垒的真正原因。例如，第 12 条第 4 款规定"各成员国应认识到不应要求发展中国家成员使用不适于其发展、金融和贸易需要的国际标准作为其技术法规或标准，包括检验方法的基础"。其实这是对发展中国家设置进口产品的限制性门槛的规定，至于对发展中国家的出口商向发达国家出口商品时无法达到的技术法规、标准和合格评定要求（包括以国际标准制定的技术法规、标准和合格评定程序要求），《技术性贸易壁垒协议》却只字未提，而后者才是发展中国家在当今国际贸易中频频遭受技术壁垒的主要原因。再次，一些涉及发展中国家真正利益的条款规定得过于模糊。例如依据第 2 条第 12 款规定"各成员应在技术法规的公布生效之间留出合理时间间隔，使出口成员、特别是发展中国家成员的生产者有时间使其产品和生产方法适应进口成员的要求"，发展中国家成员生产商有一段"合理的时间间隔"使其产品或生产方法适应进口成员国的要求，也未明确规定"合理时间间隔"的判断标准，甚至由谁来判断时间是否合理也未规定。

总之，《技术性贸易壁垒协议》对于发展中国家来说，表面上是给予了照顾，但是发展中国家在实际上并没有享受到"所谓"的待遇。一旦发达国家与发展中国家之间产生贸易摩擦，发展中国家往往处于被动的局面。即使发展中国家的理由是充分的，但是由于发展中国家经济实力和科技实力与发达国家相比还存在着一定的差距，无法采取报复措施，即使采取贸易报复措施，往往是发展中国家的受害程度更大。发达国家正是凭着强大的国家实力和机电产品技术力量，只要是出于国家利益需要，发达国家就会对《技术性贸易壁垒协议》中对于发展中国家的优惠措施置若罔闻，由于发展中国家由于各种原因在不能诉求自己的正当利益时，发达国家就会越来越多的以技术性贸易壁垒限制发展中国家的机电产品出口，在这样屡试不爽的情况下，更会强化这种恶性循环的周而复始地发生，机电产品技术性贸易壁垒也就形成了。

---

① 赵启杉. 论 TBT 协议的重要性和不足. 网络法律评论，2004（1）.

3. 《技术性贸易壁垒协议》缺乏可操作性

大多数技术性壁垒都受到了《技术性贸易壁垒协议》的规制，但是许多条款的规制效果并不理想，其原因在于《技术性贸易壁垒协议》规定的许多义务过于原则化，无实质性内容，缺乏可操作性，充其量只是起到一种引导建议作用而非约束作用。例如，《技术性贸易壁垒协议》第2条第1款实际是对《关税与贸易总协定》第3条所规定的国民待遇的重复；又例如，协议第2条第7款规定的"同等性"原则仅仅要求"各成员积极考虑接受与其相当的其他成员的技术法规"，是否接受仍然由各成员自己决定，至于什么是"相当"协议也没有解释。由此"等同性"原则形同虚设。再如对消除因技术法规变换快而造成技术壁垒非常重要的第2条第12款，只是规定"留出一段合理的时间"供其他成员国出口商调整产品以适应新的技术法规的要求，而这还受到非"紧急情况"的限制。一是所谓"紧急情况"的判断本身即十分模糊，缺乏客观标准；二是这种判断亦由成员国自己做出，缺少第三方的监督；三是未规定其间是否合理的判断依据；四是未规定如果违反此规定，该项技术法规是否仍然对出口成员有效。正是因为《技术性贸易壁垒协议》没有包含什么可为争端解决机构所直接引用的实质性义务，所以在解决相关争端时，专家组宁愿应用关系不太密切的《关税与贸易总协定》的条款而不愿应用《技术性贸易壁垒协议》。

由于《技术性贸易壁垒协议》的缺乏操作性的特性，起到的只是一种引导建议作用而非约束作用，这就给了发达国家成员方很大的随意性、主观性，没有对相关方起到应有的约束作用，所以这种情况下，《技术性贸易壁垒协议》反而促使了技术性贸易壁垒的产生。

第三节　《实施卫生与植物卫生措施协议》概述

《实施卫生与植物卫生措施协议》（Agreement on the Application of Sanitary and Phytosanitary Measures）是乌拉圭回合多边贸易谈判结果的一个重要协议，

其目的是支持各成员实施保护人类、动物、植物的生命或健康所采取的必需措施，以规范动植物卫生检疫的国际规则。

一、《实施卫生与植物卫生措施协议》产生的背景

随着国际贸易的发展和贸易自由化程度的提高，各国实行动植物检疫制度对贸易的影响已越来越大，某些国家尤其是一些发达国家为了保护本国农畜产品市场，更多地利用非关税贸易壁垒措施来阻止发展中国家的农畜产品进入本国市场，其中动植物检疫就是一种隐蔽性很强的技术性贸易措施。由于《关税与贸易总协定》和《技术性贸易壁垒协议》对动植物卫生检疫措施要求缺乏约束力，而且要求也不具体，为此，在乌拉圭回合谈判中，许多国家提议制定了《实施卫生与植物卫生措施协议》，它对国际贸易中的动植物检疫提出了具体的、严格的要求，它是世界贸易组织协议原则渗透的动植物检疫工作的产物。[①]

二、《实施卫生与植物卫生措施协议》应遵守的基本原则

《实施卫生与植物卫生措施协议》的主要目标是防止各国的动植物卫生检疫措施对国际贸易造成不必要的消极影响，并防止各国滥用动植物卫生检疫措施搞贸易保护主义。按照《实施卫生与植物卫生措施协议》宗旨，各国有权采取保护人类、动物及植物的生命或健康的措施，在必要时，可以采取限制贸易措施，但需要遵循以下三项原则：[②]

（一）科学证据原则

《实施卫生与植物卫生措施协议》规定，各成员有权采取为保护人类、动物或植物的生命或健康所必需的卫生与植物卫生措施，但必须以科学性为

---

① 李轩. 对技术性贸易壁垒国际规范机制的理性分析. 经济纵横，2007（10）.

② 徐睿霞. 试析外国对华农产品技术性贸易壁垒的突破策略：基于美国、欧盟和日本经验的借鉴. 商场现代化，2009（2）.

基础，也允许各国采取的措施高于国际标准、指南和建议，但这些措施必须遵循科学证据原则。

（二）风险评估和适度保护原则

《实施卫生与植物卫生措施协议》允许各国在风险评估基础之上，根据本国可承受危险程度，制定本国的标准和规则，同时还必须考虑国际组织制定的风险评估技术。要求各国在进行风险评估时，应考虑可获得的科学证据、加工与生产方法、相关生态和环境条件等因素。

（三）国际协调原则与等效原则

为避免《实施卫生与植物卫生措施协议》措施对市场准入造成不必要的障碍，《实施卫生与植物卫生措施协议》鼓励各成员制定、承认和采用现有的国际标准、准则或建议。

协调一致并不意味着各成员的检疫法规或检疫措施一定要一致，成员可自主决定采取何种检验检疫措施，当各个成员的保护措施不是按照相应的国际标准时，这样的措施必须是建立在适当的风险评估的基础上，并减少不必要的贸易障碍。目前，国际上有三个组织对卫生和植物卫生的标准制定和评估提供科学依据，它们是食品法典委员会（CAC）、国际兽医办公室（OIE）和国际植物保护公约（IPPC）。[①]

《实施卫生与植物卫生措施协议》的等效原则是承认不同的国家可能采取不同的措施来保证食物安全或保护动植物健康。但当这些保护措施均能达到相应的保护水平时，WTO成员应承认其他成员的这些保护措施具有同等效力并予以接受。但是有关出口成员方必须客观地向有关进口成员方表明其措施达到该进口成员方的卫生与植物卫生措施保护的适当水平。各成员方如遇有请求，应进行协商，以便就承认具体的卫生与植物卫生措施的同等效力达成双边和多边协议。

---

① 李轩. 对技术性贸易壁垒国际规范机制的理性分析. 经济纵横，2007（10）.

（四）透明度原则

由于《实施卫生与植物卫生措施协议》有较大的灵活性，对透明度提出了更高的要求，各成员在制定影响贸易的法规和标准时应向其他成员通报，接受其他成员的咨询，并考虑其他成员对该项法规或标准提出的意见。为此，要求各成员建立卫生与植物卫生措施通报机构和咨询点，通知机构负责通知有关事项，提供相关文件，答复其他成员提出的问题或质疑。成员应公正、合理、统一透明地实施 SPS 政策法规。《实施卫生与植物卫生措施协议》措施的公布和实施应有较长的过渡期，使成员实施的《实施卫生与植物卫生措施协议》措施具有公开性、可预见性。

（五）对发展中成员的特别待遇原则

发展中成员有权暂缓执行协议中对出口有影响的条款。如最不发达国家暂缓五年执行协议，其他发展中国家暂缓两年执行协议，这样做的目的是给发展中国家进行很长时间的准备。《实施卫生与植物卫生措施协议》号召给发展中国家提供帮助，如提供加工技术、科学研究或建立基础结构等方面。WTO 秘书处就《实施卫生与植物卫生措施协议》条款的理解问题，定期向各成员提供帮助。WTO 和各国际标准组织还联合举办培训班，对发展中国家提供培训。

三、《实施卫生与植物卫生措施协议》演变为机电产品技术性贸易壁垒的原因

《实施卫生与植物卫生措施协议》实施时存在的问题如下：

（一）协议执行时存在困难

虽然《实施卫生与植物卫生措施协议》的颁布实施能够消除贸易壁垒、促进贸易自由化，但是在对发展中国家的差别待遇方面，《实施卫生与植物卫生措施协议》号召发达国家积极给予发展中国家技术援助、技术咨询等支

持，事实上，发展中国家得到的援助很少，这种情况下，由于《实施卫生与植物卫生措施协议》对发达国家缺乏约束性，使得发达国家很少考虑发展中国家的实际情况，很少主动地执行相关的协议，而是对来自发展中国家的机电产品作出了严格的要求，这些技术性要求严重地阻碍了发展中国家机电产品的出口，从而也就演变为机电产品技术性贸易壁垒。

（二）利用协议漏洞，设置技术性贸易壁垒

协议中存在的一些漏洞，方便了设置技术性贸易壁垒。如《实施卫生与植物卫生措施协议》虽然规定了各缔约方只能以保护人类、牲畜和植物的生命和健康为由采取各种检验措施，且不可对其他成员方造成贸易上的歧视，并鼓励各成员方采用国际标准、准则，但只要在科学上证明是合理的也允许采用高于国际标准的措施。[①] 但是"科学上证明是合理的"比较有争议、过于笼统。另外《实施卫生与植物卫生措施协议》在第10条特殊与差别待遇中也规定了"各成员应该考虑发展中国家成员、特别是最不发达国家成员国的需要"，此处仅提出建议性的条款，对发达国家缺乏约束性，所以这些协议的漏洞给了相关国家设置技术性贸易壁垒的正当理由。同样针对机电产品而言，《实施卫生与植物卫生措施协议》的漏洞同样也使用于机电产品，相关国家正是利用这样的协议漏洞，以保护人类、牲畜和植物的生命和健康为由对进口机电产品设置技术性贸易壁垒。

（三）《实施卫生与植物卫生措施协议》对发展中国家不利的一面

首先，由于发展中国家的经济水平与科技水平不高，国内技术标准比较少，因而在国际标准机构里担任工作的发展中国家成员就比较少，这些机构制定的标准、法规大都是站在发达国家的立场去考虑问题，所以大部分标准都是由发达国家来制定。发展中国家的产品尤其是机电产品要符合这些工业

---

① 李轩. 农产品绿色技术壁垒形成的政治经济学原因探究. 时代经贸，2006（6）.

化国家制定的机电产品标准，需要花费大量的时间、财力和人力等，机电产品符合成本较高（机电产品符合成本包括两个方面：一是要符合进口国的机电产品标准所引起的成本；二是要符合机电产品进口国的检验程序所引起的成本）。机电产品符合成本的存在对发展中国家的机电产品出口贸易造成了障碍，其结果是《实施卫生与植物卫生措施协议》为发达国家提供了限制发展中国家贸易的更有力武器。

其次，关于非疫区的执行情况。《实施卫生与植物卫生措施协议》第6条提出病虫害非疫区和低度流行区的概念，该条款原则上是有利于发展中国家的，但是从发展中国家的实际情况来看，发展中国家无法很多的利用这个条款，发展中国家的检验检疫、风险评估设施落后，无法向《实施卫生与植物卫生措施协议》委员会提出证明符合非疫区或低度流行区的合理依据。《实施卫生与植物卫生措施协议》第6条提出病虫害非疫区和低度流行区的概念同样也适用于来自发展中国家的机电产品，来自发展中国家的机电产品由于很难提出符合非疫区或低度流行区的合理依据，而被拒于发达国家的市场之外。发达国家利用非疫区的执行情况来对来自发展中国家的机电产品设置技术性贸易壁垒。

第四节　《与贸易有关的知识产权协议》概述

《与贸易有关的知识产权协议》在于减少对国际贸易的扭曲和阻碍，并考虑到需要促进对知识产权的有效和充分保护，并保证实施知识产权的措施和程序本身不成为合法贸易的障碍。

一、《与贸易有关的知识产权协议》产生的背景

近些年来，人们越来越认识到知识产权保护对国际贸易的影响。首先，多数发达国家的经济活动正在转型，从劳动密集型向技术密集型、知识密集

型进行转变，它们不但提高传统出口产品的技术含量，还对新出口产品进行技术创新与改造，即带有知识产权。因此，为了保持自己的竞争优势，很多国家都希望本国企业产品的知识产权能够得到充分的保护，独享在市场上的比较优势。[①] 其次，发展中国家出台了很多优惠措施吸引国际投资，发达国家可以通过多种途径进行国际投资，例如，通过合资企业或签订许可协议在发展中国家制造含有专利的产品，但是发展中国家对知识产权保护不力，使得相关企业的产品经常被盗版以及模仿，这样发达国家也就不会对发展中国家进行投资。最后，技术改进了产品，同时也使复制和模仿变得更加容易和便宜。这样使得知识产权保护不力的国家不仅生产假冒和盗版产品，而且还把这些产品用于出口。

对知识产权进行国际保护，是知识和技术交流日趋国际化的客观需要。1883 年制定的《保护工业产权巴黎公约》是知识产权国际保护的开端。1967 年《成立世界知识产权组织公约》在瑞典斯德哥尔摩签订。世界知识产权组织于 1970 年 4 月成立，1974 年成为联合国的一个专门机构，主管工业产权、著作权及商标注册的国际合作。《1947 年关税与贸易总协定》曾规定，有关国民待遇、最惠国待遇、透明度等条款适用于对知识产权的保护，但直接涉及知识产权的条款和内容很有限。"东京回合"谈判期间，美国曾就假冒商品贸易问题提出一个守则草案，但没有达成协议。1986 年"乌拉圭回合"谈判之初，以美国、瑞士等为代表的发达国家主张将知识产权列入多边谈判的议题。发达国家还主张应制定保护所有知识产权的标准，并且必须纳入争端解决机制。以印度、巴西、埃及、阿根廷、南斯拉夫为代表的发展中国家则认为，保护知识产权是世界知识产权组织的任务，应把制止假冒商品贸易与广泛的知识产权保护区别开来。它们担心，引入跨领域的报复机制会构成对合法贸易的障碍；强化知识产权保护会助长跨国公司的垄断，特别是形成对药品和食品价格的控制，会对公众福利产生不利影响。该轮谈判开始后，在《关税与贸易总协定》总干事邓克尔的主持下，10 个发展中国家和 10 个发达国家组成的谈判组专门对此问题进行了谈判、协商。1991 年，《关税与贸易

---

① 杨国华.《与贸易有关的知识产权协议》的产生背景. 律师世界，2002（1）.

总协定》总干事邓克尔提出了"乌拉圭回合"最后文本草案的框架，其中《与贸易有关的知识产权协议》基本获得通过。最终世界贸易组织的 TRIPS 协议是 1994 年与世界贸易组织所有其他协议一并缔结的，它是迄今为止对各国知识产权法律和制度影响最大的国际条约。

二、《与贸易有关的知识产权协议》的基本原则

（一）国民待遇原则

在知识产权保护三个方面，在遵守《巴黎公约》（1967）、《伯尔尼公约》（1971）、《罗马公约》或《关于集成电路的知识产权条约》中各自规定的例外的前提下，每一成员给予其他成员国民的待遇不得低于给予本国国民的待遇。这是各个知识产权国际公约共同遵守的基本原则。

（二）对权利合理限制原则

在《与贸易有关的知识产权协议》第 13 条、第 16 条第 1 款、第 17 条、第 24 条第 8 款、第 26 条第 2 款、第 30 条中分别提出对版权、商标权、工业品外观设计权和发明专利权给予一定的权利限制的前提条件：一是要保证第三方的合法利益；二是不能影响合理利用；三是不能损害权利所有人的合法利益。上述规定主要是防止权利持有人滥用知识产权，以对国际贸易产生不合理的障碍。

（三）最惠国待遇原则

对于知识产权保护，一成员对任何其他国家国民给予的任何利益、优惠、特权或豁免，应立即无条件地给予所有其他成员的国民。一成员给予的属下列情况的任何利益、优惠、特权或豁免，免除此义务：①自一般性的、并不是专门限于知识产权保护的关于司法协助或法律实施的国际协定所派生。②依照《伯尔尼公约》（1971）或《罗马公约》的规定所给予，此类规定允许所给予的待遇不属国民待遇性质而属在另一国中给予待遇的性质。③关于

本协定项下未作规定的有关表演者、录音制品制作者以及广播组织的权利。④自《世界贸易组织协定》生效之前已生效的有关知识产权保护的国际协定所派生，只要此类协定向《与贸易有关的知识产权协议》理事会做出通知，并对其他成员的国民不构成任意的或不合理的歧视。最惠国待遇原则，这是在 TRIPS 中首次把国际贸易中对有形商品的贸易原则延伸到知识产权保护领域，对知识产权的国际保护产生深远的影响。

（四）透明度原则

这是在 TRIPS 中第 63 条规定的原则，其目的是防止缔约方之间出现歧视性行为，便于各方对相互保护知识产权的措施能够完全的了解，以防止成员方之间不公平的贸易，从而造成对其他成员方的歧视。透明度原则是《与贸易有关的知识产权协议》的重要原则，目的在于保证贸易环境的稳定性和可预见性。

三、《与贸易有关的知识产权协议》演变为机电产品技术性贸易壁垒的原因

（一）双方实力不对等

《与贸易有关的知识产权协议》双方的谈判实力并不对等，一方是以美国为首的发达国家，发达国家由于科技水平较高，拥有世界上大部分的知识产权，尤其在高新技术性领域其他关键技术领域。而广大发展中国家国内整体技术水平与发达国家相比还存在一定的差距，拥有的知识产权还十分有限。由于双方在知识产权方面的差距，发达国家往往比较强势，例如，美国经常以 301 特别条款、贸易制裁等相威胁，使得广大发展中国家要想出口到美国的市场，不得不在知识产权方面接受美国的相关要求，美国有时还会要求发展中国家重新修订本国或本域内的知识产权法律，以尽可能与《与贸易有关

的知识产权协议》一致。①

就目前机电产品而言，双方实力的不对等很容易造成以美国为代表的发达国家以《与贸易有关的知识产权协议》为理由，加强对发展中国家设置技术性贸易壁垒，使得发展中国家的机电产品很难出口到发达国家市场。发达国家与发展中国家双方在实力方面的不均等，使得美国等发达国家很容易凭借着自己在知识产权方面的巨大优势限制发展中国家的机电产品进口，受限制的发展中国家机电产品为了进入发达国家市场，不得不花费巨资进行人力、物力、财力等方面的投资，这些投资又会使得发展中国家的机电产品价格优势荡然无存，发达国家的这种做法也就形成了机电产品技术性贸易壁垒。

（二）对发展中国家不利

《与贸易有关的知识产权协议》更多地考虑了发达成员在知识产权保护中的利益，对发展中成员有切身利益关系的技术转化与援助则考虑不够，协议对发达国家在国际技术贸易中滥用其知识产权几乎没有做出有效的约束规定，对发展中成员在按照协议标准调整和建立其知识产权保护体系及其相应的执法过程中所面临的困难没有加以适当考虑。在技术合作方面仅规定："为促进本协定的实施，发达国家成员应发展中国家成员和最不发达国家成员的请求，并按双方同意的条款和条件，应提供有利于发展中国家成员和最不发达国家成员的技术和资金合作。此种合作应包括帮助制定有关知识产权保护和实施以及防止其被滥用的法律和法规，还应包括支持设立或加强与这些事项有关的国内机关和机构，包括人员培训。"但是，该规定没有涉及如何促使发达成员向发展中成员转化技术以及提供技术援助，更没有涉及通过具体的计划或者方案来实现这一目标。相反，《与贸易有关的知识产权协议》的实施会使发展中成员方在专利权、商标权的强制许可等方面不但没有享受到以往的待遇，反而对发展中国家更为不利。

《与贸易有关的知识产权协议》存在的以上问题同样也适用于机电产品，

---

①　杜新年，舒先林.《与贸易有关的知识产权协议》的理性评述. 科技进步与对策，2003（10）.

《与贸易有关的知识产权协议》其实并没有考虑到目前发展中国家与发达国家在知识产权方面的差距，协议更多的是加强对发达国家的机电产品知识产权保护，而忽视了发展中国家的切身利益，这就给了发达国家充分的理由对来自发展中国家的机电产品进行设置技术性贸易壁垒。所以说《与贸易有关的知识产权协议》存在的对发展中国家不利的部分，也就逐渐地演变为机电产品技术性贸易壁垒。

（三）缺乏实质性内容

《与贸易有关的知识产权协议》表面上给发展中成员一些优惠，但大都没有什么实质性内容与保障。协议优惠主要体现在实施协议的过渡期安排上，即同发达成员相比，发展中成员与最不发达成员分别可以多延期四年和十年适用《与贸易有关的知识产权协议》。在药品和农业化学品等个别特定领域，一部分发展中成员还可以在特定条件下再延长五年适用其专利规定。但由于国民待遇，最惠国待遇原则没有过渡期，而且还遵循维持原状原则等，其灵活性并不大，因此发展中成员在优惠性过渡期安排的实际利用价值十分有限。

《与贸易有关的知识产权协议》缺乏实质性内容的条款同样也适用于机电产品。与以上两个协议相似，《与贸易有关的知识产权协议》表面给予发展中国家机电产品一些优惠措施，但实际上都缺乏实质性内容。另外，《与贸易有关的知识产权协议》由于国民待遇，最惠国待遇原则没有过渡期，而且还遵循维持原状原则等，因此发展中国家在机电产品方面享受的优惠并不大。正是由于发展中国家在机电产品方面不能享受到实实在在的优惠，使得发达国家可以凭借《与贸易有关的知识产权协议》设置机电产品技术性贸易壁垒。

第五节　《贸易与环境的决议》概述

一、《贸易与环境的决议》产生的背景

历时八年的乌拉圭回合多边贸易谈判协议的签署，虽然是 100 多个国家和地区对当前复杂的国际经贸关系实现了妥协与合作的结果，但是国际之间存在的很多问题都没有得到及时的解决。[①]《关税与贸易总协定》虽早在 1971年就设立了"环境措施与国际贸易小组"（以下简称"环境小组"），1971 年11 月在《关税与贸易总协定》各缔约方参加的理事大会上，各方一致同意设立一个环境措施与国际贸易小组（EMIT），这个小组的成员向所有的 GATT缔约方开放，并且规定只有在缔约方的提议下小组才召开会议。但该组织后来一直处于停顿状态，未曾开展活动。1986 年各缔约方部长会议《埃斯特角宣言》也未把环保问题列入谈判的内容。乌拉圭回合多边贸易谈判最后之所以作出《贸易与环境的决议》，主要是由于下述背景的存在：由于总协定缔约方内部间一再发生与环境有关的贸易争端，迫使总协定理事会不得不把环境问题提到议事日程上来。美国和墨西哥在 1991 年爆发了著名的金枪鱼争端，再次引发了对环境保护政策与贸易之间关系的高度关注。虽然 GATT 仲裁小组判定美国败诉的结果并没有被各缔约方通过，但却引发了环境主义者的强烈不满。上述的金枪鱼的争端案例，对总协定提出了这样一个问题，即怎样使各缔约方为本国环保需要制定的有关措施与总协定的最终目标——国际贸易自由化的各项原则取得协调？

在上述形势的影响和推动下，联合国和其他国际组织通过了一系列环保公约和协定。最重要的是 1992 年 6 月 3～14 日在巴西里约热内卢召开的联合

---

① 邵望予. 乌拉圭回合《贸易与环境的决议》与我国的对策. 国际经贸探索，1995（3）.

国环境与发展大会（UNCED），会议通过了《里约热内卢环境与发展宣言》、《21 世纪议程》和《关于森林问题的原则声明》三项文件。这次会议对引起环境问题的重视有着深远的意义。[①] 并自 1991 年底 ~ 1994 年初召开的第 47、48、49 届三次缔约方大会上，对"环境小组"和理事会有关环保问题的工作报告都予以肯定。

1994 年 4 月在马尔喀什举行的部长级会议上，各国部长们还一致通过了《关于贸易与环境的决议》，决定成立"贸易和环境委员会"取代原有的"环境措施与国际贸易小组"，贸易与环境问题从此被纳入了世界贸易组织工作的正轨。从 1995 年到 2001 年 6 年，"贸易与环境委员会"的工作取得了很大的进展，就各项工作议程进行了深入的研究和探讨。

二、《贸易与环境的决议》的基本原则

（一）环境保护与贸易增长的相互促进的原则

《贸易与环境的决议》的工作宗旨是在不违背多边自由贸易体制和对与贸易有关的环境保护工作方面，使贸易和环境两个领域中各项政策能取得协调，即使环境保护和贸易的持续增长能实现相互促进的目标。所以环境保护与贸易增长的相互促进也是《贸易与环境的决议》的一个原则。

（二）对发展中国家的照顾原则

《贸易与环境的决议》增加了对发展中国家照顾的原则，在制定贸易与环境措施方面，应该加强对《里约热内卢环境与发展宣言》、《21 世纪议程》等国家协定对环境目标所作的规定，同时，对发展中国家特别是那些最不发达国家应根据它们的实际情况及需求加以考虑。

（三）多边自由贸易原则

《贸易与环境的决议》要求加强监督并制止有关缔约方利用环境保护的

---

① 邵望予. 乌拉圭回合《贸易与环境的决议》与我国的对策. 国际经贸探索, 1995（3）.

名义而采取贸易保护主义的各种措施，各个成员国在授权的范围内，处理好缔约方之间的相关事宜，包括以环境为目的的各项费用和税收，以及有关产品的标准和技术规则、包装、标签和再利用等问题。

（四）透明度原则

成员方为环境目的所采取的贸易措施都必须公布，使各成员国及贸易商熟悉。一成员方政府与另一成员方政府所缔结的为环境目的而影响国家贸易的协定也必须公布，以防止成员方之间不公平的贸易，从而造成对其他成员方的歧视。

三、《贸易与环境的决议》演变为机电产品技术性贸易壁垒的原因

（一）对发展中国家的照顾缺乏可行性

自 1992 年 6 月联合国环境与发展大会召开以后，环境问题作为全球性问题与全球经济发展和经济关系紧密地联系在一起，许多国家和地区将环境保护列为一项重要的国策。但是各国的经济发展水平不一，环境标准差别很大，不同的国家和地区对环境保护的内涵也因此而存在很大的差别。西方发达国家由于在经济上与科技上存在巨大的优势，生产与出口的机电产品技术含量较高、环保要求也较高。而且发达国家凭借这种优势也制定出一套完整的机电产品环保法规，目前美国环保局对待进口机电产品方面已经拥有了一套完整的环保法规；而欧盟也已经完成了机电产品环保方面的立法，并且在制定有关全球气候变暖的条例方面也处于领先地位。但是，发展中国家由于贫困而耗竭资源，破坏生态与环境，使得环境状况十分恶劣，而且发展中国家的环保意识也比较薄弱，在环境法律方面更是不健全、不完善，在出口的机电产品中大部分达不到发达国家环保方面的要求，很多发达国家就会利用《贸易与环境的决议》关于环保方面的要求，以发展中国家的低环境标准和价值

低廉的机电产品为借口，阻止这些机电产品进入本国的市场。①

目前，出现一种趋势，就是发达国家将不符合现行环保标准的产业转移至发展中国家，使后者环境更为恶化。由于科学技术的进步和环保意识的增强，被发达国家限制或淘汰的有害于环境的产业和企业，为了逃避本国环保法的管辖，转移至劳动力低廉和环保法规宽松的发展中国家寻求庇护。其结果是使后者的环境状况受到危害，经济利益和国际贸易地位也受到严重影响，就机电产品而言，目前很多发达国家将"问题"机电产品的生产与加工转移到发展中国家市场，使得发展中国家本来就脆弱的环境变得更加恶化，使得向发达国家出口机电产品的难度进一步加大。对发展中国家的机电产品而言，《贸易与环境的决议》缺乏可行性的操作就会演变为机电产品技术性贸易壁垒。

（二）《贸易与环境的决议》缺乏统一的标准

《贸易与环境的决议》强调环境问题对世界贸易的重要性，也充分说明了世界贸易组织对环境问题的要求有了进一步的加强，《贸易与环境的决议》明确提出环境与贸易之间的关系，即环境保护和贸易的持续增长能实现相互促进的目标。但是目前《贸易与环境的决议》的规定比较模糊，决议的内容比较笼统，缺乏统一的环境标准。因为目前各国环境标准与环境管理水平存在巨大的差别，各国在对待环保时纷纷实施国内的环保法规与标准，结果发达国家由于环境标准远远高于发展中国家的环保标准，使得发展中国家的机电产品很难出口到发达国家的市场。对发展中国家的机电产品而言，发达国家的高环保标准就是一道巨大的技术屏障。所以说，对发展中国家而言，缺乏统一的、标准的《贸易与环境的决议》就会演变为机电产品技术性贸易壁垒。

---

① 邵望予. 乌拉圭回合《贸易与环境的决议》与我国的对策. 国际经贸探索，1995（3）.

第六节 《关税与贸易总协定》概述

一、《关税与贸易总协定》产生的背景

20世纪30年代发生的世界性经济大萧条给当时世界各国带来了灾难性的后果。危机过后，人们自然会上下求索，探究其发生的原因、机制并积极寻求治理良策。当时政界、学术界曾有不少人认为，这场危机的发生，在很大程度上与各国采取的以邻为壑的保护主义政策直接相关。就连当时经济及国力日盛的美国也未能独善其身。1930年，美国国会通过了一项名为《斯姆特—赫利关税法》（Smoot - Hawley Tariff Act）的法律，提高了900多种进口物品的关税税率，将原来38%的平均进口税提高到60%。此举招致其他贸易伙伴国的报复并引发了关税大战。作为当时美国主要贸易伙伴的英国马上做出回应，在1931年通过了它在20世纪的第一项重要贸易保护立法。面对关税不断升级的混乱局面，当时唯一的普遍性国际组织——国际联盟于同年做出积极反应，准备通过召开"关税休战大会"来平息业已成为事实的世界关税大战。然而国际联盟的努力失败了。结果，到1932年，世界贸易由1929年的水平下落25%，世界工业生产更是萎缩了30%之多。1933年，第二次世界大战前最后一次重要的多边贸易会议——世界金融与经济会议也因为与会各方拒绝放宽它们的贸易限制而在没有取得任何实际结果的情况下休会。在1936年以前，全球工业一直没有恢复到1929年的水平，国际贸易也只是到了1940年后才开始恢复到大萧条前的水平。

走出大萧条，重振美国经济，是美国总统罗斯福在1932年选举中发誓要实现的主要目标。而世界贸易自由化则是实现这项目标的总计划中的核心。于是，从1934年起，美国就开始在互惠基础上同它的主要贸易伙伴举行双边削减关税的谈判，美国的这一经济复兴举措一直贯穿于整个第二次世界大战

的始终，直至战后。

1941 年，美国总统罗斯福和英国首相温斯顿·丘吉尔联合签署了一项著名的宣言《大西洋宪章》，号召同盟国联合起来抗击法西斯德国、日本和意大利的军事及经济侵略。这项里程碑式的文件，除了呼吁永久放弃领土扩张和解除所有侵略国家的武装以外，还提出了第二次世界大战后世界发展的多项目标。其中有些目标即包含国际经济合作为基础的内容。例如，主张每个国家都有权要求它的合法贸易不因别国过度的关税、配额或限制性的单边或双边实践而遭受扭曲或损害。通过双边谈判和多边谈判来削减关税的意图也成为《大西洋宪章》中的组成部分。

于是在战争接近尾声时，20 世纪 30 年代大危机时期盛行的保护主义情结已逐渐在人们的心理上被抛弃，取而代之的是寻求建立一个综合性的多边谈判机制以统筹解决世界政治经济问题的合作愿望。各同盟国的政要在政治上都期望第二次世界大战后成立联合国，并希望这一永久性组织取代当时的国际联盟；在经济领域，他们希望创建一个集世界经济、贸易与金融在内的一体化的多边合作机制，以协调各国间经济发展过程中的各种关系。美国是这些动议的最积极的倡导者。

从 1944 年开始谈判至 1946 年，国际货币基金组织（IMF）和国际复兴开发银行（IBRD）先后建立。但建立国际贸易组织（International Trade Organization，ITO）的努力进展却颇不顺利。在 1947 年 11 月 11 日，由联合国主持召开的"贸易与就业会议"上，各国代表就美国提交的关于建立《国际贸易组织宪章》草案（《哈瓦那宪章》① 草案）展开讨论，提出了近 800 个修正补充案，修改后的文件虽然得到了当时 56 个国家代表的同意，但当这一法律文件提交各自国家立法部门批准时却几乎全部遭到拒绝，连美国这一起草者也不例外。据说是由于宪章的修改内容太多，时任美国总统的杜鲁门曾三次递交国会都未获批准，国会就总统是否有权签署这样的宪章还进行过激烈的辩论。美国是贸易大国，又是宪章的首倡国，它没有批准自然使许多国

---

① 《哈瓦那宪章》草案的主要内容包括就业与经济活动、经济发展与振兴、贸易政策规则、限制性商业惯例、政府间商品协定以及有关国际贸易组织建立的相关规则。其中的贸易政策部分已被后来于 1948 年 1 月 1 日生效的《关税与贸易总协定》广为吸收。

家也持消极态度，国际贸易组织最终夭折。与此次大会几乎同时，美、英、法等23个国家（包括中国）却完成了它们之间的双边关税减让谈判。鉴于《国际贸易组织宪章》批准遇到的困难，美国便提议把原来经由23国谈判达成的123项关税减让协议（涉及5万多种商品）与宪章中有关贸易政策的部分合并，汇编成一个称为《关税与贸易总协定》的文本，提交23国代表签署。参加谈判的23个国家最终于1947年10月30日签署了这一总协定。为使该协定正式生效，它们采用了另外签署一份《临时适用议定书》的形式，以便使总协定按预期于1948年1月1日正式投入运行。不久，23个国家签署了《临时适用议定书》，它们对外宣称，总协定之所以以"临时"的形式正式生效，是想让各签署国尽快享受削减关税的好处，待日后《国际贸易组织宪章》生效后，《1947年关税与贸易总协定》就自动成为宪章的一个组成部分，顺理成章地被后者所取代。

二、《关税与贸易总协定》的基本原则

（一）互惠原则或者对等原则

贸易减让要有给有取，互惠互利。对发达国家来说是总体减让对等。对发展中国家来说是互惠。因为总协定中的条款规定，发达国家在做出贸易减让时，不应期待发展中国家给予对等的回报。[①]

（二）非歧视原则

这是《关税与贸易总协定》的基石，也是其成功的奥秘。它包括无条件的最惠国待遇和国民待遇。最惠国待遇是指缔约国之间对于进出口货物及有关的关税规费征收方法、规章制度、销售和运输等方面，一律适用无条件最惠国待遇原则。但关税同盟、自由贸易区以及对发展中国家的优惠安排都作为最惠国待遇的例外。国民待遇是指在征收国内税，在有关国内销售、购买、

---

① 蒋炳麟．《关税与贸易总协定》介绍．船舶设计通讯，1994（6）．

运输、分配所适用的法令法规方面，对进口产品和本国产品应该同等对待。

（三）关税减让原则

缔约国之间通过谈判，在互惠基础上互减关税，并对减让结果进行约束，以保障缔约国的出口商品适用稳定的税率。关税减让原则的宗旨是降低各成员方进出口关税的总体水平，尤其是降低阻碍商品进口的高关税，以促进国际贸易的自由化发展。关税减让原则具体体现为以下几种形式：①在互惠互利的基础上实现关税减让。②非歧视性地征收关税。③直接降低关税税率并约束关税。

（四）公平贸易原则

公平贸易原则又称公平竞争原则，是《关税与贸易总协定》和世界贸易组织主要针对出口贸易而规定的一个基本原则。这一原则的基本含义是指各成员和出口经营者都不得采取不公正的贸易手段进行国际贸易竞争或扭曲国际贸易市场竞争秩序。公平贸易原则体现在货物贸易领域、服务贸易领域与贸易有关的知识产权领域，公平贸易原则既涉及成员的政府行为，也涉及成员的企业行为，公平贸易原则要求各成员维护产品、服务或服务提供者在本国市场的公平贸易，不论它们来自各国或其他任何成员。

（五）贸易政策法规全国统一和透明的原则

缔约国实施的有关影响贸易的政策、法规，应全国统一，并迅速公布。如果要建立新贸易法规或修改原贸易法规，必须提前一至两个月通知各缔约国，待它们熟悉后再实施。不得实施没有正式公布的新的贸易法规。

（六）在特定的缔约国之间不适应原则

如果两个缔约国没有进行关税谈判，或者缔约国的任何一方在另一方成为缔约国时不同意对它实施本协定的情况，本协定或本协定关于减让关税的条例在这两个缔约国间不适用。

三、《关税与贸易总协定》演变为机电产品技术性贸易壁垒的原因

《关税与贸易总协定》的一般例外条款规定，如果下列措施的实施在条件相同各国间不会构成任意的或无端的歧视手段，或者不会形成伪装起来的对国际贸易的限制，不得将本协定说成是妨碍任何缔约方采取或实行这些措施：①为维护公共道德所必需者。②为保护人类及动植物的生命或健康所必需者。③有关黄金、白银进出口者。④为保证遵守与本协定条款不相抵触的法律或规章所必需者，包括有关海关强制执行、按第2条第4款与第17条实行专营、保护专利、商标与版权以及防止欺诈行为在内。⑤有关监狱劳动产品。⑥为保护本国有艺术、历史或考古价值的财富而采取者。⑦关于养护可用竭的天然资源，凡这类措施同限制国内生产与消费一道实施者。其他项没有在此列出。就②与⑦的条款而言，"必需"以及"可用竭"等术语比较宽泛，没有定量的指标，使得很多发达国家可以利用这些术语的模糊性以及宽泛性对发展中国家的机电产品进行限制，根据前面的分析可知，发展中国家由于环境状况十分恶劣，环保意识也比较薄弱，环境法律更是不健全、不完善，在出口的机电产品中大部分达不到发达国家环保方面的要求，发达国家便会利用这些模糊地规定对发展中国家的机电产品加以限制，阻碍发展中国家的机电产品进入本国的市场。对发展中国家而言，《关税与贸易总协定》的模糊规定可能会演变成机电产品技术性贸易壁垒。

第七节　《建立世界贸易组织协议》概述

一、《建立世界贸易组织协议》产生的背景

1994年4月15日，124个"乌拉圭回合"参加方的政府和欧洲共同体的

代表于摩洛哥马拉喀什最后签署了乌拉圭回合多边贸易谈判的最终文本。这个回合的谈判为国际贸易制定了更加明确的法律框架，设置了更为有效的贸易争端解决机制，进一步全面降低关税，制定了关于服务贸易、与贸易有关的投资措施、与贸易有关的知识产权的多边规则，加强了农产品、纺织品与服装的多边规则，建立了世界贸易组织。作为世界贸易组织前身的《关税与贸易总协定》成立于"二战"以后。1947年4月在美国的倡议下，23个国家在双边谈判的基础上签订了100多项双边减让关税协议，以解决当时进出口中关税过多而严重干扰国际贸易的迫切问题。1947年10月30日，上述23个国家中的8个国家签署了《关税与贸易总协定临时适用议定书》，并宣布从1948年1月1日起临时生效。待国际贸易组织成立后，以《国际贸易组织宪章》中的相关内容取代。由于《国际贸易组织宪章》未能生效，上述议定书（简称《关税与贸易总协定》）一直处于适用状态，并在以后的国际经济交往中发挥了重要作用。然而，建立世界贸易组织一直都是世界各国努力的方向，直到《关税与贸易总协定》乌拉圭回合谈判，建立世界贸易组织再次成为各国关心的议题之一。《关税与贸易总协定》第八轮多边贸易谈判于1986年9月在乌拉圭埃勘探特角城拉开帷幕（也称乌拉圭回合）。该轮回合先后有125个国家或地区参加，是《关税与贸易总协定生》效以来议题最多、范围最广、规模最大的回合，历经8年多时间。基于此，在乌拉圭回合结束前，各参加方就再次建立世界贸易组织总体达成了协议草案。1994年4月15日，参加谈判的代表完成了对乌拉圭回合最后文本和《建立世界贸易组织协议》的签署。

二、《建立世界贸易组织协议》的基本原则

建立世界贸易组织主要协定和协议有关税与贸易总协定、服务贸易总协定、与贸易有关的投资措施协议、与贸易有关的知识产权协议等。这些协定和协议主要体现了以下基本原则：

（一）非歧视原则

它是世界贸易组织的基石，由最惠国待遇和国民待遇原则组成。"最惠国待遇"通常指的是缔约国双方在通商、航海、关税、公民法律地位等方面相互给予的不低于现时或将来给予任何第三国的优惠、特权或豁免待遇。"国民待遇"是指所在国应给予外国人以本国公民享有的同等的民事权利地位，也就是说在征收国内税费和实施国内法规时，成员对进口产品和本国（或地区）产品要平等对待，不得歧视。

（二）市场开放原则

世界贸易组织倡导各成员在权利与业务平衡的基础上，依其自身的实际情况，如经济状况及国内产品实际竞争力等，通过谈判不断降低关税和非关税壁垒，逐步开放本国市场，实现贸易自由化。

（三）公平贸易原则

世界贸易组织禁止成员采用倾销或补贴等不公平贸易手段扰乱正常贸易的行为，并允许采取反倾销和反补贴的贸易补救措施，保证国际贸易在公平的基础上进行。

（四）权利与义务平衡的原则

权利与义务的平衡是世界贸易组织的最大特点。世界贸易组织成员要履行世界贸易组织的义务，如遵守世界贸易组织的基本原则，履行承诺的减让义务，确保贸易政策法规的统一性和透明度。与此同时，世界贸易组织成员也享受一系列世界贸易组织赋予的权利，如参与制定多边贸易规则；在贸易伙伴不履行世界贸易组织义务，对本国（或地区）产业造成损失时，可提出磋商或诉诸世界贸易组织贸易争端解决机制，或在其他贸易领域获得相应补偿。此外，世界贸易组织成员在特殊情况下确实无法履行世界贸易组织义务时，可以向世界贸易组织申明理由，提出暂停或延期履行相关义务。

三、《建立世界贸易组织协议》演变为机电产品技术性贸易壁垒的原因

《建立世界贸易组织协议》序言中指出："承认各成员方贸易和经济关系的发展，应旨在提高生活水平、保证充分就业和大幅度稳步提高实际收入与有效需求，扩大货物与服务的生产与贸易，为持续发展之目的扩大对世界资源的充分利用，保护和维护环境，并以符合不同经济发展水平下各成员方各自需要的方式，加强采取各种相应的措施。"同时又指明了可持续发展和环境保护的目标与原则，将可持续发展和环境保护确立为新的多边贸易体制的基本宗旨之一。

由于《建立世界贸易组织协议》的规定比较模糊，许多国家就以《建立世界贸易组织协议》的这一规定为借口实施技术性贸易壁垒。例如"按照持续发展目标使世界资源得到最优利用，并以与处于不同经济发展水平的成员方的各自需要相适应的方式，求得既保护和保存环境，又增强保护和保存环境的手段制定严格的环境标准和其他技术法规及标准"这一规定中就使得发达国家可以有正当的理由限制发展中国家的机电产品进入本国市场，发达国家经济发展水平普遍都比发展中国家要好，根据发达国家需要的适应方式将会对进口机电产品采取严格的环保标准，发展中国家由于经济水平与科技发展水平低下，出口的机电产品无法满足发达国家的要求，最终就会被阻挡于发达国家的门外。

第八节　《补贴与反补贴措施协定》概述

一、《补贴与反补贴措施协定》产生的背景

补贴与反补贴规则的形成历经了近半个世纪的漫长历程，其实在《关税

与贸易总协定》的早期规则中已经有所涉及补贴与反补贴的相关条款，但是涉及的比较少，仅有两个条款涉及这一问题，即《1947 年关税与贸易总协定》第 6 条和第 16 条。其中，第 6 条关于反倾销措施的最初规则也对反补贴税作出了要求；第 16 条虽然谈到关于补贴的使用，但表述得不是很具体，在处理措施也缺乏力度。因此，确立完善的反补贴制度一直是《关税与贸易总协定》缔约方努力的一个方向。

在"东京回合"谈判于 1979 年达成了《关于解释与适用〈1947 年关税与贸易总协定〉第 6 条、第 16 条和第 23 条的协议》，也称《反补贴守则》。《反补贴守则》丰富了反补贴的各项规则，确立了补贴的一般纪律，同时还制定了补贴争端解决的规则。东京回合《反补贴守则》取得了一系列的成果，如确立了反补贴调查程序、制定了征收反补贴税的规则等，但是《反补贴守则》却存在一定问题，法律效力有限并且实际签署国家很少，实际签署的仅有 24 个缔约方（14 个发达国家和 10 个发展中国家），因此规则的多边影响力极其有限。《反补贴守则》的不足之处包括：①《反补贴守则》未就补贴的定义达成共识。②《反补贴守则》对于补贴双重性的界定不够明确。③《反补贴守则》适用对象有限，实际影响不大。在"乌拉圭回合"长达 8 年的谈判过程中，补贴与反补贴措施一直是难点议题和焦点议题。最终达成的《补贴与反补贴措施协定》是对"东京回合"《反补贴守则》做出了创新发展。《补贴与反补贴措施协定》作为世界贸易组织"一揽子"协议的组成部分，适用于世界贸易组织所有成员。

《关税与贸易总协定》1994 年"乌拉圭回合"达成的《补贴与反补贴措施协定》（SCMA），是在《关税与贸易总协定》1979 年"东京回合"《反补贴守则》的基础上修订而成的，但是对《反补贴守则》做出了很多的改进，《补贴与反补贴措施协定》适用于更多的成员国，从此为世界贸易组织确立了更完善、更严格的补贴与反补贴的法律实践，并将对各成员方的补贴与反补贴立法与实践产生很大的影响。

二、《补贴与反补贴措施协定》的基本原则

（一）对发展中国家特殊照顾原则

《补贴与反补贴措施协定》第27条作为关于发展中国家的特殊和差别待遇的规定主要体现在三个方面：①允许发展中国家在一定期限内或一定条件下继续使用禁止性补贴或可诉性补贴。例如，《补贴与反补贴措施协定》第三条第1款（b）项的禁止，在建立WTO的协议生效的最初5年内，不适用于发展中国家成员，8年之内不适用于最不发达国家。②对于发展中国家所使用的出口补贴在一定条件下不适用关于禁止性补贴的救济原则，对其所使用的可诉性补贴在一定条件下不适用关于可诉性补贴的某些举证规则。例如，本协议第三条和（a）款下的禁止不适用于以下发展中国家：一是附件7中所界定的发展中国家成员；二是在建立WTO的协议生效后8年期内，适用第4款的其他发展中国家。③规定发展中国家适用特殊的微量规则。[1] 然而，对发展中国家的照顾原则还是考虑了发展中国家的一些利益，将促进发展中国家的贸易。

（二）对落后地区资助的原则

《补贴与反补贴措施协定》对成员国领土内落后地区的资助进行了相关的规定。其条件是：落后地区必须是明确指定的地理区域，并且有明确的经济与行政特征；落后地区的确认应该基于中立和客观的标准，表示该地区的困难远非是暂时情况所产生的，并用法律、规章或者其他官方文件的确认。落后地区补贴主要是指有关成员在其领土内根据其总体发展规划向落后地区提供的资助，且这种资助在该地区内属于非专向性的，即不是向该地区内的特定企业或产业提供。此项原则对发展中国家是十分有效的，能够促进发展中国家落后地区的经济发展。

---

[1] 甘瑛. 国际货物贸易中的补贴与反补贴法律问题研究. 北京：法律出版社，2005.

（三）保护环境的原则

《补贴与反补贴措施协定》规定有直接与环境保护有关的补贴。它要求：①资助是一次性的而非重复措施。②资助限定在适应性改造工程的费用的20％。③资助不含对辅助性投资的安装与投试费用，这些费用应全部由有关企业来承担。④资助与企业计划减少废料与污染直接相关且比例相称，不得为企业节约任何制造成本。⑤资助是所有能采用新设备或者新工艺的企业可获得的。但是这些要求是能够促进环境保护的。

三、《补贴与反补贴措施协定》演变为机电产品技术性贸易壁垒的原因

（一）《补贴与反补贴措施协定》部分规定很严格

《补贴与反补贴措施协定》部分条款规定比较严格。例如，关于落后地区的规定就比较严格，落后地区必须是明确指定的地理区域，并且有明确的经济与行政特征；落后地区的确认应该基于中立和客观的标准，表示该地区的困难远非是暂时情况所产生的，并用法律、规章或者其他官方文件的确认。对于落后地区的确认缺乏统一的标准，使得每一个国家执行的标准也不一样，导致发达国家享受补贴的落后地区经济发展水平远远好于发展中国家没有资格享受补贴的地区，这就导致发达国家在这种补贴的情况下，机电产品的整体竞争力远远高于发展中国家的机电产品竞争力，使得发展中国家的机电产品进入到发达国家市场的难度进一步加大。

另外，对于环境的补贴要求也很严格，例如，资助是一次性的而非重复措施。资助限定在适应性改造工程的费用的20％；资助不含对辅助性投资的安装与投试费用；资助与企业计划减少废料与污染直接相关且比例相称，不得为企业节约任何制造成本；资助是所有能采用新设备或者新工艺的企业可获得的。这些规定对发展中国家而言，可操作性不大。因为对机电产品的出口补贴很少是一次性的，而且即使是一次性的，发展中国家出口机电产品也

是为了在发达国家获得价格优势而获得生存空间，但是"资助与企业计划减少废料与污染直接相关且比例相称，不得为企业节约任何制造成本"的规定使得发展中国家的机电产品望而却步，所以这些严格的规定会演变为机电产品技术性贸易壁垒。

（二）环境保护补贴在各国间的实际适用缺乏公平性

《补贴与反补贴措施协定》关于环境补贴的规定也没有区分发达国家与发展中国家的不同待遇，而是用同一标准。就机电产品而言，发达国家和发展中国家在经济发展、机电产品技术水平和环境投资能力上差距甚大，它们凭借这些优势来加强对发展中国家的机电产品进口的限制，在实践中可能造成如下现象：发达国家根据《补贴与反补贴措施协定》相关要求，加强对国内相关地区相关机电产品的环境补贴，继而提高国内整体的环境标准，优化环境质量，淘汰不符合本国环境保护要求的机电产品生产企业，许多被淘汰的企业不得不转移到环境标准低的发展中国家，同时发达国家以发展中国家的机电产品不符合国内环境的要求，拒绝其进入本国的市场。另外，发达国家要求发展中国家提高国内的环境标准，迫使其承担巨额的环保投入，削弱发展中国家的机电产品在本国市场上的价格优势。同时，对于进入国内的发展中国家给予环境补贴的机电产品，发达国家便会以国内机电产业受到冲击而阻止其进入本国市场。总之，发展中国家在这样的环境下，向发达国家出口机电产品的难度进一步加大。而发达国家置发展中国家可持续发展的目标于不顾，牢牢掌握贸易大权，[1] 所以缺乏公平性的《补贴与反补贴措施协定》可以演变成机电产品技术性贸易壁垒。

（三）反滥用规则的缺乏更易引发争端

随着 WTO 框架下多边贸易的发展，关税水平逐步下降，以及传统非关税壁垒被限制使用，使得很多国家也逐渐重视对反补贴措施的使用，以加强对国内机电产品市场的保护。同时，由于各个成员国贸易实力不均衡以及对

---

① 甘瑛. 国际货物贸易中的补贴与反补贴法律问题研究. 北京：法律出版社，2005.

WTO 规则的理解上存在着一定的偏差，就容易导致很多国家以各种理由实施反补贴措施，受害国为此不得不花费大量的精力进行应诉，引起更多的贸易争端。

反补贴诉讼主要是发达国家对发展中国家提起的。在发达国家之间也可能发生滥用反补贴措施的情况。成员之间或频于应诉，或依据对等原则报复有关成员对一国产品滥用反补贴手段，来保护一国的市场。就机电产品而言，一旦进口机电产品被认定存在倾销或补贴，这个影响将被更明显地表现出来。因为一旦针对机电产品实施征税，反补贴税将倾向于长期存在并可能最终导致进口机电产品退出相关国家市场。[①] 正是由于《补贴与反补贴措施协定》缺乏反滥用规则，使得发达国家可以滥用这些规则限制发展中国家机电产品进入本国市场。

第九节　《原产地规则协议》概述

一、《原产地规则协议》产生的背景

原产地规则的最早采用是出于·国进行贸易统计的需要。在贸易、经济都不甚发达的早期，一个国家自己生产产品并进行出口，在这种情况下原产地就是本国，不会产生任何的歧义，所以当时人们对于原产地并没有给予一定的重视。其他国家仅仅利用原产地规则确定进口货物的原产国，以便按照产销国的标准进行进口货物国别贸易统计。然而，从 20 世纪 70 年代以来，在世界贸易组织的推动下，各国关税水平大幅降低以及传统的非关税贸易壁垒在一定程度上被限制使用。很多国家为了保护本国市场，只能寻找新型的

---

① Alui sio de Lima – Campos. Nineteen Proposals to Curb Abuse in Antidumping and Coufltervailing Duty Proceedings. Journal of World Trade, 2005, 39（2）：240.

非关税贸易壁垒保护本国的市场、维护本国的生产商的利益。在此背景之下，原产地规则成为了贸易保护主义者利用的工具。

由于原产地规则日益重要，许多国家和地区纷纷制定纷繁复杂的原产地规则。在许多区域集团内甚至还存在多种原产地规则，这些原产地规则对不同国家和地区都进行了区别对待，因此多种多样的原产地规则也就形成了一张纷繁复杂的原产地规则网。这些原产地规则对国际贸易产生了很大的阻碍作用。为了建立一个公正、透明、简化、一致的原产地规则，国际相关组织为此曾做过长期不懈的努力。《1947 年关税与贸易总协定》中就有涉及"原产地标记"的相关规定，当时规定原产地主要是为了方便产品进口国别统计。在 1973 年，海关合作理事在日本京都制定了《1973 年简化和协调海关手续的国际公约》（俗称《京都公约》），这其中也涉及了原产地规则，但是《京都公约》却有很大的片面性，加入公约的国家只有 40 多个，且公约没有建立起统一的原产地规则。公约仅仅规定了供成员国自由选择或参照的标准条款和建议条款，这些条款对各个成员国没有相应的约束作用，各成员国仍可以随心所欲地制订本国的原产地规则。

直到 1986 年开始的 GATT "乌拉圭回合"的多边贸易谈判中，非关税措施谈判组才将原产地规则问题列入重要议题。经各有关方面的共同努力，终于在"乌拉圭回合"结束的 1993 年通过了《原产地规则协议》（Agreement on Rules of Origin）。该协议是 GATT 多边贸易体制内第一个关于原产地规则的国际协议。对简化、协调、统一国际间的原产地规则起到了积极的推动作用。1995 年成立的世界贸易组织在其货物贸易理事会（The Council for Trade in Goods）中专门下设了原产地规则委员会，旨在加强原产地规则的国际协调和趋同。

二、《原产地规则协议》的基本原则

（一）最惠国待遇原则

根据《关税与贸易总协定》的最惠国待遇（MFN）原则，任何成员方给予原产于或运往任何其他成员方的产品的利益、优惠、特权或豁免，应当立即无条件地给予原产于或运往所有其他成员方的相同产品。根据最惠国原则，各国（地区）都会在本国关税法律、法规和规章中明确，凡是符合有关原产地规则并被认定为来自世界贸易组织成员方的商品，可按 MFN 税率征税，否则应按普通税率征税。[①]

（二）原产地标记管理原则

原产地标记（Origin Marking）是指在货物或者包装上注明货物原产地的文字或图案，其形式包括标签、铭牌、封志、织物标签等。在国际贸易中，许多国家都把标注原产地标记作为货物进口通关的必要条件，使原产地标记成为进口商品不可缺少的证件之一。有些国家甚至将其纳入贸易管制的范畴，作为实施贸易保护的手段。如美国《海关法》第 14 部分"原产国标记"明确规定，每项进口商品均应用英文注明其原产国，以便于美国的最终消费者识别和了解该项货物的原产地。

（三）普惠制原则

普惠制（GSP）全称为普遍优惠制（Generalized System of Preferences）*，是发达国家对于发展中国家所出口的制成品和半制成品（包括某些初级产品）所提供的一种普遍的、非歧视的和非互惠的优惠贸易制度。根据联合国贸发会议的决定，普惠制的实施期限以 10 年为一个阶段，迄今已进行了 3 个阶段。现行普惠制于 2011 年到期。届时，联合国贸发会议对普惠制进行了全面审议，确定了下一阶段的实施方案。原产地规则是普惠制的核心内容。满足原产地规则是受惠的发展中国家的出口产品在给惠国可以享受普惠制优惠关税待遇的必要条件。

（四）特惠制原则

特惠制（Special Preferential Treatment，SPT）是发达国家和有能力的发展

---

① 厉力. 原产地规则研究综述. 国际商务研究，2012（7）.

中国家为改善最不发达国家的国际贸易条件，促进这些国家的经济发展而公布实施的，给予这些国家超出普惠制的关税和贸易特别优惠制度。它是普惠制进一步发展的必然产物。过去30多年里，发达国家在普惠制原产地规则中设置了诸多条件，例如，在原产地规则中提出过高的加工工序和增值成分要求，或者施加生产加工中必须采用给惠国投入品等条件。这些原产地要求限制了最不发达国家工业能力提高和升级，限制了普惠制作用的有效发挥，因而广受国际社会的诟病。自20世纪90年代以来，国际社会呼吁发达国家采取切实措施，制定透明度高、现实灵活、与最不发达国家生产能力相符的宽松原产地规则。①

三、《原产地规则协议》演变为机电产品技术性贸易壁垒的原因

（一）《原产地规则协议》在很多地方没有达成一致性的意见

《原产地规则协议》未能就原产地标准、原产地认证等达成一致的意见，尤其是没有统一的"实质性改变"的具体技术标准，即产品究竟增值多少，或者税目改变多少，或者哪些为关键工序才能算作是实质性的改变，这就给了有关国家灵活地利用《原产地规则协议》来实施技术性贸易壁垒提供某种可能性。同样《原产地规则协议》这些问题也适用于机电产品，由于机电产业在一国国内的重要性，很多国家就利用了《原产地规则协议》这一问题，分别针对机电产品制定了繁琐、苛刻的原产地规则，而原产地管理、认证与实施本身就会给机电产品出口商进行取证、举证等旨在满足原产地要求的行为产生额外的费用，从而增加机电产品出口商的成本，这些增加的成本会使得出口国的机电产品在进口国市场失去价格优势，从而失去竞争力，间接地限制了机电产品的进口。所以说，由于《原产地规则协议》存在不一致的意见，导致了机电产品技术性贸易壁垒的形成。

---

① 厉力. 原产地规则研究综述. 国际商务研究，2012（7）.

（二）《原产地规则协议》对一体化组织缺乏约束力

WTO《原产地规则协议》明确指出，原产地规则与契约性和区域性自主性贸易体制所提供的，超出 GATT 有关最惠国待遇条款的关税优惠无关。这就是说该协议对如欧盟、北美自由贸易区、东南亚国家联盟等区域一体化组织没有约束力，虽然《原产地规则协议》的一个附件《共同宣言》也涉及歧视性关税安排的原产国标记问题，但是该宣言缺乏约束力，相关国家仍然可以制定自己国家的原产地规则，这就给了区域集团实施贸易保护主义提供了很大的方便。区域集团可以针对外来产品实施花样繁多的原产地规则，加大外来产品进入区域集团内市场的难度。

由于《原产地规则协议》对一体化组织缺乏约束力，使得部分一体化组织在原产地确认中制定较高的增值比率要求和机电产品技术工艺标准给一体化组织之外的第三国中间产品出口造成实际的困难，减少了第三国与一体化组织内部成员国之间的机电产品贸易量。另外，部分国家组织制定优惠的原产地协定，增加了区域外的第三国向区域内的成员国出口机电产品的难度。所以说《原产地规则协议》对一体化组织缺乏约束力，使得一体化组织通过制定严格的原产地规则限制第三国向一体化组织出口机电产品的难度，一体化组织的这些做法就形成了机电产品技术性贸易壁垒。

第十节　机电产品技术性贸易壁垒争端解决机制

一、WTO 争端解决机制的程序性规定

WTO 建立了一个具有准司法性质的争端解决机制，确定了一个阶梯式解决争端的程序和原则，使成员各方在 WTO 争端解决机制下能有效解决纷争。其主要的程序主要包括：协商程序，斡旋、调停和调解程序，仲裁程序，专

家小组程序，上诉机构审查程序，监督执行程序。WTO 针对机电产品技术性贸易壁垒同样会有一个类似的争端解决机制的程序性规定。其一般的步骤是：首先，争端当事方通过协商确定一个双方都能接受且符合有关协议的解决办法，积极有效地解决某一争端。其次，如果争端双方不能协商一致，就需要相关方进行调解以期能寻找到双方都能接受的一种方案。再次，以上两种方案都不可行的情况下，就会启用仲裁以及专家小组程序。最后，以上方法都不能成功解决争端的情况下，就会启用法律程序，对于法律裁决的结论就必须执行。下面重点分析每一部分的具体内容。

（一）协商程序

DSU（Understanding on Rules and Procedures Governing the Settlement of Disputes）即《关于争端解决规则与程序的谅解》，是世界贸易组织管辖的一项多边贸易协议。根据 DSU 规定各方首先要通过磋商解决争议。当一成员认为另一成员违反或不符合《马拉喀什协议》（WTO 规则），从而使自己遭受损害时，可要求对方进行磋商，同时应通知 DSB（Dispute Settlement Body）和有关理事会或委员会。接到协商申请的成员自收到申请日起 10 天内作出答复，并在 30 天内（紧急情况下 10 天内如对易于腐烂的产品）进行协商，磋商应在被要求方接到磋商请求之日后 60 天内（紧急情况下 20 天内）解决争端。收到申请的一方在规定的日期内（一般是 10 天）未作出答复或进行协商或双方未能解决争端，则申请协商一方可以向 DSU 提出申请成立专家组。争议各方也可不通过磋商，直接要求成立专家小组。凡与此争端有重要利害关系的成员在传阅协商申请日起 10 天内通知协商各方和 DSB 后，允许参加协商。若磋商各方认为该问题与第三方没有贸易利益关系，也可以拒绝第三方参加磋商。

（二）斡旋、调停和调解程序

斡旋、调停和调解，都是在争端当事方自愿的基础上，由中立的第三方协助解决争端，以达成相互满意的解决办法的争端解决程序。这三种方法的性质差不多，但方式有细微差别。对于斡旋，第三方只是想方设法把当事方拉到一起进行谈判，自己并不去审查争议的是是非非。调停者则想方设法帮助当事方形成一致的立场，但自己并不提出解决办法。而调解者则更进一步，提出自己的解决方案。事实上，在实践中，这三种方式可能会是相互转换的，无法明确界定属于哪一种。所以，《关于争端解决规则与程序的谅解》将斡旋、调停和调解合并起来一起列入一个单独的条款中。但这并不是 WTO 争端解决机制的必经程序，但机制鼓励缔约方在诉诸专家小组程序之前，自愿采用斡旋、调停和调解程序解决争端。该程序的基本内容是：①

　　在解决争端的 60 天期限内，进行斡旋、调解和调停，是争端双方自愿执行的程序，可由任何一方提出，随时开始，随时结束。如果争端双方一致认为斡旋、调解和调停都不能解决争端，则可提出建立专家小组的要求。经过争端双方同意，斡旋、调停和调解也可以在专家小组程序进行时继续进行。最后，《关于争端解决规则与程序的谅解》中第 6 款也规定，WTO 总干事可依其职权提供斡旋、调停和调解，以期协助各成员解决争端，似乎表明总干事可以主动干预当事方的争议。但这肯定不能违反当事方自愿原则。当事方如果不愿采取这些程序，或者当事方不愿总干事担任这种中间人的角色，总干事是不能强行介入的。

（三）仲裁程序

　　WTO 的争端解决机制集中规定于世界贸易组织章程的附件《争端解决规则和程序的谅解协议》（以下简称《谅解协议》）之中。《谅解协议》共 27 条，另有 4 个附件。《谅解协议》及其附件就 WTO 争端解决机制的适用范围、管理与运作一般原则、基本程序等分别做出了较为系统的规定。根据《谅解协议》第 25 条的规定，世界贸易组织内的仲裁作为一种选择性的争端解决方式，可解决由当事方确定的有关问题之特定争端。这一规定表明，世界贸易组织的仲裁不是争端解决机制中的必经程序，而是一种提供当事方选择，解决特定事项的方法。该条款还规定，诉诸仲裁应以当事方的相互协议为前提，并且这种协议应在仲裁程序开始之前及时通知到所有成员国。其他

---

① 梁小尹，刘善球. WTO 争端解决机制述评. 株洲工学院学报，2002（16）.

成员国不得成为仲裁程序的当事方，除非经已达成诉诸仲裁的各当事方同意。仲裁裁决对当事方具有约束力，此等裁决应通知争端解决机构和有关理事会和委员会，以便任何成员可提出相关的问题。

（四）专家小组程序

专家小组程序是指通过成立专家小组依法履行其职责，解决缔约方之间的贸易争端的方法。这种方法在《关税与贸易总协定》40多年的争端解决实践中具有重要的地位和作用。

1. 成立专家小组

专家小组的成立申请在被提出后，最迟应在该申请被首次列入 DSB 议程后的会议上设立。即 DSB 在接到成立专家小组申请后的第一次会议上只决定是否需要成立专家组。如决定成立，则列入 DSB 的既定日程（Built – in Agenda）。专家组在 DSB 第二次召开会议时成立，确定专家组的人员组成、工作范围等。第二次会议应在提出请求后 15 天内举行，这意味着给通过外交途径解决争端一个最后的机会。专家小组一般由 3 人组成，小组成员由争议各方协议选取，如果在专家组设立之日起 20 天内，未就专家组成员达成协议，由总理事选定。专家小组的工作方式和职责范围一方面根据双方的要求确定，另一方面根据 WTO 规则确定，各协议对此有不同的规定和做法。专家小组可确定自己的工作时间表。

关于是否请专家审议小组（Expert Review Groups）进行技术审议，完全由专家小组自行决定，但争议双方可以提出进行技术审议的要求。根据 DSU 第 13 条的规定，专家小组还可以使用非政府组织的信息来源。争端解决机制是解决各成员政府间争端的机制，原则上只有政府的代表才有权参加该机制，DSU 第 13 条的规定实际为非政府组织进入 WTO 打开了方便之门，提供了参与 WTO 的机会。

2. 专家小组的工作程序

为了提高和保证专家小组的工作效率，专家小组对争端的审理期限一般是六个月，如专家小组认为在六个月期限内无法提交其报告，则应书面通知DSB 迟延的原因和提交报告的估计期限，但无论如何不能超过九个月。《争端解决规则和程序的谅解协议》规定的专家小组的具体工作程序主要包括：①在专家小组组成和职权范围确定后，专家小组应该与争端各方磋商，应在一周内确定工作时间表。②争端各方向专家小组提交有关案件事实与论据的陈述。③专家小组的第一次实质会议。④专家小组的第二次实质会议。⑤专家小组开始实质的工作，由秘书处提供协助，专家审议小组应就科学或技术性问题提出审议报告。⑥专家小组首先将报告初稿的大纲部分（主要包括事实和论据）提交争端各方，给予各方两周的时间进行阐述，若争议各方认为其与事实有出入，可以向秘书处澄清。⑦专家小组公布临时报告（中期报告），中期报告包括调查结果和结论，争议各方可以进一步提出自己的观点和论据。⑧专家小组向各方提交最终报告，并且专家小组形成的最终报告应以三种工作语言（英、法、西）散发给 WTO 所有成员。

（五）　上诉机构审查程序

如果某一当事方向 DSB 正式通知其将进行上诉，则争端解决进入上诉程序。上诉的范围仅限于专家小组报告所涉及的法律问题及由该专家小组所作的法律解释。上诉审查是 WTO 争端解决机制中一种新的程序，并建立了相应的常设上诉机构，一般而言，完整的司法程序应包含有上诉机制，以保障对诉讼的公正裁决。

如果某一当事方向 DSB 正式通知其将进行上诉，则争端解决进入上诉程序。上诉的范围仅限于专家小组报告所涉及的法律问题及由该专家小组所作的法律解释。上诉机构的报告应自上诉决定通知 DSB 之日起 60 天内（特殊情况下最长不得超过 90 天）做出。上诉机构的报告应在发出后 30 天内经 DSB 通过，除非经协商一致不通过。上诉机构有权维持、修改或推翻专家小组所做出的裁决。上诉机构报告中做出的裁决是终局性的裁决，如上诉机构报告被 DSB 采纳，则争端各方均应无条件接受。

（六）　监督执行程序

监督执行程序包括两个方面的内容：①对建议或裁决的监督，《争端解决规则和程序的谅解协议》及其附件对于争端解决程度中的各个环节均规定了严格的时间限制，以确保各阶段程序在一定的期限内得到有效的执行。WTO争端解决机制强调对裁决的有效执行性，目的就是把问题解决完。争端的败诉方必须要履行相应的义务，而且还要在每次监督与审议其执行情况的争端解决机制会议前10天，定期提供一份它对裁决执行进展情况的书面报告。通过不断地给予争端的败诉方压力，使得争端败诉方不得不执行相应的裁决。这在一定程度上克服了GATT在解决贸易争端问题时出现的拖延现象，拖延往往会使问题长时间得不到有效的解决，从而导致案件超出法律有效期限的保护。[①] ②被诉方不执行裁决或建议时投诉方的补偿和报复制度。《谅解协议》规定，解决争端机构通过专家小组或上诉机构的报告后，当事各方应予执行。在报告通过后30天内，当事方应通知DSB其履行DSB建议或裁决的意愿和改正的具体措施及期限。如果当事一方未能执行建议或裁决，或者未能纠正其采取的违反有关协定的措施，则另一方得要求其在"合理期限"内进行谈判，以达成相互可以接受的补偿办法。如果DSB及争端各方对"合理期限"都未能达成协议，则可通过仲裁确定。合理期限一般为90天，实际操作中最长可给予15个月。如果在合理期限内，被诉方不能改正其违法做法，申诉方应在此合理期限届满前与被诉方开始谈判，以求得双方都能接受的补偿办法。若合理期限到期后20天内，争议各方就补偿问题达不成一致。申诉方可请求DSB授权其对被诉方进行报复或交叉报复。

二、WTO争端解决机制的特征

随着国际贸易的快速发展，外贸领域的争端也越来越多，如何解决经贸领域出现的问题是国际社会的一大难点。从许多方面讲，争端解决机制是多边贸易体制的主要支柱，是WTO对全球经济稳定做出的最独特的贡献。WTO的争端解决机制是目前比较有效地解决国家之间国际贸易方面纠纷的机制，在促进国际方面发挥了一定的积极作用。可以看出，DSU对GATT争端解决机制的一系列改进，是对GATT争端解决机制的继承和发展。WTO争端

---

① 梁小尹，刘善球. WTO争端解决机制述评. 株洲工学院学报，2002（16）.

解决机制在很多情况下都能对国际贸易中出现的贸易纠纷进行有效的管辖。与 GATT 的争端解决机制相比，WTO 争端解决机制具有以下几个明显的特征。

（一） WTO 争端解决机制具有明显的条文完整性

乌拉圭回合达成的《谅解协议》由 273 项条款和 4 个附录组成，适用于《建立世界贸易组织协议》本身及其 4 个附录中除贸易政策审议机制以外的所有协议。这些完整的国际条约构成了 WTO 争端解决机制的法律基础。该条约规定的内容比较详细，WTO 争端解决机制不但适用于贸易政策审议机制，还适用于除 WTO 体制下除贸易政策审议机制以外的所有协议，保持了 WTO 争端解决机制的全面性。另外，WTO 争端解决机制管辖范围也比较广泛，克服了之前国际条约管辖范围有限的缺点，WTO 争端解决机制将机电产品贸易、服装贸易、与贸易有关的知识产权和与贸易有关的投资领域争端纳入其管辖范围，从而解决了上述领域争端投诉无门的问题。

WTO 争端解决机制还对 WTO 体制下各协议争端解决所需的方法和程序，包括磋商，斡旋、调停与调解，专家小组、上诉机构审查，报告的通过，建议或裁决的监督执行，补偿与减让的中止以及"交叉报复"等各重要事项做出了极为详尽的规定。

（二） WTO 争端解决机制管辖范围的宽泛性

由于 GATT 争端解决机制处理问题的范围比较狭窄，仅仅适用于国际货物贸易，对货物贸易领域以外的国际投资、服务贸易、知识产权等领域以及货物贸易中的机电产品则不予管辖和调整。随着国际贸易的发展，GATT 争端解决机制就会表现出一定的片面性，诸如上述贸易领域一旦产生国际争端，GATT 争端解决机制就不能进行有效的解决与协调。而 WTO 争端解决机制的管辖范围有所扩大，从货物贸易领域扩散到国际投资、服务贸易、知识产权等领域以及货物贸易中的机电产品等领域，从而克服了 GATT 争端解决机制处理问题的局限性。WTO 争端解决机制越来越符合现代国际贸易发展的形势，能使过去很多无法解决的问题得到顺利解决。

（三）对解决争端的各个环节规定了严格的时间期限

GATT 机制的各个程序并没有可遵循的具体时间限制，各程序只需在"合理期限"内完成即可。由于 GATT 对"合理期限"并没有给出一个明确的规定，这使得很多案件悬而未决。WTO 争端解决机制对各个部分都做出了严格的时间期限，WTO 争端解决机制为提高运行效率，从最初的磋商阶段到专家小组成立，通过专家小组报告一直明确合理时限，例如，"请求协商的成员方若在 10 天内未接到对方的答复，或在请求协商后不超过 30 天或双方另外同意的期限内没有进行协商，则可直接请求成立专家小组，如果在收到协商请求之后的 60 天内未能经协商解决争端，可申请设立专家小组，或进行斡旋、调停和调解"，"专家小组审理案件过程，一般不超过 6 个月，紧急情况下不超过 3 个月"。WTO 争端解决机制对每一个步骤都规定工作期限，大大加快了专家小组的设立及其报告的通过。

（四）增设了上诉评审程序（DSU）和上诉机构

上诉程序是 WTO 争端解决机制的关键环节，由于专家小组报告一经通过即具有法律效力，但是事实上专家小组作为一种临时成立的机构，有时也难免会犯各种各样的错误，所以作出的裁决有时也会有失公平性，因此 DSU 设立了上诉评审程序，并由 DSB 设立了一个受理上诉的常设机构，上诉机构就相当于司法程序中的终审法院，是裁决贸易争端的最后手段，可以酌情考虑对专家小组做出的裁决进行支持、修改或推翻的决定。这样就使 WTO 争端解决机制的法律公平性得到了一定的保障，也能维护当事方的合法权益。

可见，上诉评审程序通过对专家小组评审工作的再评审，可以防止出现有失法律公平的事件发生，保障 WTO 争端解决机制的规则在法律适用方面得到一定的保证。更为重要的是，上诉机构反复针对相关案件进行审理，可以使得 WTO 相关法律规则中模糊的部分得到一定的明确，使法律制定方根据上诉机构的实践加强对相关的法律规则进行修改和更正，维护了法律的有效性，还可能起到发展世界贸易组织法以及增加世界贸易组织法实施的可预见性的作用。

（五）引入交叉报复权，加大了裁决的执行力度

DSU 规定在专家小组或上诉机构报告通过的 30 天内进行的 DSB 会议上，有关的成员方应通知 DSB 有关其执行 DSB 各项建议和裁决的意向，如果不能在一定的合理期限内进行，则必须与起诉方谈判，以确定双方都认为合适的补偿。如果败诉方既未执行裁决或建议，又未能与对方达成合适的补偿，胜诉方可以请求 DSB 的授权，对败诉方采取报复措施，即允许胜诉方可以对败诉方中止履行减让义务或其他义务；包括实行"交叉报复"措施，此时实施的报复措施就不能再局限于与争议有关的协议范围。通过授权交叉报复，使有关当事方可以选择更有效的方式对违反协议的情况进行报复。但 GATT 机制允许被授权方采取报复行动，可这种报复仅仅限制在发生争端的同一部门，或者说限制在专家小组认定存在违反或抵消或损害情形的同一部门。很显然，DSU 规定有助于提高 WTO 争端解决机制的效力。

三、WTO 争端解决机制对发展中国家的作用

（一）为发展中国家解决贸易争端提供了一个新的平台

WTO 争端解决机制比较成功地克服了 GATT 争端解决程序中存在的解决方式单一、没有专门性的争端解决机构、程序缺乏操作性以及裁决执行力度有限等问题，这对发展中国家来说更为有利。发展中国家可以享有正当的权利，有利于发展中国家借助该机制所构建的这一平台，利用国际法规则，突破发达国家设置的技术性贸易壁垒。

（二）为发展中国家突破技术性贸易壁垒提供了多种方式与途径

WTO 争端解决机制将政治方法与法律方法有机结合，形成了独特的和平解决争端制度：以磋商，斡旋、调停和调解等形式为主要内容的政治说理使

争端当事方的争端获得满意的解决；以仲裁、专家小组、上诉机构的主要内容是法律，可以弥补协商等政治说理方式的不足，可以为合理解决国际争端提供有力的制度保障。另外，WTO 争端解决机制中对各个工作阶段的时间都作出了明确的要求，以防无限期地拖延。而 GATT 争端解决规则只规定各个程序在"合理期限"内完成。有些案件以合理为由拖到三至五年，到作出裁决时已失却了诉讼价值。WTO 争端解决机制对争端解决的各程序规定了严格时限，例如第 4 条规定，专家小组审理案件过程，一般不超过 6 个月，紧急情况下不超过 3 个月。WTO 争端解决机制将比 GATT 争端解决机制更有利于发展中国家，使得想快速解决争端的发展中国家不会因为时间拖延而蒙受不必要的损失。

（三）WTO 争端解决机制争端解决案例对发展中国家突破技术性贸易壁垒具有一定借鉴作用

自世界贸易组织成立以来，通过争端解决机制已经成功地解决了许多技术性贸易壁垒引起的贸易争端。从 WTO 成立至今的实践来看，WTO 争端解决机构的裁决逐渐改变了发达国家操纵裁决结果的形势，在涉及发展中国家的贸易争端中，很多裁决还是比较公平的，发展中国家的正当利益得到了较为有效的保护。其中不乏有发展中国家胜诉发达国家的例子。如在"委内瑞拉和巴西诉美国汽油规则案"中，发展中国家就取得了胜诉。据相关统计，WTO 在目前已经审结的贸易争端中，发达国家并没有像以前那样占据着绝对的优势，发展中国家对发达国家的胜诉率也在逐步提高。

通过上面的例子可以看出，WTO 争端解决机制较 GATT 争端解决规则已经呈现出一定的公平性与优越性，发展中国家应该借鉴其他发展中国家成功的经验，充分利用 WTO 规则，维护自身合法的权益。另外，发展中国家加强对这些既有案例的研究，也能够帮助发展中国家更好地掌握 WTO 争端解决机制的基本程序以及原则，更好地理解如何利用 WTO 争端解决机制维护自身权益以及如何克服 WTO 争端解决机制存在的弊端，掌握应诉或提起请求的技巧，更有利于发展中国家跨越发达国家的技术性贸易壁垒。

（四）WTO 争端解决机制的透明性和开放性有利于发展中国家了解和参与制定规则

世界贸易组织是一个全球性的国际经济组织，其独特的争端解决机制具有较高透明度和开放性。该机制发挥作用和自身完善的过程向所有 WTO 成员开放，也就是说，该机制要想发挥出自身的作用必须依靠发达国家和发展中国家才能完成，仅仅依靠一方是不可能实现的。这就需要发展中国家充分参与进来，在面对发达国家严格的技术性贸易壁垒时，发展中国家可以根据 WTO 争端解决机制所授予的权利，主张自己的权利与利益。在进行有关技术性贸易壁垒谈判时，可以提出应充分考虑广大发展中国家特殊情况的要求。在制定规则方面，发展中成员方应该积极地参与相关规则的制定，当出现相关条款不利于发展中国家时，应该大胆地反映并且作合理的纠正；当发展中国家共同利益受到影响或威胁时，应当保持一致，采取联合上诉、集体报复的策略。只有这样才能充分地利用 WTO 争端解决机制所授予的权利，为突破技术性贸易壁垒提供有利条件。①

四、WTO 争端解决机制的不足及其思考

WTO 争端解决机制是在已有机制基础上进行创新后建立的新机制，其前身是 GATT 争端解决机制。虽然 WTO 争端解决机制对解决国际贸易争端发挥了无可比拟的作用，但是其自身潜在的缺陷、不足依然成为其进一步发展的最大障碍。主要表现在：WTO 争端解决机制受制于强权政治；对发展中国家而言，制裁手段缺乏明显的有效性；WTO 争端解决机制所作出的裁决或建议不能得到有效的执行；发展中国家话语权过低。下面我们对其主要缺陷进行具体的研究。

---

① 董浩 . WTO 争端解决机制及其对发展中国家的影响：以三国诉欧糖为视角 . 知识经济，2010（8）.

（一）WTO 争端解决机制受制于发达国家

世界贸易组织不是凌驾于实际国家之上的国际组织，因此，每个国家的综合实力的强弱基本决定了其在世界贸易组织中的地位。同时考虑美国、欧盟目前在世界经济、军事上的地位无人能撼动。世界贸易组织目前受制于美国和欧盟，以 2011 年全年的世界贸易争端案例数量为例，截至 2011 年底，世界贸易组织争端解决机构总计受理案件 416 件。在这 416 件协商请示案例中，发达国家、发展中国家、发达国家和发展中国家共同提起的诉讼分别为 266、88、62 件。由此计算出发达国家、发展中国家、发达国家和发展中国家共同提起的诉讼占总投诉案例的比例依次为 64%、21%、15%。从上述数据可以清晰地看出，发达国家提起的国际贸易诉讼案件占总诉讼案件的比例达到 2/3 以上，而发展中国家提起的国际贸易诉讼案件占总诉讼案件的比例不足 1/3。[①] 由此可见，世界贸易组织争端解决机制主要还是维护发达国家的国际贸易利益，这就违背了 WTO 争端解决机制的初衷；对于发展中国家而言，受到各个方面的影响，发展中国家不能维护自己的正当利益，反而遭到越来越严重的侵害。

（二）对发展中国家而言，制裁手段缺乏明显的有效性

WTO 争端解决机制的一个十分重要的特点是它以强硬的经济制裁方式对裁决的实行进行监督。具有代表性的是报复与交叉报复制度的不公平。由于 WTO 的报复制度是以受害方为实施报复的主体而进行的一种自力救济，因此这种救济措施的实际效果在很大程度上取决于报复双方经济实力对比的情况，各国经济实力不同，运用报复程序的机会和效果也不同，经济实力越强，报复的实际效果就越显著，这就使得具有强大经济实力的成员方可以通过实行经济制裁措施达到威慑的目的，进而频繁而有效地运用报复制度；而经济实力相对弱小的成员方，由于受其经济的对外依赖性的限制、经济实力问题以及法律等各个方面不完善，其所进行的报复往往无法达到令人满意的效果，

---

① 杨书林. 论 WTO 争端解决机制的缺陷及我国的应对措施. 特区经济，2012（7）.

反过来还会给其本身经济的发展带来负面影响（例如报复引起进口商品价格上升，消费者利益受到损害），极易导致 WTO 争端解决机制的畸形。因此，WTO 争端解决机制规定的报复手段对发展中国家来说并没有什么实质性的意义，这也是 WTO 争端解决机制的一个缺陷。

（三）WTO 争端解决机制所作出的裁决或建议不能得到有效的执行

世界贸易组织是具有国际法人地位的全球性国际经济组织，各成员方负有遵守 WTO 规定的义务，而且 WTO 争端解决机制也是一种具有准司法性性质的争端解决机制，原则上说 WTO 争端解决机制所做出的裁决对各方都是有效的，因此各方也必须接受 WTO 争端解决机制做出的裁决，并严格执行。但是，WTO 争端解决机构不是国际执法机构，WTO 争端解决机制并没有强制执行权，WTO 争端解决机制还不能对不执行裁决的国家采取一定的惩罚措施。因此在这种情况下，由于发达国家与发展中国家经济实力的不均衡，当发达国家不执行相应的裁决时，WTO 争端解决机制就起不到一定的威慑作用，那么发展中国家就不能利用 WTO 争端解决机制充分地维护自身的权利。另外，在给予发展中国家的优惠条款方面，WTO 的争端解决机制虽然做出了倾向性规定，但是大部分缺乏实质性内容，操作性并不强。由于 WTO 争端解决机制缺乏有效的约束性，因此即使做出有利于发展中国家的裁决，也很难得到有效的执行，所以说这一点也是严重制约了 WTO 争端解决机制的有效性。

（四）发展中国家缺乏话语权

发展中国家从保护自身利益（在国际贸易中的合法利益），对世界贸易组织提出了许多具有针对性的建议，力求提高世界贸易组织的运行效率和公平决策。这其中包括：对发展中国家的执行时限进行合理调整；对发达国家的执行时限进行合理压缩；建立专门的独立的机构保障 WTO 条款的落实到位；完善现有的技术援助机制等。虽然发展中国家在国际贸易中的地位得到了一定的提高，但是发达国家主导国际贸易的规则的形势还没有变，发展中国家在经济实力以及科技水平方面与发达国家还存在很大差距，所以发展中国家提出的以上建议很难得到有效的采纳。所以 WTO 争端解决机制并没有充分考虑到发展中国家的实际情况，发展中国家缺乏话语权使得其很难利用 WTO 争端解决机制维护自身的合法权益。

第四章 辽宁省机电产品出口现状分析

随着辽宁省产品出口贸易的迅速发展，辽宁省出口产品遭遇技术性贸易壁垒的事件屡见不鲜，尤其是占辽宁省出口半壁江山的机电产品，出口过程中经常受到国外技术性贸易壁垒的限制，给机电产品出口贸易造成重大损失，本章就技术性贸易壁垒对辽宁省机电产品出口造成的现状进行全面的介绍与分析。

第一节 辽宁省机电产品出口情况分析

辽宁省作为东北老工业基地中心，在国家振兴辽宁老工业基地以及促进机电产品发展的背景下，机电产品作为辽宁省主要出口产品，扩大机电产品出口对于振兴辽宁老工业基地具有十分重要的意义。但是受国际金融危机影响，2009 年辽宁省机电产品出口曾一度下滑。为了稳定机电产品出口，国家先后 5 次调整机电产品出口退税率，同时还推出十大产业调整和振兴规划，为机电产品恢复出口增长创造了良好条件，近年来，随着世界经济回暖，辽宁省机电产品出口不断呈现增长态势。

一、辽宁省机电产品出口快速增长，增长率呈下降趋势

表4.1　辽宁省机电产品出口情况

年份	辽宁省机电产品出口额（亿美元）	辽宁省机电产品出口增长率（%）	辽宁省总出口额（亿美元）	辽宁省出口增长率（%）	机电出口占辽宁省总出口比重（%）
2000	40.20	41.05	108.50	32.32	37.05
2001	40.30	0.25	111.10	2.40	36.27
2002	48.00	19.11	123.70	11.34	38.80
2003	59.30	23.54	146.30	18.27	40.53
2004	70.60	19.06	189.20	29.32	37.32
2005	80.74	14.36	234.39	23.88	34.45
2006	99.00	22.62	283.20	20.82	34.96
2007	132.54	33.88	353.25	24.74	37.52
2008	160.10	20.79	420.60	19.07	38.06
2009	143.30	-10.49	334.40	-20.49	42.85
2010	187.40	30.77	431.20	28.95	43.46
2011	225.50	20.33	510.40	18.37	44.18

资料来源：辽宁省统计信息网；辽宁省统计公报。

通过表4.1以及图4.3得知，机电产品作为辽宁省主要出口产品，机电产品出口占总出口的比重已经从2000年的37.05%增长到2011年的44.18%，说明机电产品几乎占到了辽宁省出口产品的一半的比例。另外，辽宁省机电产品出口自2000年到2011年总体来说呈现大幅增长的趋势，辽宁省机电产品出口已经从2000年的40.2亿美元增长到2011年的225.5亿美元，可以得知2011年辽宁省机电产品出口额是2000年机电产品出口额的5.6倍，说明在数量上，辽宁省机电产品出口涨幅是相当大的。从图4.2得知，辽宁省机电产品出口增长率呈现下降趋势，从2000年的41.05%降低到2010年的30.77%，由于受主要出口国家经济低迷以及"欧债危机"影响，2011年机电产品出口增长率降为20.33%，而2009年机电产品增长率却出现负增

（亿美元）

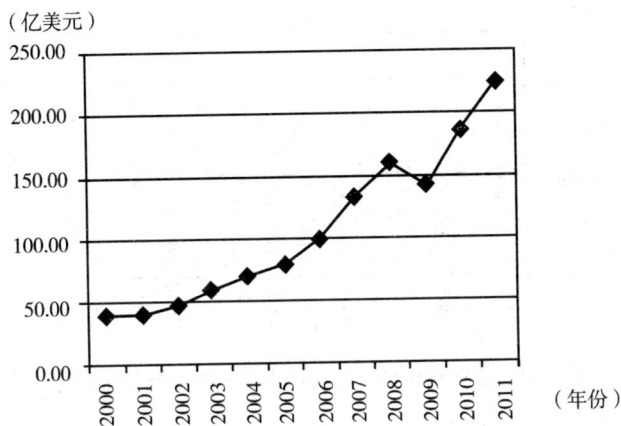

图 4.1 辽宁省机电产品出口额

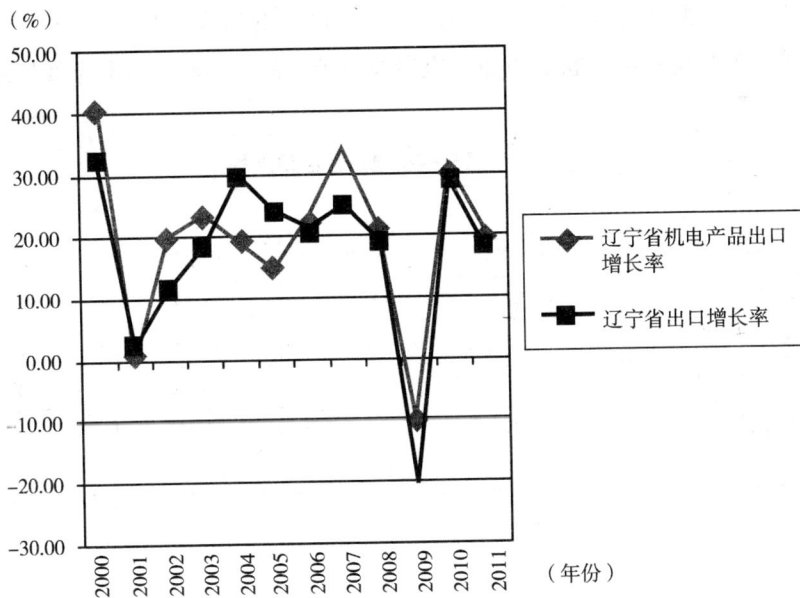

图 4.2 辽宁省机电产品出口增长率

长。所以说辽宁省机电产品出口增长率不稳定，总体上还是呈现下降趋势。

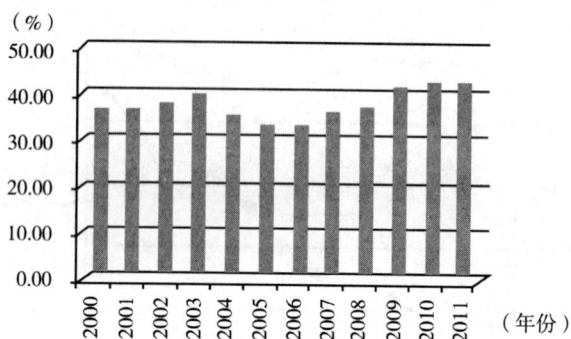

图4.3　辽宁省机电产品出口占辽宁省总出口的比重

二、辽宁省出口机电产品结构得到改善，技术含量不高

机电产品作为辽宁省主要出口产品，在以往的出口商品结构中，辽宁省主要出口的机电产品有机械设备、电器及电子产品、运输工具和金属制品。

表4.2　辽宁省机电产品出口结构

单位：亿美元

产品类别	2011 年	2010 年	2009 年	2008 年
金属制品	26.85	18.70	16.57	21.90
机械设备	54.55	44.77	35.24	48.00
电器及电子产品	63.47	58.78	43.28	50.00
运输工具	69.38	55.23	40.24	32.90
高新技术产品	57.72	53.01	37.74	42.10

资料来源：沈阳海关。

2000 年辽宁省机电产品出口中，主要以通信设备、金属加工机床为主，经过辽宁省一段时间的经济发展，辽宁省机电产品结构得到了明显的改善，到 2008 年辽宁省出口的机电产品以机械设备、电器及电子产品、运输工具和金属制品为主，分别出口 50 亿美元、48 亿美元、32.9 亿美元和 21.9 亿美元，电器电子类产品已经作为机电产品的主要出口产品。说明辽宁省机电产品出口结构得到了一定的改善。通过图 4.4 可以看出，2010 年辽宁省出口的机电产品主要以电器及电子产品、运输工具和机械设备为主，出口贸易额分别为 58.8 亿美元、55.2 亿美元和 44.8 亿美元，分别增长 36.1%、37.2% 和27%。受主要出口国家经济低迷以及"欧债危机"影响，2011 年辽宁省机电产品结构尽管出现了一定的影响，但是电器及电子产品的出口额 63.47 亿美元仅仅稍低于运输工具的出口额 69.38 亿美元。通过上述数据可以说明辽宁省机电产品结构正由传统的以机械设备为主向以电子信息等技术含量高的产品转变。

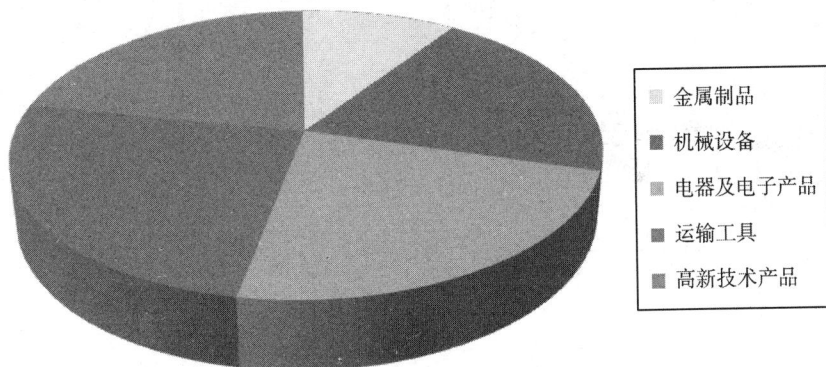

图例：
■ 金属制品
■ 机械设备
■ 电器及电子产品
■ 运输工具
■ 高新技术产品

图 4.4　辽宁省机电产品出口结构

表 4.3　辽宁省高新技术产品占总出口的比重

年份	辽宁省高新技术产品出口额（亿美元）	辽宁省机电产品出口额（亿美元）	辽宁省高新技术产品出口占辽宁省机电产品出口的比重（%）	辽宁省高新技术产品出口增长率（%）
2001	17.50	40.30	43.42	6.20
2002	21.10	48.00	43.96	20.57
2003	26.50	59.30	44.69	25.59
2004	29.00	70.60	41.08	9.43
2005	26.08	80.74	32.30	−10.07

续表

年份	辽宁省高新技术产品出口额（亿美元）	辽宁省机电产品出口额（亿美元）	辽宁省高新技术产品出口占辽宁省机电产品出口的比重（%）	辽宁省高新技术产品出口增长率（%）
2006	31.00	99.00	31.31	18.87
2007	36.57	132.54	27.59	17.97
2008	42.10	160.10	26.30	15.12
2009	37.70	143.30	26.31	−10.45
2010	53.00	187.40	28.28	40.58
2011	57.70	225.50	25.59	8.87

资料来源：国家统计局；辽宁省统计公报。

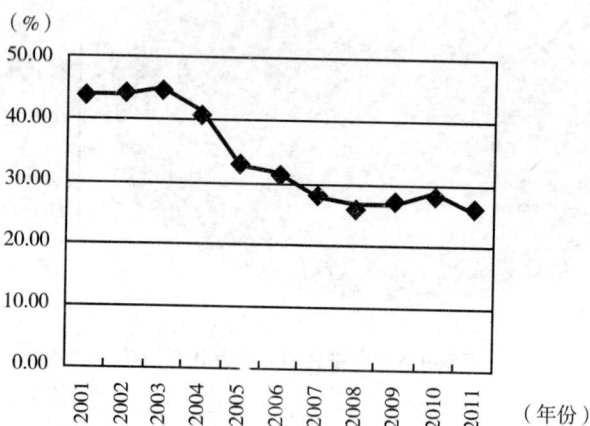

图4.5　辽宁省高新技术产品出口占机电产品出口的比重

多年来，辽宁省机电产品出口主要依靠低成本数量扩张，高附加值的科技产品出口比重仍较小，辽宁省6成以上的机电产品出口是通过加工贸易的方式实现的，开发和创新能力严重不足，核心技术和关键部件主要依赖国外，技术已经成为企业发展的瓶颈。而且一般贸易出口的机电产品大部分是低附加值的劳动密集型产品，出口的机电产品技术含量不高。

通过表4.3可知，辽宁省高新技术产品出口数量呈现大幅增长的趋势，已经从2001年的17.50亿美元增长到2011年的57.70亿美元。仔细分析图

4.5可知，辽宁省高新技术产品虽然保持大幅增长，但是高新技术产品占机电产品的比重不高，2001年高新技术产品出口占机电产品出口的比重为43.42%，而到2011年这一比例下降到25.59%。说明辽宁省机电产品出口的技术含量不高，技术问题已经成为辽宁省机电产品出口的瓶颈之一。另外，成套设备出口少，辽宁省是工业大省，工业基础雄厚，有明显的机械加工优势，能够生产200多种大小成套设备，但真正代表产业优势的高附加值、高技术含量的成套设备出口占比太少，占比不到1%。

三、辽宁省机电产品出口市场趋于稳定，多元化趋势不明显

表4.4 辽宁省机电产品出口市场分布情况

单位：亿美元

出口市场	2002年	2004年	2006年	2008年	2010年	2011年
中国香港	3.48	6.86	7.84	15.80	24.40	39.52
日本	16.85	19.01	26.58	39.70	48.00	50.36
新加坡	1.49	2.03	8.61	19.40	18.50	20.15
欧盟	7.77	12.18	14.77	21.00	19.50	23.32
美国	9.38	13.67	15.49	18.10	18.80	28.96

资料来源：辽宁省对外经济贸易合作厅。

通过表4.4与图4.6可以看出，自2002年以来，辽宁省机电产品出口只以亚洲市场为主，辽宁省在进一步巩固亚洲传统市场的基础上，加大对欧美等重要市场开拓的力度，形成新的机电产品出口市场格局。2008年以来，辽宁省机电产品主要出口市场依次为日本、欧盟、新加坡和美国，分别出口39.7亿美元、21亿美元、19.4亿美元和18.1亿美元，增幅分别为19.7%、23.4%、22.4%和3.3%。2010年，日本、中国香港、欧盟和美国为辽宁省机电产品主要贸易伙伴。对日本、中国香港、欧盟和美国出口机电产品的贸易额分别为48亿美元、24.4亿美元、19.5亿美元和18.8亿美元，分别增长36.4%、1.1倍、23.1%和34%，上述4个市场占同期辽宁省机电产品出口总额的59.1%。从2011年辽宁省机电产品出口情况分析，日本、中国香港、

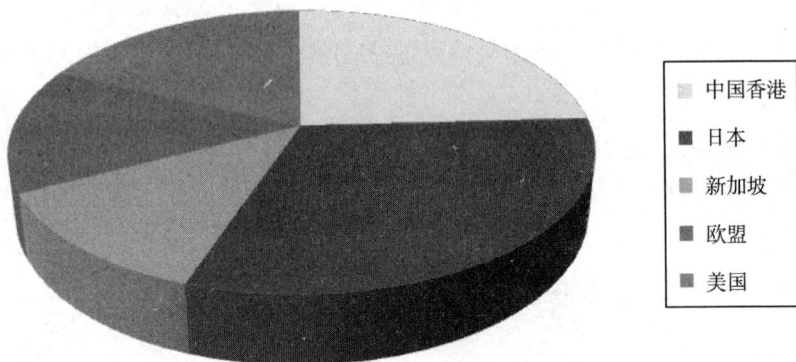

图 4.6 2011 年辽宁省机电产品出口市场分布情况

美国、欧盟仍然占据前四位，辽宁省对其出口额分别达到 50.36 亿美元、39.52 亿美元、28.96 亿美元、23.32 亿美元，辽宁省对于以上四个市场机电产品出口贸易额占辽宁省总出口额的 62.99%。通过比较辽宁省的出口市场分布情况，我们不难看出辽宁省机电产品出口市场比重稳定，但是也反映出辽宁省机电产品出口对于发达国家市场过于依赖，对新兴市场开拓力度不够。以上国家和地区中，除中国香港之外，其他三个国家都是采取技术性贸易措施比较多的国家，辽宁省机电产品过于依赖日本、美国、欧盟，所以辽宁省机电产品出口容易遭遇技术性贸易壁垒。

第二节 辽宁省机电产品出口遭遇
技术性贸易壁垒现状分析

一、辽宁省机电产品出口遭遇的主要技术性贸易壁垒

值得关注的是，随着经济的复苏，机电产品出口有所增长，但是所面临

的贸易壁垒也应引起关注。

（一）标准壁垒增多

根据技术性贸易壁垒的新特征，各国技术性要求不断拓展并趋向精密，各国技术指标体系延伸，形成了各种体系标准，也就是本书的标准壁垒。各国对能耗要求日益严格，欧盟 EUP 指令密集出台，实施 EUP 指令的急迫性和强制性凸显。欧盟委员会发布了 2008 年和 2009 年拟通过和提交讨论的欧盟 EUP 实施措施工作计划，该清单将被考虑作为实施措施批准的优先顺序，总计 25 项实施措施会密集出台。从 2005 年 8 月 EUP 指令开始生效，到 2008 年 8 月欧盟委员会仅向 WTO 秘书处通报了第一项 EUP 指令的实施措施草案，而欧盟在不到半年的时间内，集中向 WTO 秘书处通报了 5 项 EUP 指令实施措施草案，随即又迅速地将其发布为欧盟委员会法规，直接适用于所有成员国。美国出台 5 项新节能标准且对高能效产品给予补贴。2009 年 9 月 9 日，美国能源署出台了 5 项新的节能标准，涉及白炽灯、空调、商业锅炉、自动售货机等多类产品。预计该标准于 2012 年正式生效。2009 年 10 月推出针对空调、冰箱、洗衣机等家电产品的节能补贴政策，开始正式针对冰箱、空调等家电节能产品实施最大幅度大约为 200 美元的购买补贴政策。本次补贴的范围不但包括冰箱，还包括许多符合节能标准的生活家电产品，补贴金额 50～200 美元不等，预算总额大概为 3 亿美元。以上标准壁垒均会对辽宁省机电产品出口造成很大的影响。

（二）知识产权壁垒大幅增加

根据技术性贸易壁垒的新特征，由于技术性要求不断拓展，以及技术性贸易壁垒出台背景的复杂性，最初技术性贸易壁垒大多根植于本国的标准与立法，很多仅仅涉及纯技术方面的指标，这些出台背景大都是基于消费者的需求升级来考虑的，但是现如今，技术性贸易壁垒更多的体现贸易保护的特征，美国对华的 337 调查就具备这样的特征。近年来，美国涉华机电产品的 337 调查逐年增多，绝大多数集中于电子产品。从 2005 年到 2009 年 5 年，美国涉及中国的 337 调查案件分别为 8 起、13 起、18 起、13 起、16 起，其中机电领域的案件分别为 6 起、9 起、10 起、8 起、11 起。知识产权诉讼也成为知识产权壁垒的重要形式，2009 年 MPEG－2 专利池下的几个大国际 IT 公司在美国联合起诉海尔公司，2009 年 3 月，MPEGLA 公司在美国与德国对联想公司亦提起专利侵权诉讼，在 MPEG－2 数字视频压缩标准之争已经开始拉开大幕，对于辽宁省未来的电子产品出口将产生巨大的影响。① 另外，从 2011 年最新数据来看，在美国发起的 69 起 337 调查中，涉及中国企业 26 起，在涉华的 26 起 337 调查中，有 15 起案件涉及电子信息产品，其中大部分涉及辽宁省出口的产品。随着知识产权壁垒的大幅增加，必然会严重影响辽宁省机电产品出口的增长。

（三）绿色壁垒大量出现

根据技术性贸易壁垒的新特征，检测标准大幅提升、强制性检测标准增多，以及产品专业认证发展迅速，形成了各种对于环境、安全等指标，也就是本书所指的绿色壁垒。欧盟 WEEK 指令和 ROHS 指令修订草案的提出将使辽宁省机电产品出口面临更为严峻的挑战。欧盟日前提出新的 WEEE 和 ROHS 指令修订草案。欧洲议会在 2010 年 4 月就针对 WEEE 指令和 ROHS 指令修订草案进行投票，在 2010 年 4 月以后又通过两项新的指令，新指令在欧盟官方公报（OJ）刊登之日起 18 个月后在欧盟 27 国实施。第二份 ROHS 指令修订草案的重要变化是：涵盖所有电子电气设备（EEE），除非特别指明排除在外。新修订 WEEE 指令草案文本又重新插入附件 IA 和附件 IB（电子电气设备的类别及各类别的产品清单）。该指令修订草案对于报废电子电气设备做出了规定，要求报废电子电气设备一定要符合收集与回收目标以及资金要求。草案也规定，成员国应要求本国生产者支付来自私人家庭电子电气废弃物收集设施的所有成本。以上这些都会对辽宁省机电产品出口造成严重的影响。

---

① 卢欣，路漫. 三里河报告十大重点行业运行监测稳中有忧. 商务周刊，2010（7）.

二、辽宁省机电产品出口遭遇的技术性贸易壁垒发展趋势

技术性贸易壁垒措施的系统性会越来越强，科技含量会越来越高。技术性贸易壁垒已经从过去的针对一种商品采取某一种技术性贸易壁垒，发展到针对某一大类产品采取综合性技术性贸易壁垒，而且对产品的技术要求也越来越严格，科技含量要求也越来越高。欧盟 EUP 指令及 REACH 法规就是其中的典型代表。EUP 指令的最低能效要求一般都高于发展中国家普遍技术水平，而且还会每隔 3 ~ 5 年进行调整一次，调整之后包含更多的产品的种类、范围，已从耗能产品（EUP）扩大到能源相关产品（ERP）。① REACH 法规不但影响到化工企业，而且还将影响到包括纺织、机电、玩具、家具等所有的生产化工下游产品的企业，所涉及的产品有 100 多万种。

健康和安全问题仍将是技术性贸易壁垒措施重点关注领域。随着消费者健康安全意识的不断增强，对健康、安全的关注度也日益增加，有关消费安全、健康消费的标准要求也越来越严格，主要涉及电器、玩具等机电产品。从技术性贸易措施通报的情况来看，保护人类健康与安全的通报占了绝大多数。随着从英国的自行车安全法规，韩国的建筑机械安全标准、电器安全控制法规，日本的道路车辆安全法规，加拿大的、美国的联邦机动车辆安全标准到欧盟的机械安全指令、玩具安全指令，令人应接不暇。所以说对于健康与安全在将来仍然会是关注的重点领域。

节能环保领域和新兴产业成为技术性贸易壁垒措施新的关注点。随着目前低碳理念的普及、低碳产业大力发展，节能环保领域和新兴产业成了 TBT 关注的热点，例如，2009 年美国新制定和修订了多项节能法规标准，对电器类产品发布了一系列的能源性能及测试标准。欧盟的"双绿"指令进行的两次修订，进一步提高了机电产品尤其是电子类产品的进口门槛；欧盟 ERP 指令对更多机电产品提出花样繁多的生态设计要求，同时对能效要求也不断加强。所以说我们更应该关注节能环保领域与新兴产业发展。

---

① 刘钊. 新技术性贸易壁垒对辽宁出口贸易的影响及行业协会对策. 黑龙江经贸，2011（9）.

第三节　辽宁省机电产品主要出口
市场受阻现状

作为工业化的先驱，欧盟、美国、日本是机电产业最为发达的地区，同时也是实施技术性贸易壁垒最为严格的地区。为保护国内市场，阻碍国外具有竞争力的机电产品出口到本国，欧盟、美国、日本不断设置新的技术限制，在节能标准、噪声污染、电磁污染、兼容性和安全性等方面不断提出新的技术要求。而辽宁省出口的机电产品中对以上国家出口占了辽宁省机电产品的近7成，由于这三个地区是机电贸易大国，所以这些层出不穷的技术性贸易壁垒已对或将对辽宁省机电产品出口产生严重影响。下面本书侧重介绍这三个地区的市场情况。

一、美国市场机电产品技术性贸易壁垒的种类

（一）技术法规

在美国，技术法规由于制定主体不同而分为两个层次：国会制定的法律和政府机构根据法律授权制定的法规。但这两个类型的法规本身并无层次的区别，但是具体到执行方面还是存在区别的。美国技术法规数量众多，分布广泛。美国的技术法规主要收录在《美国法典》（United States Code）或《美国联邦法规典集》（Code of Federation Regulations）中。[①]

就机电产品而言，美国的技术法规要求十分严格并且很多都有很强的针对性。有些是专门针对进口国家的机电产品而设立的。例如，为了保护国内汽车市场不受外来汽车的干扰，美国对进口汽车的安全性能和废气排放标准

---

① 张峰，王力舟，刘昕，黄冠胜. 美国技术性贸易措施体系剖析. 中国标准化，2006（2）.

制定得十分苛刻，美国在《空气净化法》和《防污染法》中明确规定，所有进口汽车都必须安装防污装置，并制定了苛刻的技术标准，从而使得排污量过大的汽车被挡在美国市场之外。

（二）技术标准

联邦政府负责制定一些强制性的标准，美国大部分的标准由民间标准机构、行业协会制定并发布，企业根据自己的实际情况，自愿选择相应的标准。美国国家标准协会（ANSI）并没有制定标准的权利，仅仅起着对非强制性的标准协调、调解作用。总之，美国的标准体系比较分散、不统一，这种高度分散的标准体系所造成的结果是技术标准极其复杂、层次较多，使得国外出口产品很难突破。美国标准体系结构分散、数量庞杂，它制定的法规和政府强制性标准等在内的标准有五万多个，私营标准机构达几百个，私营标准机构、专业学会、行业协会等制定的标准也在四万个以上，其中不包括一些约定俗成的事实上的行业标准。[①] 因此在这样的形势下，向美国出口机电产品可能会涉及几个甚至十几个由不同机电产品机构制定的技术法规或技术标准，部分是政府的强制性规定，更多的却是自愿性标准，要求比较苛刻，[②] 国外企业要想突破美国技术标准的难度巨大。

（三）合格评定程序

作为世界最大的发达国家，美国是一个相对成熟的国际市场，其认证项目较多、合格评定体系既分散又复杂，仅质量体系认证就有55种，如产品安全认证体系 UL、电磁兼容 FCC、军用 MIL 等。美国合格评定体系结构分散，其主体是专门从事测试、认证的独立实验室。美国由于其国内市场比较成熟，美国的消费者的要求也比较高，要求进入美国的产品必须通过美国的权威检测部门的检测，只有检测合格后，产品才能受到美国消费者的青睐，否则便会出现无人问津的境界。同美国技术标准一样，美国的合格评定程序体系同

---

① 张峰，王力舟，刘昕，黄冠胜. 美国技术性贸易措施体系剖析. 中国标准化，2006（2）.
② 李薇. 美国技术性贸易壁垒研究. 对外经贸实务，2007（1）.

样比较分散，在美国可以开展合格评定程序工作的机构比较多，例如，联邦政府部门、地方政府机构、民间组织都可以开展合格评定程序工作，但是这些机构对进入美国的产品要求都比较严格，美国会利用安全、卫生检疫及包装、标签规定对进口产品进行严格的检查。

在美国，评定合格的标志是自愿的，而不是强制性的，如通过美国保险商实验室公司安全评定体系而取得 UL 标志。该标志虽然不是强制性规定的，但是美国国内的大型连锁店是不会销售未取得 UL 安全认证的电器，这是因为美国消费者比较青睐带 UL 认证标志的产品，对没有取得 UL 认证标志的产品基本不会购买，ISO9000 系列标准在美国也被等效采纳，美国标准学会（ANSI）开展对第三方认证体系的认可、质量认证机构的注册认可、实验室的认可工作。外国产品要想进入美国市场，必须要取得相关认证机构的认证。其中保险商实验室联合公司（UL）、美国石油学会（API）是著名的认证机构。美国合格评定体系结构同样也不集中，其实施的主体是专门从事测试、认证的独立实验室。"美国独立实验室委员会"有四百多个会员，测试、认证在美国已形成一个很大的产业，每年营业额多达百亿美元以上。在这样的环境下，美国政府部门只需要对相关的独立实验室的资格进行认可与核准，有时为了特殊行业的需要，美国政府部门甚至也会指定相关的实验室为某行业合格评定的特许实验室。美国政府的这种做法目的是提高这些实验室的认证权力，使得这些实验室颁发的证书具有行业认证效力。[①]

就机电产品而言，美国除了实施 UL 认证外，还有如下几种：

（1）美国联邦通讯委员会制定的标准（FCC），一般电子、电器产品，如计算机、玩具、通信设备、电视和传输设备均要求符合 FCC 或 UL 规定的标准。进口商必须向美国海关提供进口产品的 FCC 或 UL 的认可证明。

（2）美国消费者安全委员会（CPSC）规则，CPSC 的目录管理 15000 种产品。制造商、进口商、分销商和零售商必须对被检测不安全的产品做出书面报告，只有获得 CPSC 安全标志的产品才准许进入市场。

---

① 张峰，王力舟，刘昕，黄冠胜. 美国技术性贸易措施体系剖析. 中国标准化，2006（2）.

（四）绿色壁垒

美国的绿色壁垒主要有：

（1）绿色技术标准。美国科技水平较高，在机电产品方面，美国处于技术垄断地位。它们以保护环境的目的，通过法律手段，制定比较苛刻的机电产品技术标准，限制国外机电产品进入本国市场。

（2）绿色环境标志。它是一种在产品或其包装上的图形，表明该产品的质量不但符合绿色标准要求，而且在生产、使用、消费、处理等各个环节都符合环保的要求，而且该产品也不会危害生态环境和人类健康。美国实行环境标志制度比较早，美国于1988年开始实行环境标志制度，有近四十个州联合立法，要求在塑料制品、包装袋、容器上使用绿色标志，甚至还使用了更为严格的"再生标志"。① 美国的绿色环境标志对国外进入美国市场的机电产品要求比较苛刻，使得发展中国家的产品进入美国市场的难度进一步加大，发展中国家必须向美国提出申请，经美国相关机构批准才能得到"绿色通行证"、"绿色环境标志"。这便于美国对发展中国家的机电产品进行严格控制。

（3）绿色补贴。美国为了保护环境和资源，有必要将环境和资源费用计算在机电产品成本之内，使环境和资源成本内在化。美国国内对环境要求比较高，通常将严重污染环境的机电产业转移到发展中国家，以降低环境成本，发展中国家的环境成本却因此提高。更为严重的是发展中国家的绝大部分企业本身无力承担治理环境污染的费用，政府为此有时给予一定的环境补贴。美国等发达国家认为发展中国家的"补贴"违反世界贸易组织的规定，因而以此限制其机电产品进口。

---

① 李薇. 美国技术性贸易壁垒研究. 对外经贸实务, 2007（1）.

二、欧盟市场机电产品技术性贸易壁垒的种类

(一) 技术法规

在欧盟，欧盟委员会、欧盟理事会和欧洲议会分别拥有欧盟的立法权，而欧盟理事会的权力是最高的。欧盟技术法规主要是欧盟理事会和欧盟委员会依据四个基础条约（《欧洲煤钢共同体条约》、《欧洲经济共同体条约》、《欧洲原子能共同体条约》、《欧洲联盟条约》）制定的各种规范性法律文件，主要形式包括条例、指令和决定等，这些形式主要分为三个层次：第一层次是条例，条例的权力最大，相当于议会通过的法令；第二层次是指令，要求各国把有关立法纳入欧洲共同体法律的条文，是对成员国具有约束力的欧洲经济共同体法律；第三层次是决定，有明确针对对象的有约束力的法律文件，决定的适用范围指向比较具体、确定的问题。欧盟制定的针对机电产品技术性贸易壁垒的主要技术法规主要分为 WEEE 指令、ROHS 指令、REACH 方案、EUP 指令。下面本书重点研究这几项技术法规。

1. WEEE 指令

2003 年 1 月 27 日，欧盟议会和欧盟理事会共同颁布《关于报废电子电气设备第 2002/96/EC 号指令 (WEEE)》。本指令的目的是防治报废电子电气设备 (WEEE)，此外该指令的目的就是实现这些报废电子电气设备的再利用、再循环使用和其他形式的回收，以减少废弃物的处理。同时也努力改进涉及电子电气设备生命周期的所有操作人员，如生产者、销售商、消费者，特别是直接涉及报废电子电器设备处理人员的环保行为。

WEEE 指令适用于以下电子电气产品：大型家用器具，小型家用器具，信息技术和远程通信设备，用户设备，照明设备，电气和电子工具（大型静态工业工具除外），玩具、休闲和运动设备，医用设备（所有被植入和被感染产品除外），监测和控制器械，自动售货机。它适用于欧盟境内外的电子电气设备生产者、经营者和进出口企业。在 2006 年 12 月 31 日前，WEEE 规定电子电气产品的目标回收率在 70% ~ 80%，包含再生及再利用的元件及材

料，以符合 WEEE 对每个项目的要求（依据电子电气设备的平均重量不计算）。① 对于回收费用，WEEE 指令规定实施"生产商责任制"：生产商在将一项产品投放到市场时，要提供财务保证，以确保产品报废回收的处理费用由该生产商承担。

2. ROHS 指令

2003 年 1 月 23 日，欧盟议会和欧盟理事会共同颁布了《关于在电气电子设备中限制使用某些有害物质第 2002/95/EC 号指令（ROHS)》。ROHS 指令限制使用以下六类有害物质，即投放市场的电子和电气设备不包含铅、汞、镉、六价铬、多溴联苯和多溴二苯醚六种有害物质。ROHS 指令涉及的产品范围相当广泛，几乎涵盖了所有电子、电器、医疗、通信、玩具、安防信息等产品，它不仅包括整机产品，而且包括生产整机所使用的零部件、原材料及包装件，关系到整个生产链。

3. REACH 制度

REACH（Registration，Evaluation Authorization and Restrictionof Chemicals）指"化学品注册、评估、许可和注册"，是欧盟对进入其市场的所有化学品进行预防性管理的一项化学品管理法律。2003 年 5 月，欧盟委员会推出了《化学品注册、评估、授权和限制制度》的化学品新政策的法规草案（Concerning the Registration，Evaluation，Authorization and Restriction of Chemicals），简称 REACH 制度［1907/2006（EC)]。REACH 于 2007 年 6 月生效，2008 年 6 月 1 日开始实施。REACH 制度的主要日的是要求企业（制造商或进口商）对其产品安全承担责任，收集关于化学品危害性的充分信息，并用于决定适当的供制造商和进口商执行的风险管理措施及向下游用户推荐这些措施。REACH 制度构建了一个庞大繁杂的新化学品管理体系，总体而言，它具有以下两个主要的特点：改变了化学品生产经营的安全风险关系；过去由政府承担化学品安全的责任现在转移到生产经营者身上，要求生产商、进口商和化学品下游用户对其产品各方面的安全性负责；无数据，无市场。由于欧盟对化学品定义比较广泛，将对机电产品产生一定的影响。

---

① 欧洲议会和理事会 2003 年 1 月 27 日第 2002/96/EC 号关于报废电子电气设备指令。

4. EUP 指令

2005 年 7 月 6 日，欧洲议会和理事会正式公布了关于制定能耗产品环保设计要求框架的指令 2005/32/EC（以下简称 EUP 指令），它作为集成产品策略（IPP 考虑产品的生命周期对环境影响的潜在可能性，涉及其各个阶段相关人员，对各种产品确定责任和提供开放式工具）框架的一部分，考虑了产品在整个生命循环周期对资源能量的消耗和对环境的影响。是继 WEEE、ROHS 指令之后，欧盟另一项主要针对用能产品的技术性贸易壁垒指令。欧盟要求各成员国最迟在 2007 年 8 月 11 日前制定对相关产品的具体化要求并转化为本国法规，以确保 EUP 生态化设计指令得以有效运作。该指令作为集成产品策略框架的一部分，考虑了产品在整个生命循环周期对资源能量的消耗和对环境的影响。该指令还同时对理事会 92/42/EEC（关于新的燃气或使用液体燃料热水锅炉能效要求的指令）和欧洲议会和理事会指令 96/57/EC（关于家用电冰箱、冷冻柜及其组合件能效要求的指令）及 2000/55/EC（关于荧光灯镇流器能效要求的指令）进行了修订。自公布起 20 日（8 月 11 日），2005/32/EC（EUP 指令）正式生效。按欧盟 EUP 指令要求，原则上包括所有投放市场的用能产品，生成、转换及计量这些能源的产品（不包括运输工具）以及用于装入用能产品中并在市场上独立直接销售给最终用户的部件。

（二）技术标准

除制定相关法规外，欧盟还使用各种严格的技术标准，来阻止外国产品对欧盟市场的渗透。1985 年，欧共体理事会通过了《关于技术协调和标准化的新方法》决议，改变了技术性法规规定过细的做法。目前从总体来看，要进入欧盟市场的产品必须至少达到下列三个条件之一：①符合欧洲标准 EN，取得欧洲标准委员会 CEN 认证标志。②与人身安全有关的产品，要取得欧盟安全认证标志 CE。③进入欧盟市场的产品厂商，要取得 ISO9000 合格证书。另外，欧盟还明确要求出口商要想把产品出口到欧盟市场上，出口产品必须符合相应的指令要求并通过欧盟的认证，否则出口产品将被拒之于欧盟市场之外。

对机电产品影响最为深远的就是 CE 标志，CE 标志是安全合格标志，在欧洲经济区（欧洲联盟、欧洲自由贸易协会成员国，瑞士除外）市场上销售的商品中，加贴 CE 标志，表示该产品符合安全、卫生、环保和消费者保护等一系列欧洲指令所要表达的要求。欧盟以外国家生产并在欧盟地区销售的产品需实行 CE 认证，要以 CE 认证规范欧盟市场。据专家分析，这一规定的目的是在 WTO 规则允许范围内构筑市场保护技术壁垒，为别的国家和地区向欧盟出口产品设置障碍。在欧盟市场，CE 标志属强制性认证标志，不论是欧盟内部企业生产的产品，还是其他国家生产的产品，要想投放欧盟市场，产品就必须加贴 CE 标志，以表明产品符合欧盟《技术协调与标准化新方法》指令的基本要求，这是欧盟法律对产品提出的一种强制性要求。

另外，对于大多数电工产品来说，除申请 CE 标志认证，还必须符合欧盟议会有关法规规定的低压设备（LVD）指令和电磁兼容（EMC）指令的要求。

（三）合格评定程序

为了使其技术法规得到有效的实施，欧共体理事会于 1989 年通过了《关于合格评定全球方法的决议》（90/C10/01），该决议提出了合格评定的总体政策和基本框架，规定了在技术协调指令中采用的合格评定程序，用以确定产品对技术法规和协调标准要求的符合性，保证并提高投放市场的产品质量。1993 年欧共体理事会又通过了"关于合格评定程序各阶段的模式和 CE 合格标志的贴附及其使用规则的决定"（93/465/EEC），该决定对合格评定全球方法决议进行了补充，规定了新方法指令中将要使用的合格评定的指导原则和具体程序，同时还对加贴和使用 CE 标志的规则做出规定。[①]

欧盟的合格评定程序细分为 8 种基本模式。即 A–生产内部控制、B–形式检验、C–符合性要求、D–生产质量保证、E–产品质量保证、F–产品检验、G–单件验证、H–完全质量保证。依据这些模式，合格评定活动以第一方（制造商）或者第三方（欧盟认可的合格评定机构，即 NotifiedBody，简

---

① 杨辉. 欧盟技术性贸易措施体系初探. 中国质量技术监督，2007（6）.

称 NB 机构）为基础进行。欧盟的合格评定程序比较严格，在每一项新方法指令中都规定了相应产品的合格评定程序，并会根据产品的危险程度，要求采用不同的合格评定方法。NB 机构依据每个相关指令中规定的合格评定程序进行合格评定，以保证产品投放市场前符合该指令的基本要求。

（四）绿色技术壁垒

这是欧盟最为严厉的一种技术性贸易壁垒，主要包括下述三种：绿色技术标准、绿色环境标志、绿色包装制度。

绿色技术标准：欧盟制定了许多发展中国家难以达到的环境标准，限制国外产品进口。欧盟 1996 年启动了 ISO14000 环境管理体系，要求进入欧盟国家的产品的各个阶段都作出了严格的要求，包括生产前到制造、销售、使用以及最后的处理阶段，主要以消费品为主，欧盟的绿色技术标准还应用于电气产品上。[①]

绿色环境标志：欧盟于 1993 年 7 月正式推出欧洲环保标志（Eco Label）。凡有此标志者，即可在欧盟成员国自由通行，并对 12 类产品进行强制性的规定，对于其他产品，各国可自由申请。它是一种在产品或其包装上的图形，表明该产品不但质量符合标准，而且在生产、使用、处理过程中符合环保要求，对生态环境和人类健康均无损害。

绿色包装：商品包装及包装材料要符合节约能源、用后易于回收再利用、易于自然分解、不污染环境、保护环境资源和消费者健康要求的法律、规章。进入欧盟市场的机电产品必须要使用绿色包装。

三、日本市场机电产品技术性贸易壁垒的种类

（一）技术法规和标准

日本有名目繁多的技术法规和标准，其中多数比国际标准更严格，当外

---

① 章志键. 技术性贸易壁垒形成机制的博弈分析：基于国家间及国内不同利益集团相互博弈的视角. 企业经济，2009（3）.

国产品进入日本市场时，不仅要求符合国际标准，还要求与日本标准相吻合。日本的标准中有很多不为国外出口商所熟悉，因而外国商品很容易因为不符合某项规定而被拒绝进口。

日本与机电产品相关的技术法规主要是 1949 年通过，其后又经过多次修正的《工业标准化法》（以下简称 JIS 法）及与之配套的如《工业标准化法施行规则》等一系列省令和政令。在日本，根据《JIS 法》制定的 JIS 标准就是其国家标准。《JIS 法》的目的是制定正确合理的工业标准，通过普及该标准推进工业标准化的进展，改善工业品的质量，提高生产效率，做到合理化生产和合理化消费，为增进公共福祉事业做贡献。根据《工业标准化法》的 JIS 表示制度，品质内容按照不同领域做出具体规定，符合规定的产品，经过主管部长的认可，可以使用 JIS 图标进行表示，标志着该产品的质量符合标准，成为消费者选购商品的参考。

（二）合格评定程序

日本质量认证管理体制是由政府部门管理质量认证工作，各部门分别对其管辖的某些产品实行质量认证制度，并使用各自设计和发布的认证标志。日本通产省管理认证的产品占全国认证产品总数的 90% 左右，实行强制性和自愿性两类产品认证制度。

日本针对机电产品的强制性认证制度，是根据《消费生活产品安全法》、《电器用品安全法》等产品安全法实施的，其针对的对象主要是电器产品液化石油气器具和煤气用具等。目前日本的针对机电产品的认证比较多，就强制性认证就有四种，分别是消费品安全认证、电器产品安全认证、电器产品安全认证、煤气用具安全认证的产品。这些强制性认证对国外进入日本市场的机电产品产生了很大的阻碍作用。

日本针对机电产品的自愿性认证制度是根据《工业标准化法》实施的。自愿型认证不是由政府强制性实施的，而是由企业自愿申请，适用于强制性认证以外的产品，针对包括机电产品在内的自愿性认证制度主要包括 JIS（工业品标志）。国外的产品要想取得 JIS 标志，产品必须符合日本 JIS 工业标准，取得 JIS 标志的产品表明质量性能及其他技术要求，具备高水平的质量管理实践。无认证标志的产品,日本法律规定不得在日本国内市场销售或进口。

对机电产品影响最广的 JIS 认证而言,JIS 认证在日本已经有 50 多年的历史,被指定实行 JIS 标志认证的产品有 17 个大类、1200 项,2005 年 10 月新 JIS 认证制度启动,新 JIS 认证已经扩大到 1700 多个品种。JIS 制度虽然不是强制性认证,但是日本消费者对此认可度很高,一般消费者仅仅会购买含有 JIS 标志的机电产品,没有 JIS 标志的机电产品几乎处于无人问津的境地。

(三) 绿色技术壁垒

日本对绿色机电产品要求较高,通过法律的形式制定严格的强制性绿色技术标准,并利用环境标志对进口商品进行严格限制。进口的机电产品不仅要求质量符合日本的技术标准要求而且机电产品生命周期的各个阶段如生产、运输及废弃物等也不能对生态环境和人类、动植物健康产生一定的危害。

1. 绿色技术标准

日本在科学技术水平方面也较高,机电产品技术处于垄断地位,所以就会以保护环境为名义,通过立法手段,制定严格的强制性技术限制。这些标准都是根据日本的生产和技术水平制定的,如日本的《节能修正法》新法案规定,到 2010 年,在日本市场上销售的所有汽车,不论是用于什么目的、有什么用途,其必须符合相应的节能标准,以减少汽车废气的排放。日本政府标准规定"二恶英"含量不能超过 0.1ppm,许多发展中国家要想达到这样的标准,难度是可想而知的。

2. 绿色环境标志

日本的生态标志制度要求进入其国内的产品必须加贴环境标志,以向消费者表明该产品从研制、开发、生产、使用到回收利用、处置的整个过程符合环境保护要求。到 2003 年 3 月,JEA 已经将生态标志产品类别扩展到了 64 类 5476 种产品,如太阳能热水供应系统、节水设备等。日本的绿色环境标志对产品的要求十分严格。对机电产品而言,JEA 对每一类机电产品都做出了详细要求。①

3. 绿色包装制度

绿色包装指用后易于回收再用或再生，易于自然分解，不污染环境的包装。日本要求产品机电产品包装必须利于回收处理，且不能对环境产生危害。

---

① 韩可卫．日本技术性贸易壁垒剖析．中国质量技术监督，2006（7）．

第五章 辽宁省机电产品出口遭遇技术性贸易壁垒的原因

根据前面分析的辽宁省机电产品出口现状以及辽宁省机电产品遭遇技术性贸易壁垒的现状得知，技术性贸易壁垒对辽宁省机电产品的出口起到了一定的影响，而且在不同的国家辽宁省机电产品遭遇技术性贸易壁垒的严重程度也不一样，即在发达国家市场上遭遇更加严重的技术性贸易壁垒，在发展中国家市场上程度较前者有所减轻。这些都会影响辽宁省机电产品出口及机电产品出口增长率，为了促进辽宁省机电产品出口的顺利发展，有必要对辽宁省机电产品遭遇技术性贸易壁垒的原因进行深入研究。

第一节 生产层面的原因

一、技术水平落后

根据技术差距理论，发达国家凭借自己的技术优势设置了各种技术性贸易壁垒。辽宁省出口的机电产品中技术含量不高，辽宁省大部分出口的机电产品中都是靠加工贸易来完成的。据表5.1可以看出，辽宁省2001~2011年机电产品加工贸易占总贸易的比例都在60%以上，说明6成以上的机电产品出口是通过加工贸易的方式实现的，加工贸易的特征是"中间在内，两头在外"，并且对技术要求不是很高，所以说从表5.1可以看出，辽宁省加工贸易占总出口贸易的比重比较高，从 2001 年加工贸易占总出口贸易的 81.01%，到 2010 年该比例下降到 65.58%，再到 2011 年的 64.33%。通过以上数据可以看出，虽然加工贸易占总出口贸易的比重有所下降，但是从表 5.1 仍然不难看出，辽宁省加工贸易占总出口贸易的比重仍然较高，辽宁省出口的大部分机电产品是依靠加工贸易出口，所以说辽宁省出口的机电产品技术含量还是偏低。目前，随着全球机电行业技术水平和机电产品质量水平的不断提高，辽宁省机电产品出口面临的技术性门槛也随之提高。

根据技术差距理论，技术上相对领先的国家作为新技术产品的出口方，其他国家则成为进口方，随着贸易的进行，技术发生转移，其他国家迟早会掌握该项技术并成为该产品的出口方，但是这种技术转移存在一定的时滞性。由于辽宁省出口的机电产品在技术上与发达国家存在差距，再加上存在技术转移时滞性，使得发达国家凭借技术优势设置了各种技术性贸易壁垒，这种技术性贸易壁垒也是导致辽宁省机电产品出口增长率下降的原因之一。

表 5.1　辽宁省机电产品加工贸易额占总贸易额的比重

单位：亿美元

年份	加工贸易	一般贸易	其他贸易	总贸易	加工贸易占总贸易比重（%）
2001	32.67	6.66	1.00	40.33	81.01
2002	39.12	6.73	2.15	48.00	81.50
2003	45.94	9.10	4.26	59.30	77.47
2004	52.83	12.90	5.09	70.60	74.83
2005	56.20	19.45	5.19	80.74	69.61
2006	64.98	27.41	6.61	99.00	65.64
2007	85.51	38.09	8.94	132.54	64.52
2008	95.90	54.90	9.30	160.10	59.90
2009	90.43	42.41	10.46	143.30	63.11
2010	122.90	52.00	12.50	187.40	65.58
2011	145.06	67.24	13.20	225.50	64.33

资料来源：辽宁省机电产品进出口工作网以及沈阳海关。

另外，辽宁省机电企业开发和创新能力严重不足，核心技术和关键部件主要依赖国外，核心技术的缺失严重限制辽宁省机电产品生产企业的竞争能力，所以说技术已经成为辽宁省机电企业发展的"瓶颈"。辽宁省机电企业自身创新能力低，产业结构升级缓慢，很多机电企业虽然引进了技术，但有相当一部分都已过期，或者核心技术的引进不能完成，这使得辽宁省机电行业技术水平与发达国家一直存在相当大的差距，而且当地机电行业与我国发达地区还存在着一定的差距。多数机电企业热衷于在国际中低端市场中拼杀，以分得一杯残羹，总体陷于无序竞争状态。另外，辽宁省技术水平落后，机电产业结构升级缓慢，长期以来一直处于产业结构的低端。而随着全球经济水平的提高以及科学技术的发展，辽宁省机电出口产品面临的技术性门槛也将越来越高。所以说，技术落后是导致辽宁省机电产品出口频繁遭遇技术性贸易壁垒的直接原因之一。

二、出口产品结构不合理

辽宁省机电行业的技术水平落后主要体现在机电产品结构的不合理。附加值低的劳动密集型产品和资本密集型产品占主导地位，而附加值高的技术、资本密集型产品出口仍然占次要地位。2000 年辽宁省机电产品出口中，主要以通信设备、金属加工机床为主，经过辽宁省一段时间的经济发展，辽宁省机电产品结构得到了一定的改善；到 2008 年，辽宁省出口的机电产品以电器电子产品、机械制品、运输工具和金属制品为主，分别出口 50 亿美元、48亿美元、32.9 亿美元和 21.9 亿美元，电器电子类产品已经成为机电产品的主要出口产品。但是辽宁省出口的电器电子产品主要是技术含量低、附加值低的劳动密集型产品。另外，高新技术产品占机电产品的比重不高，2001 年高新技术产品出口占机电产品出口的比重为 43.42%，而到 2011 年这一比例下降到 25.59%，以上数据表明辽宁省目前出口的机电产品结构仍不尽合理。

从辽宁省机电产品的主要出口商品电器电子产品来看，电器及电子产品中大多都是技术含量低的劳动密集型元器和组装成品。由于劳动密集型机电产品进入壁垒较低，全省技术含量低的机电产品企业纷纷涌现，产业内出现重复生产的现象，造成辽宁省出口机电产品的结构单一，出口机电产品的结构层次较低，对于辽宁省机电产品的结构升级十分不利。企业竞相竞争也削弱了全省机电行业在国际间出口的竞争力，使得辽宁省的企业在跨越技术性贸易方面变得异常艰难，最后只能受制于人。

三、缺乏自主创新

辽宁省出口的机电产品主要以加工贸易的产品为主，据前文数据得知，辽宁省加工贸易出口占了总出口的6成以上，加工贸易在全省机电产品贸易中占有重要地位，这种贸易方式的弊端在于核心技术仍然掌握在外国企业中，本省机电企业只是简单的加工，本身并没有核心技术，关键的零部件还是要依靠进口，附加值极低。所出口的机电产品一般贸易中，大多机电产品都是模仿外国技术进行生产，缺少自主品牌和高附加值、技术密集型的产品，在这种情况下也就限制了产品更新换代的速度，出口的机电产品也就无法满足机电产品进口国技术标准的要求。另外，辽宁省机电产品技术创新能力尽管有了很大提高，但具有自主知识产权的产品较少或拥有自主知识产权的产品在国际上不具备竞争力，西方发达国家一方面可以对辽宁省的出口产品征收知识产权使用费而减少辽宁省机电产品的出口，另一方面以辽宁省的机电产品侵犯知识产权为由而把辽宁省的机电产品拒绝于其国门之外。

由于自主创新能力的缺乏，近年来，辽宁省机电行业为了提高产品的科技含量、获得技术外溢，扩大了外资的引进。外资的引进使得外资企业的地位不断上升，形成对辽宁省企业的资源抢占。同时，掌握技术专利的外国人通过对自己技术专有性的保护手段，提高了辽宁省企业获得技术的成本，增加了产品的额外成本，由此丧失了国际市场的定价能力。创新能力的缺乏使得辽宁省的企业更加依赖于自然资源和劳动力优势，长此以往，辽宁省的机电企业只能处在机电行业分工体系的底层，缺乏市场优势。

第二节 信息与管理层面的原因

辽宁省机电产品出口遭受技术性贸易壁垒的信息与管理层面的原因主要从企业和政府以及行业协会三个方面进行分析。

一、政府方面的原因

（一）政府应对技术性贸易壁垒经验不足

辽宁省政府在应对技术性贸易壁垒方面，注重宏观调控，经验仍然存在不足。一方面，辽宁省政府应对技术性贸易壁垒的认识不够，缺乏快速反应机制。由于技术性贸易壁垒复杂性、特殊性、出现时间短的特点，省政府尚未建立起统一协调的工作机制，对技术性贸易措施的研究机构相对缺乏，预警机制不完善，对于国际技术标准的变动不能快速做出统筹布局。另一方面，政府沟通不足、对机电产业缺乏引导。省政府部门与外国政府的沟通不足、协调不够，造成辽宁省对于国际标准的变动滞后，不能及时做出反映。同时，政府对企业的信息指导和产业引导不够，使得省企业在应对技术性贸易壁垒方面，主要靠自身的投入独立面对，相互之间缺乏必要的沟通，造成不必要的浪费。

（二）针对技术性贸易壁垒的研发投入不足

我国自 2001 年加入世界贸易组织以来，遭遇国外关税、非关税壁垒比较多，但是在技术性贸易壁垒的冲击面前，地方政府和企业应对经验十分欠缺。政府注重宏观调控，而企业注重眼前利益，在应对技术性贸易壁垒上总体缺乏协调统一。一方面，技术性贸易壁垒的研究机构非常缺乏，目前辽宁省省内开展相应研究工作的人数还不足百人，甚至远远少于一个大型企业的部门研发人员。另一方面，政府缺乏激励措施鼓励机电产品企业应对技术性贸易壁垒的研究，一部分企业由于缺乏资金，不得不放弃对国外的技术性贸易壁垒的研究，只能被动地接受。即使有实力的企业积极应对技术性贸易壁垒，但更多是靠企业自身的投入独立应对，这样就会造成企业相互之间缺乏必要的沟通，重复研究多有发生。比如同样是出口彩电冰箱的企业都在做着同一类的技术性贸易壁垒研究，造成人、财、物的浪费。辽宁省对技术性贸易壁垒研究的投入比起我国其他的发达省份还有很大的差距，此种投入当然还不能达到保障辽宁省外贸出口顺畅进行的要求。由于欧盟的技术法规、技术标准非常完善，仅仅技术标准就达到上万个。美国也有一个完善发达的检验认证体系，且行业认证被广泛地使用，技术法规体系也非常复杂，技术标准也数不胜数，对进入美国市场的机电产品检验非常严格。日本在机电产品方面也有严格的限制，标准法规、技术标准更是名目繁多。总之，对于针对技术性贸易壁垒的研究不够，将会对辽宁省机电产品出口造成更加严重的阻碍作用。

（三）出口市场过于集中

根据市场失灵理论与规则俘获理论，政府为了纠正本国的市场扭曲，利用经济法规来再分配经济中的剩余，这样就会导致本国政府实施"合理"的技术性贸易措施。辽宁省机电贸易方向主要集中于欧盟、美国、日本三大经济体，从前文的数据可知，辽宁省机电产品出口国家和地区主要集中于日本、欧盟、美国、中国香港。辽宁省出口的机电产品近70%销往这些地区，2010年与2011年销往这些国家和地区的机电产品占了六成以上，2010年销往以上国家和地区的机电产品更是占了68.9%，除了中国香港地区外，日本、欧盟、美国三大经济实体恰恰是世界上经济最发达、科技水平最高、技术标准最严格的国家和地区，绝大多数技术性贸易壁垒措施发源于这三大经济实体，这三大经济实体同样也是实施技术性贸易壁垒最严重的国家或地区。辽宁省机电产品出口的地理方向决定了辽宁省将不得不直面技术性贸易壁垒的威胁。

辽宁省对于出口区域相对集中且没有有效的约束机制，使得某些机电产品出口数量激增，对进口国内的机电产品生产商甚至是机电产业都产生了重大冲击，按照市场失灵理论与规制俘获理论，进口国内的机电产品生产商就会俘获本国政府对进口的产品进行设限，受到俘获的政府会以纠正市场失灵等正当理由对进口的机电产品设置障碍，在这样的形势下，辽宁省机电产品遭遇技术性贸易壁垒的形势将会越来越严重。

二、行业协会方面的原因

（一）缺乏健全的标准体系

我国目前在机电产品质量管理上存在国家标准、地方标准、行业标准和企业标准等，这些标准相互交叉又界限不清，有的标准还相互产生矛盾，令企业无所适从，最后导致在国际上常常因为标准而受制于人。而目前辽宁省的机电产品标准总体水平还很低，与国际标准差距很大。就目前全国来看，我国的技术标准有 70%~80% 是低于国际和国外先进标准，而辽宁省在制定与采用标准方面有时还达不到全国平均水平，所以缺乏一个健全的标准体系将会使辽宁省的机电产品受制于人。另外，技术性贸易壁垒不仅与技术问题有关，而且还涉及许多非技术性问题，如政治问题、行政问题等，由于缺乏有效的信息传送渠道，加之技术性贸易壁垒本身的不透明性、灵活性、针对性，使得辽宁省许多机电企业了解国外的技术性贸易标准的难度进一步加大。对国际通用的国际标准和技术管理措施了解不全面、不深刻，这将会使得辽宁省机电产品出口遭遇更多的障碍。除此之外，一些认证机构没有取得国外的认可与授权，无法获得国际市场的承认。在这样的环境下，同样也会使得辽宁省机电产品出口遭遇技术性贸易壁垒、削弱了辽宁省机电产品在国际上的竞争力。

（二）规模经济程度不高

辽宁省机电产品规模经济程度不高，无论是对单个机电产品生产企业还是对整个机电行业来说，都没有形成对避免技术性贸易壁垒应有的能力。在这种情况下，辽宁省机电产品生产企业只能被动地接受相关国家的技术性贸易壁垒，为了达到相关国家对机电产品的要求，势必要更新设备与仪器，加强对人力、物力、财力的投入，这些相关的投入将会大大增加企业的机电产品成本，降低企业机电产品的价格优势。同时，辽宁省机电行业内部存在很多规模不大的企业，这些机电产品生产企业在整个机电行业中不断地进行恶性竞争，这更加剧了辽宁省机电产品面临国际间技术性贸易措施的风险。据统计，辽宁省机电产业集群规模并不是很大，100 亿元以上的仅有 3 个，占27%；30 亿元以下的有 5 个，占 45%，这与辽宁省机电产业集群的发展要求相比还有很大差距，显然辽宁省还没有形成强有力的产业集团来共同行使国际市场势力和应对国际贸易摩擦，这使得本来在国际市场上竞争力就不强的机电产品处于更加不利的地位。

三、企业方面的原因

（一）企业信息闭塞

目前，辽宁省很多机电产品出口企业尤其是中小企业对国外的技术性贸易壁垒的了解不够，由于不了解国外信息，不了解机电产品市场的游戏规则，对机电产品方面的信息不灵尤其是相关国家规定的标准等方面，不了解相关的技术法规与技术标准的变化对企业本身有多大的影响。机电产品出口企业作为市场主体，应该充分利用政府发布的预警信息，应该充分利用市场资源促进其发展，多关注自己企业出口的目标市场的动态，充分利用市场资源促进机电产品出口。而目前辽宁省机电企业往往忽视信息这一重要资源，所以造成了重大损失。在遭遇国外技术性贸易壁垒限制时，不能够从容面对，处于比较被动的局面。

（二）环保意识及技术普遍落后

辽宁省多年来粗放式的经济发展模式使得多数机电生产企业过多的注重产能、销量，而对产品性能尤其是环保方面如排放、电磁污染、可回收等性能疏于关注，环保的意识尚未扎根于企业的生产指导思想中。自进入 21 世纪以来，放眼世界，绿色产品已成为市场消费主潮流，也是当今世界机电产品发展的方向与趋势，辽宁省机电企业要冲破绿色壁垒，在国际市场占据重要的地位，只能顺应这股绿色潮流。

为了全球社会的持续发展，必须充分认识到，低环保标准国家的资源会加速退化，环境污染加剧，并最终导致竞争力的进一步下降。只有高环境标准，国家才会从善待环境的技术和产品中获利，从而在环境保护产业领域占据优势地位，在国际贸易中更具竞争力。随着全球环保热潮的不断升温和能源供求日趋紧张，绿色机电产品席卷全球，欧盟、美国和日本相继制定绿色法令，推行绿色环保产品。目前辽宁省机电出口企业的环保意识比较落后，很多企业并没有环保的概念，对于目标出口市场公布的绿色技术标准、包装标签制度不闻不问，等到产品进入出口国才意识到自己的产品不符合进口国标准。

目前，辽宁省很多机电产品出口企业在技术上并不达标，它们仍然关注数量的增加，很少提升机电产品的技术，结果导致很多的机电产品因为企业本身的技术不达标而被阻挡于发达国家的门外。而且环保技术是具有战略意义的技术，环保产业具有较强的关联效应，在自我发展的同时能够带动、引致许多前向、后向相关产业的发展，极具潜力。因此辽宁省机电产品出口企业要适应时代的潮流，增强环保意识，关注目标出口市场的动态，扎实提高企业在生产机电产品方面的技术。缺乏环保意识、技术方面不注重提高，最终只能受到发达国家技术性贸易壁垒的危害。

第三节　国际环境层面的原因

一、国际技术标准日益严格

目前，国际技术标准日益严格，机电产品技术标准不仅会变化、发展，而且还会与知识产权等混合在一起，使得辽宁省机电产品出口的难度进一步加大。辽宁省出口的机电产品中，具有自主知识产权的机电产品较少，许多机电产品尤其是高技术产业产品生产的关键技术或零部件依赖进口，很多机电企业生产从事的只是一些劳动密集型的机电加工组装工作，核心产品出口很少，出口机电产品结构相对集中、涉及产业供应链的价值环节相对低下。由于高新技术领域内制定技术标准时没有现有的公共技术可以采用、高新技术的发明者和改进者都有着极强的知识产权保护意识，随着知识产权在高新技术领域的作用越来越大，高新技术领域中的技术标准也包含了大量的知识产权技术，个别机电产品标准甚至完全被知识产权所覆盖。

技术标准形成的技术性贸易壁垒对机电产品出口构成很大威胁，而如果将知识产权尤其是专利技术结合到技术标准之中，对于辽宁省的出口机电产品来说影响力更大。而且在机电产品高技术领域，如果知识产权人有足够的机电产品生产的垄断能力，大多数机电产品不希望把自己的核心技术变为国际标准与法定标准，而是通过占领机电产品市场后形成"事实标准"来实现机电产品技术的最大收益。这时，事实标准中的知识产权就会成为机电产品企业的垄断权，而且还受到知识产权等法律的保护。辽宁省的机电产品出口企业要想进入该国机电产品市场，只有两条路径可以选择：一方面，要么支付昂贵的知识产权使用费，在这种情况下，出口机电产品的成本就会增加，在该国市场上就不具有竞争优势。另一方面，辽宁省机电产品出口企业可以选择退出该国市场。这两种做法都是知识产权人想要的结果。但是这些不断发展变化的机电产品技术标准与技术法规将严重限制辽宁省机电产品的出口。

二、欧盟地区债务危机

"欧债危机"爆发后，在世界范围内的影响不断扩大，中国作为欧盟重要的贸易合作伙伴，所受的影响更加深远。一方面，"欧债危机"爆发后欧元对人民币的汇率大幅下跌，欧元对人民币的汇率从 2009 年 11 月 26 日的 10.347 下跌到 2012 年 3 月 30 日的 8.361。欧元的贬值使得我国商品在中欧贸易中的竞争力下降，直接导致了中国出口的降低，给中国的出口商造成了巨大的成本压力，尤其是汇兑成本陡然高出很多，所以辽宁省的机电产品出口成本同样也会高出很多。另一方面，欧盟深陷债务危机的国家为寻找出路，必然要采取紧缩性的财政政策来削减开支，导致这些国家纷纷保护国内市场，使用更加严厉的贸易措施来限制国外的产品进入本国市场。

尽管我国国内经济目前正在转型升级，但是"欧债危机"恶化的速度快于中国从外需转向内需的速度，所产生的问题在短时间内难以避免。"欧债危机"恶化导致的欧洲内需不足对辽宁省经济产生的影响不容忽视，辽宁省机电产品对外出口在未来一段时间内可能会面临很大压力，从辽宁省统计公报的统计数据得知，目前辽宁省 2011 年机电产品出口欧盟为 23.32 亿美元，2010 年为 19.5 亿美元，但是出口率呈现下降趋势，已经从 2010 年的 10.41% 下降为 2011 年的 10.34%，从目前"欧债危机"的影响来看，2012 年的机电产品出口形势将非常严峻，危机致使市场的消费信心不足，很多企业看不清后市，国外买家不敢下单，国内商家也不敢接单，所以辽宁省机电产品出口面临更加严峻的形势。

三、针对我国机电产品的贸易摩擦增多

近些年，世界各国都致力于保护本国的经济贸易良好发展，针对中国的贸易摩擦越来越多。据统计，截至 2009 年 11 月 30 日，共有 19 个国家或地区对我国发起贸易救济调查，从 2002 年以来首次遭受贸易救济调查超过 100 起，涉案总额约有 116.8 亿美元。自 1995 年开始，中国一直都是遭受反倾销调查数量最多的国家，随着中国越来越多地参与世界贸易分工，将面临更多的贸易冲突和矛盾。针对中国的贸易摩擦将日益增多，由传统的关税、非关税壁垒发展到技术性贸易壁垒，许多国家现在都是"双管齐下"，甚至是"三管齐下"，这样势必影响到我国的出口行业，辽宁省作为机电产品重要的出口省份，当然也不能幸免。

2011 年我国共遭遇来自 19 个国家（地区）发起的贸易救济调查案件 69 起，涉案金额约 59 亿美元，我国仍是国际贸易保护主义首要目标国。在这样的背景下，虽然 2011 年我国遭遇贸易摩擦的企业数量较 2010 年显著下降，

但是企业仍然倍感压力。我国民营企业出口的市场多元化以及出口产品种类的增多，贸易摩擦对象不再仅仅是发达国家，东南亚、拉美地区等发展中国家也对我国开始了立案调查，涉案产品由传统机电产品扩展至高新技术产品。所以在这样的大环境下，辽宁省机电产品出口也特别容易遭遇到技术性贸易壁垒在内的贸易摩擦，辽宁省机电产品出口的形势将会非常严峻。

四、人民币升值

自汇率改革以来，人民币对美元的汇率从 2005 年 7 月 21 日的 8.11，到 2012 年 7 月 19 日的 6.3126，人民币升值幅度约为 28.5%。汇改这 7 年来，我国国际收支状况得到了一定程度的改善，外汇占款逐步变少，外汇产品逐渐丰富，交易量逐步放大。但是，人民币的升值对我国辽宁省机电产品出口企业产生冲击，减弱辽宁省出口机电产品的国际竞争实力，对辽宁省机电出口企业的发展不利，增加了辽宁省出口机电产品的汇率价格，降低了辽宁省机电产品的出口。

据中国机电商会认为，人民币升值将对三类企业产生较大影响。首先是大型成套设备企业，按照中国机电商会估计，假如机电企业在手合同约为 1500 亿美元，如人民币对美元升值 3%，静态计算的话，整个行业将减收 300 亿元人民币。其次是家电、电工、一般机械等优势产业，由于辽宁省中小企业多，竞争过度，出口利润率本来就低，如人民币现在升值，多数企业将难以承受。对于造船、汽车、钢铁、手机等弱势产业来说，对升值的承受力更加有限。另外，对于辽宁省的家电行业来说，机电商会静态测算的结果显示，假如人民币升值 3%，整个行业的利润就将减少 300 亿美元，目前，行业平均净利润也就在 3%~5%。所以在这样的形势下，辽宁省机电产品的出口利润空间将被挤压，人民币升值将使得辽宁省机电产品出口蒙上一层阴影。

第四节　消费者方面的原因

根据前面介绍的需求差异理论，我们得知需求差异理论认为消费者的需求差异导致了发达国家与发展中国家之间存在着隐蔽的贸易障碍。目前伴随着经济技术的发展，发达国家的消费者的消费意识和消费层次发生了显著的变化。美国、欧盟、日本等发达国家消费者不再仅仅满足于温饱层次的消费，而更注重于绿色产品等更高层次的消费，对产品的质量、环保、卫生、包装等方面的指标提出了过高的要求，甚至很多消费者表示愿意多付10%的价格购买绿色产品。这种消费意识和消费层次的提高促进了技术性贸易壁垒的发展。为了保护环境和消费者健康，各国纷纷制定技术法规标准、合格评定程序来规范产品市场，但由于辽宁省机电行业的技术标准尚不发达，行业标准不健全等多种原因，面对消费者日趋严格的消费意识时，无法满足消费者对于机电产品的更高要求，致使辽宁省的机电产品屡屡遭到技术性贸易壁垒，辽宁省机电产品在出口国市场中的份额下降。

产品的品质直接影响消费者的利益，随着消费者自我保护意识的增强，要求制定相应技术标准的呼声越来越强烈。目前，世界上许多国家对外国产品进入本国市场都进行严格的质量把关。例如，美国规定对进入该国市场的电气用品必须通过 UL 标志检验。虽然美国政府对 UL 标志并没有实行强制性认证，也没有建立机电产品的统一安全标准，但是由于美国国内消费者对具有 UL 标志的产品认可度较高，所以带 UL 标志的产品就容易受到国内消费者的青睐。如果机电产品在进入美国市场之前被检出不安全，或者产品在销入美国市场后出现安全问题造成事故，美国就会以产品的安全标准达不到 UL 所规定的安全标准为理由，加强对进口产品的惩罚。因此，UL 标准虽然表面上不是美国强制性的规定，但是实际上美国就按照强制性标准来执行。[1] 所以说由于发达国家消

---

[1]　王轶南. 国外技术壁垒对我国出口的影响及对策研究. 黑龙江对外经贸，2004（5）.

费者进入较高的需求层次，将对辽宁省的机电产品要求越来越高，这些高要求、高标准也是限制辽宁省机电产品出口的一个重要原因。

第五节　法律方面的原因

通过前面的分析可以得知，国际法律与法规对技术性贸易壁垒进行了限制，但是总是有例外的情形出现，例外的情形给机电产品技术性贸易壁垒的设置大开方便之门。虽然第 8 次"乌拉圭回合"谈判成功地签署了一揽子协议，进一步强化和完善了非关税壁垒的约束机制，对补贴和反补贴、反倾销、原产地规则、海关估价、保障条款、装运前检验、进口许可证、技术性贸易壁垒等非关税壁垒规定了较以前更为完善、更有约束力的运行规则，使各缔约方有章可循。但是这些协议中的例外规定也导致了机电产品技术性贸易壁垒的产生。

例如，《贸易技术性贸易壁垒协议》的宗旨是规范各成员实施技术性贸易法规与措施的行为，指导成员制定、采用和实施合理的技术性贸易措施，鼓励采用国际标准和合格评定程序，保证包括包装、标记和标签在内的各项技术法规、标准和是否符合技术法规和标准的评定程序不会对国际贸易造成不必要的障碍，减少和消除贸易中的技术性贸易壁垒。但也允许各参加国为提高产品质量、保护人类健康和安全、保护动植物生命和安全、保护环境或防止欺骗行为等，可以提出一些例外规定。在其他一些国际法律以及法规中也存在着一些类似的例外规定，这些例外规定给机电产品技术性贸易壁垒的设置提供了正当的理由，也使得发达国家往往打着维护人类健康和安全、维护动植物生命和安全以及环境保护等旗号，制定出严格、繁多、苛刻的机电产品技术法规和标准等，名正言顺地达到既有利于扩大本国机电产品出口，又有利于限制别国机电产品进口的双重目的。所以说，这些国际法规模糊的条款与规定给了相关国家设置技术性贸易壁垒的正当理由，同样也会严重阻碍辽宁省机电产品的出口。

第六章 技术性贸易壁垒对辽宁省机电产品出口的影响

随着辽宁省机电产品对外贸易的迅速发展，据前面分析可知，从2000年的40.2亿美元增长到2011年的225.5亿美元，可是机电产品出口遭遇越来越多的技术性贸易壁垒，每年造成巨大的损失。技术性贸易壁垒对辽宁省出口的影响不仅取代了配额、关税等传统贸易壁垒方式，而且超过了反倾销的影响。在所有出口产品中，机电产品是遭遇国外技术性贸易壁垒最严重的产品，因为机电产品是辽宁省第一大类出口产品，2011年机电产品出口占辽宁省总出口的比重达到44.18%，所以有必要分析技术性贸易壁垒对辽宁省机电产品出口的影响。

据前面的分析可知，目前对辽宁省机电产品出口影响较大的技术性贸易壁垒的种类有标准壁垒、知识产权壁垒以及绿色壁垒。本章主要研究标准壁垒、知识产权壁垒与绿色壁垒对辽宁省机电产品出口的影响，但是技术性贸易壁垒的这几种形式对辽宁省机电产品出口影响是多方面的，不仅有消极方面的影响，也有积极方面的影响。本章分别研究标准壁垒、知识产权壁垒以及绿色壁垒对辽宁省机电产品出口的积极影响与消极影响。

第一节 标准壁垒对辽宁省机电产品出口的影响

在世界范围内，标准壁垒有增多的趋势。1974年美国关税委员会发表的贸易报告中指出，标准和根据标准制定的政府条例及其他非政府条例的应用占非关税壁垒的 11% 左右。也就是说，在 20 世纪 70 年代，标准壁垒在非关税壁垒中占 10%～30%，① 说明标准壁垒占的份额逐渐增多。其中以能耗标准为例，目前各国对能耗标准要求日益严格，欧盟 EUP 指令密集出台，实施 EUP 指令的急迫性和强制性凸显。EUP 指令所涵盖的产品范围非常广泛，原则上包括所有在市场流通的耗能产品，生成、转换及计量这些耗能的产品（不包括运输工具），以及作为耗能产品的包装物并且作为独立部分直接销售给最终消费者的产品。EUP 指令首次将生命周期理念引入产品设计环节。EUP 指令包括产品连续性的阶段，涵盖原料使用至最终处置阶段整个生命周期阶段。EUP 指令对耗能产品提出更加苛刻、全面的环保要求，来减少对环境的消极作用，这是之前的环保法令所没有覆盖到的。其影响的广度与深度甚至超越了 WEEE 和 ROHS 指令。对于辽宁省机电产品出口企业来说，由于出口耗能产品技术含量不高，可以说以欧盟 EUP 指令为代表的标准壁垒对辽宁省机电产品出口将产生一定的影响。

一、标准壁垒对辽宁省机电产品出口的积极影响

（一）促进辽宁省私营企业机电产品数量出口额增加

长期以来，外商投资企业作为辽宁省机电产品出口的主力军。辽宁省私营企业由于技术水平问题，出口的机电产品数量始终较少，很大一部分原因是世界范围内标准壁垒的数量增多。标准壁垒的增加一方面阻碍了辽宁省私营企业机电产品的出口，由于私营企业人力、物力、财力有限，很难突破国外众多的标准壁垒；另一方面给了辽宁省私营企业参考国际标准的机会，由于标准一旦公布出来就成了公共物品，辽宁省私营企业可以参照国际标准，组织自己的企业进行积极研究，针对性的提高自己的技术，从而在生产等各个环节按照国外标准要求进行生产，进而突破国外技术性贸易壁垒是顺理成章的事情。

---

① 陈志田，叶柏林. 贸易技术壁垒与商品进出口. 北京：中国计量出版社，2002：1－10.

表6.1 辽宁省各类企业机电产品出口额

单位：亿美元

企业性质	2002年	2004年	2006年	2008年	2009年	2010年	2011年
国有企业	7.63	10.35	18.31	31.60	20.89	40.50	53.76
外资企业	39.25	56.30	69.33	102.40	88.95	118.30	134.79
集体企业	0.61	1.19	2.40	6.80	4.08	5.39	3.50
私营企业	0.51	2.84	8.92	23.10	20.89	26.74	33.45

资料来源：辽宁省机电产品进出口工作网及沈阳海关。

从表6.1可以看出，私营企业出口随着EUP指令从2005年8月开始生效以来，辽宁省私营企业出口机电产品数量一直在增长，虽然受到2008年金融危机和欧盟EUP指令密集出台、美国出台5项新节能标准的影响，2009年辽宁省私营企业出口的机电产品降幅仍然很小，达到9.56%，2010年与2011年私营企业机电产品额分别达到26.74亿美元、33.45亿美元，所占比重分别为14.01%、14.83%。以上数据说明私营企业出口已经成为推动辽宁省出口快速增长的重要推动力，所以说标准壁垒总体还是有利于辽宁省私营企业出口机电产品。

（二）提高机电产品质量与机电企业技术水平

根据动态作用机理，从长期来看，技术性贸易壁垒会提高出口国的创新速度、技术水平，导致产品出口进一步增加。从积极的意义上说，发达国家标准壁垒有助于辽宁省外贸企业提高机电产品的技术标准，采用新技术、新工艺，以降低能耗与原料消耗，从而提高社会效益和经济效益，提高产品的质量和档次，从而提升了产品的市场份额与出口数量。机电行业在应对以欧盟EUP指令为代表的标准壁垒时，要从设计时就应该努力的使产品符合能源、环保、自然资源等要求，把环保、节能的思想落实到每一个环节，要达到这样的结果就需要企业、政府、行业协会的共同努力，虽然在短期内很难达到这样的要求，但是从长远角度看，强调环保与节能标准将是以后机电产品发展的必然趋势，所以将环保与节能标准因素融入产品设计，对增强企业环保和节能意识、带动资源生产率的提高、加速提升出口企业的技术水平，将起到积极有效的作用。

（三）促进辽宁省完善企业的标准体系

长期以来，辽宁省在机电生产上较多追求机电产品数量增长，对机电产品质量问题重视不够，机电产品标准体系不健全、现有的机电产品标准与国际标准不接轨，使得辽宁省机电产品质量不但不符合国外的严格的机电产品标准，而且与国外一些企业相比还存在很大差距。同时由于辽宁省检测技术及监督力量薄弱，使得机电产品质量问题在进入国际市场之前并没有暴露出来，进入国际市场之后国外技术性贸易壁垒的实施在一定程度上使得辽宁省机电产品质量问题得以暴露，尤其是机电产品标准不符合发达国家要求的标准。这就迫使辽宁省机电出口行业对现有机电产品生产标准进行反思，对现有的生产体系、管理体系进行反思，机电出口企业为了生存发展，适应国际市场的新要求，为了跨越国外的技术性贸易壁垒，采取积极有效的措施，提高产品的技术标准，采用国际标准和取得国际认证，完善现有的标准体系并做到实时更新，保持与国际标准同步。企业需要以国际标准为参照，提高技术水平，采用新技术、新工艺，以降低能耗与原料消耗，提高产品的质量和档次，调整和优化企业出口机电产品结构等，不断提高企业机电产品出口的竞争力。

（四）迫使企业提高消费者意识

由于辽宁省的机电产品很长一段时间以来只追求数量的增长，忽视了质量的提高与消费者意识的增强。为了进入美国、欧盟、日本等西方发达国家市场，就必须面对上述国家的标准壁垒，标准壁垒有助于辽宁省机电产品出口企业提高产品的技术标准，促进机电产品出口企业采用新技术、新工艺，以降低能源和原材料消耗，从而提高经济效益，增加机电产品的附加值。同时，国外许多技术性贸易壁垒是为了保护消费者安全与健康而设定的，如机电产品的安全标志、电子产品的 ROHS 检测、WEEE 指令对包装的要求等，这些规定对提高我国出口企业的消费者意识具有重要的促进作用。企业在生产机电产品时，应把消费者的安全与健康放在第一位，任何对消费者有伤害的产品，不管这种伤害是明显的还是潜在的都不能让它进入市场。

二、标准壁垒对辽宁省机电产品出口的消极影响

（一）导致辽宁省机电产品出口增长率减少

根据数量控制机制作用机理，通常，进口国会对进入本国的产品规定各种各样的技术性要求，不论这些技术性要求是否合理，产品要进入进口国就必须满足这些技术性要求才能获准进入该国市场，导致进入该国的产品数量越来越少，这就产生明显的数量控制机制。新的标准壁垒作为新的技术性贸易壁垒之一，将会严重阻碍辽宁省机电产品的出口。从 2007 年 8 月 11 日起，以欧盟 EUP 指令为代表的标准壁垒正式转化为欧盟成员国的法规，此次 EUP 涵盖范围之广，要求之高，可谓史无前例，将严重影响辽宁省电子电气产业及相关产业发展和产品出口。

表6.2 辽宁省机电产品出口各国市场份额比例

单位:%

出口市场	2002 年	2004 年	2006 年	2007 年	2008 年	2010 年	2011 年
中国香港	7.25	9.72	7.92	7.63	9.87	13.02	16.76
日本	35.10	26.93	26.85	25.03	24.80	25.61	22.33
新加坡	3.10	2.88	8.70	11.96	12.12	9.87	8.94
欧盟	16.19	17.25	14.92	12.84	13.12	10.41	10.34
美国	19.54	19.36	15.65	13.22	11.31	10.03	12.84

资料来源：辽宁省机电产品进出口工作网与沈阳海关。

欧盟 EUP 指令生效后，对辽宁省机电产业未来产生的冲击将比 WEEE 和 ROHS 更为严重，原因就是相比 WEEE 和 ROHS 指令，EUP 指令涵盖了所有用电的产品，且涉及从设计、制造到使用、维护、回收和后期处理一整条产业链。按照 EUP 指令的要求，设计人员在设计新产品时就要考虑整个产品生命周期对能源、环境、自然资源的影响程度，只有完全符合欧盟的要求的机

电产品才能进入欧盟市场，这对于辽宁省机电企业来说确实是个新的挑战。辽宁省企业通常把主要的注意力放在产品的节能上，但是却忽视了生产过程中的能耗问题，以欧盟 EUP 指令为代表的标准壁垒将对辽宁省机电产品出口产生严重影响。从表 6.2 可以看出，受此影响，辽宁省机电产品出口欧盟的增长率自 2007 年欧盟 EUP 指令生效后，大幅下降，2006 年辽宁省机电产品出口欧盟的贸易额占总机电产品出口贸易额的比重为 14.92%，2007 年降为 12.84%，其中 2008~2011 年出口欧盟的机电产品贸易额都达不到 2006 年的比例，2011 年达到 10.34%，并且出现下降趋势。说明以欧盟 EUP 指令为代表的标准壁垒严重影响了辽宁省机电产品出口欧盟的增长率。

（二）增加了企业出口的成本

根据价格控制机制作用机理，价格控制机制是指由于利益驱动，出口方必然努力设法跨越进口国的技术性贸易壁垒，进入进口国市场。但是出口国产品要想进入进口国市场，就必须按照进口国规定的技术要求进行生产与检验，从而增加了出口产品的成本。另外，许多产品在进入进口国市场前还必须经过一定的合格评定程序，出口方必须为此支付检验费用和其他费用，从而使得出口产品的成本进一步增加。由于新的标准壁垒 EUP 指令要求产品附有 CE（欧洲统一）认证标志，许多国内机电企业先前都做过 CE 认证，在 EUP 指令生效前就已完成 CE 认证的企业也不可能一劳永逸，但是 EUP 指令生效后，CE 认证就引入生态设计等要求，因此，企业获得新的 CE 认证成本会更高。为了应对欧盟新的标准壁垒，辽宁省企业成立了一个 EUP 指令应对小组，目前主要在设计等方面研究应对措施，努力实现节能环保的生态设计，这也必然会增加出口企业的成本。综上所述，EUP 指令一定会增加产品的生产成本。

据统计，辽宁省多种电子电气产品的平均待机功耗高达 15~30W，与 EUP 实施法规的要求差距很大。据测算，每台产品达到第一阶段的 1~2W 待机功耗，企业需增加约 5 元的成本；达到第二阶段的 0.5~1W 待机功耗，需增加约 10 元的成本；以辽宁省每年出口第 1275/2008 号欧盟委员会法规所涉及的 4 类产品 0.5 亿台计算，第一阶段需要增加 2.5 亿元的成本，而第二阶段需要增加 5 亿元的成本，其数目是相当可观的。特别是对于小型机电产品，其成本价也不过 100~200 元，为了达到该法规的标准而增加的成本对于企业极其微薄的利润冲击较大。

（三）构成市场准入的障碍

根据数量控制机制作用机理，通常，进口国会对进口商品提出各种各样的技术性要求，不管要求是否合理，进口商品只有符合这些技术性要求才能获准进入该国市场，因此这种技术性要求就构成了市场准入的障碍。日本、欧盟、美国是辽宁省机电产品的主要贸易伙伴，与此同时，这三个出口市场也是近期制定和修订标准壁垒措施最多的国家。这些国家进一步强化进口商品的技术要求和管理，在噪声污染、排污量限制、电磁污染、可回收性以及节能性等方面，这些国家先后制定了严格的技术标准和法规，[①] 这将对辽宁省机电产品出口造成严重阻碍，使得不符合进口国技术标准要求的产品不能出口到进口国市场，这些技术标准与法规也越来越成为保护本国市场的主要手段和工具。由于辽宁省出口的许多机电产品目前仍然达不到以上标准，所以这些新的标准壁垒措施在很大程度上将影响到辽宁省机电产品的出口。另外，辽宁省部分民营企业由于资金、技术的限制，在短期内不能形成良好的对策应对标准壁垒，只能消极应对，导致进入发达国家市场的难度越来越大，所以说标准壁垒构成了辽宁省机电产品出口的严重市场准入障碍。

（四）导致贸易纠纷不断

随着辽宁省机电产品出口贸易的发展，对发达国家例如美国、欧盟、日本等出口的机电产品越来越多，导致这些国家的国内机电产品市场受到冲击，越来越多的国家以此为借口对辽宁省机电产品出口贸易发难。发达国家在国际贸易中一直呼吁贸易自由化，而对于本国一些容易受到国外产品冲击的产业，又往往以保护国内消费者生命健康的名义制定苛刻的技术法规和技术标

---

① 张海东. 强化应对技术性贸易壁垒的政府管理. 商业时代，2006（5）.

准实行贸易保护主义。这些技术法规、标准都是以发达国家所能达到的技术水平制定的，由于发展中国家技术相对落后，很难达到其要求，结果形成了不合理的技术性贸易壁垒。名目繁多的技术性贸易壁垒措施往往以保护消费者生命安全和人民健康而制定的，其表面理由是正当的，但其真正的目的多数是为了保护国内相关产业免受国外进口商品的冲击，使本来有利于国际贸易健康发展的技术标准变成了阻碍国际贸易顺利进行的手段，成为引发国际贸易纠纷的重要根源。近几年，随着辽宁省出口贸易的迅速发展，机电产品出口额逐年增长，从 2000 年的 40.2 亿美元到 2011 年的 225.5 亿美元，按照目前的趋势来看，在接下来的一段时间内辽宁省机电产品出口还将保持快速增长的势头，国外严格的机电产品标准壁垒将导致更多的贸易纠纷。

第二节　知识产权壁垒对辽宁省
机电产品出口的影响

随着辽宁省机电产品出口国外逐渐增多，知识产权保护对辽宁省机电产品这一全球化进程设置了一层大的障碍，来自西方发达国家的知识产权压力已经对辽宁省自由贸易构筑了一道很高的门槛。知识产权大国通过保护本国的知识产权来打压辽宁省企业及其产品，从大量有关例子中得到的直观印象是，知识产权壁垒能够产生市场扭曲，影响出口国生产者进入市场的能力，增加了出口商成本，但是也能够刺激企业加大研发投入。最近美国涉华机电产品的 337 调查逐年增多，绝大多数集中于电子产品，从 2005 年到 2009 年 5 年，美国涉及中国的 337 调查案件分别为 8 起、13 起、18 起、13 起、16 起，其中机电领域的案件分别为 6 起、9 起、10 起、8 起、11 起。所以说按照这样的形势，知识产权壁垒对于辽宁省未来的机电产品出口尤其是电子产品出口将产生一定的影响。

一、知识产权壁垒对辽宁省机电产品出口的积极影响

（一）促使辽宁省企业增加研发投入

根据动态作用机理，从长期来看，技术性贸易壁垒会提高出口国的创新速度、技术水平。知识产权壁垒是一把双刃剑，虽然在短期内能导致辽宁省机电产品出口的减少，但是长期来说，知识产权壁垒更多的表现在技术层次方面，企业跨越知识产权壁垒也是辽宁省企业提升技术水平的过程。随着国家改革开放的深入，我国加入了 WTO 以后，辽宁省机电产品出口也呈现大幅增长，同时辽宁省机电产品遭遇知识产权壁垒也日益增多，在此背景下，辽宁省政府与企业并没有放弃出口国市场，反而导致辽宁省许多企业加大了对科研的投入。

表 6.3 辽宁省 2001~2010 年研发（R&D）经费支出情况

单位：亿元

年份	2002	2003	2004	2005	2006
R&D 经费支出	58.4	82.7	99.0	127.2	150.0
年份	2007	2008	2009	2010	2011
R&D 经费支出	159.4	189.0	219.6	271.4	334.1

资料来源：国家统计局——辽宁省统计局统计公报。

从表 6.3 与图 6.1 可以看出，虽然知识产权壁垒能够在短期内阻碍辽宁省机电产品出口的增长，但是在长期内辽宁省的 R&D 经费支出还是一直上升的，从 2002 年的 58.4 亿元增长到 2011 年的 334.1 亿元，2011 年的 R&D 经费支出是 2002 年 R&D 经费支出的 5.72 倍。辽宁省的 R&D 经费支出的上升充分说明了辽宁省企业正逐渐意识到拥有自主知识产权的必要性，即使频繁地遭遇日本、欧盟、美国等发达国家的知识产权壁垒的打压、发达国家的跨国公司的不合理申诉，辽宁省企业也在逆境中加大研发的投入，寻找突破口，

（亿元）

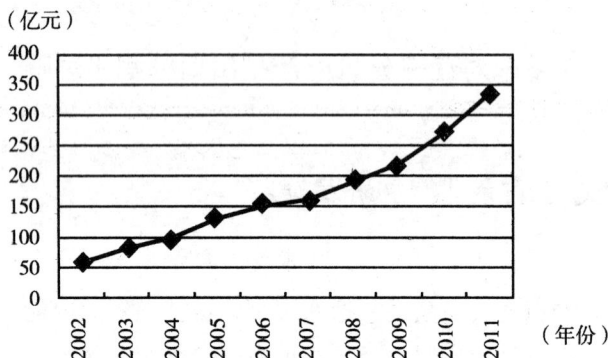

图6.1　辽宁省2001～2011年 R&D 经费支出情况

为打入海外市场，获得更高的市场地位谋求出路，促进辽宁省机电产品出口的增长，所以知识产权壁垒也能带来研发投入的增加。

（二）知识产权壁垒有利于辽宁省企业参与全球化竞争

当今世界，贸易作为全球化发展最快的领域之一，而机电产业代表一个国家、一个民族的创新能力，因此知识产权壁垒也存在其合理性，辽宁省企业由于技术水平有限，核心竞争力不强，短期不能改变国际规则，那么辽宁省机电出口企业只有正确的面对它。虽然辽宁省机电企业在短期内会受到日本、欧盟、美国等发达国家严重的桎梏。但是从长期来看，我们只有适应国际目前的游戏规则，找到辽宁省企业自身存在的不足并加以改善，根据自己的力量，组织相应的研发投入，把研发投入更多的应用在如何突破技术性贸易壁垒上，这样才能提高辽宁省突破技术性贸易壁垒的能力，才能增强辽宁省机电产业的竞争力，使得更多的企业能参与到国际规则制定中，最终实现辽宁省企业参与全球化竞争。

（三）有利于促进辽宁省机电产品生产经营企业的技术创新

知识产权壁垒实质上是技术壁垒，甚至是高技术壁垒。作为一种外源性的贸易限制措施，其对出口国机电产品贸易的约束具有非常强的刚性作用。与关税壁垒不同，知识产权壁垒无法仅仅通过降低成本、提高价格来打破，凡是没有达到技术要求的产品，一律不得进口。机电出口企业为了使自己的产品进入进口国市场，就必然要改进落后技术，向国际先进水平靠拢。为了跨越知识产权壁垒，辽宁省积极吸引外资，不断引进先进设备和高新技术，采用新技术、新工艺，努力提高出口商品的科技含量。2000年辽宁省机电产品出口中，主要以通信设备、金属加工机床为主，经过辽宁省一段时间的经济发展，2010年辽宁省出口的机电产品主要以电器及电子产品、运输工具和机械设备为主，出口贸易额分别为58.8亿美元、55.2亿美元和44.8亿美元，分别增长36.1%、37.2%和27%。受主要出口国家经济低迷以及"欧债危机"影响，2011年辽宁省机电产品结构尽管出现了一定的影响，但是电器及电子产品的出口额63.47亿美元仅仅稍低于运输工具的出口额69.38亿美元。通过上述数据可以说明，辽宁省机电产品结构正由传统的以机械设备为主向以电子信息等技术含量高的产品转变，辽宁省机电产品结构得到了一定的改善，在外贸规模迅速扩大的同时，我国的商品出口结构得到了很大改善。

但是目前出口的机电产品中很大一部分都是低附加值的产品，更不用说有自主知识产权，在出口中很容易侵犯别国的自主知识产权。在西方发达国家的知识产权壁垒的面前，如果辽宁省的机电出口企业能以此为借鉴，提高机电产品的技术，在核心技术上申报自主知识产权，它将有利于进一步优化辽宁省的机电出口结构，使之向拥有自主知识产权、高附加值方向发展，促进生产企业的技术创新。

二、知识产权壁垒对辽宁省机电产品出口的消极影响

由于知识产权壁垒为双刃剑，虽然可以导致辽宁省机电产品出口的增长、使得辽宁省机电出口企业增加研发投入、实现辽宁省企业参与全球化竞争，但是在短期内知识产权壁垒对辽宁省的影响还是更为深远的，知识产权壁垒对辽宁省机电产品出口的消极影响表现如下：

（一）导致辽宁省机电产品出口受阻，增长率下降

根据数量控制机制作用机理，进口国会对进口商品提出各种各样的技术性要求，不管要求是否合理，进口商品只有符合这些技术性要求才能获准进入该国市场，因此这种技术性要求就构成了市场准入的障碍。以美国"337调查"为例，出口国出口的机电产品只有符合美国"337"的要求才能进入美国市场，因此美国"337调查"也构成了市场准入的障碍。从表6.4与图6.2可以看出，美国"337调查"中涉案最多的产品就是机电产品，机电产品占了中国所有遭遇美国"337调查"的比重达到62.92%，由于辽宁省为传统的工业大省，是我国传统的老工业基地，第二产业是辽宁省的基础性产业，辽宁的产业结构以工业为主，工业又以装备制造业为主。2008年在工业增加值中，装备制造业完成增加值1894.0亿元，占规模以上工业增加值的比重为28.7%。2010年装备制造业增加值比2009年增长27%，占规模以上工业增加值的比重达到31.8%，2011年装备制造业增加值比2010年增长18.9%，占规模以上工业增加值的比重为31.8%。产业结构决定了辽宁省的出口商品结构以机电产品为主。辽宁省的机电产品集中于装备制造业，装备制造业中的仪器、仪表、数控机床、机车等产品是辽宁省主要出口商品，由于我国机电产品遭遇知识产权壁垒比较严重，那么对于以机电产品作为主要出口产品的辽宁省，肯定会受到很大的影响。受此影响，辽宁省的机电产品出口增长率出现下降的趋势，已经从2000年的41.05%下降到2011年的20.33%，其中2009年还出现负增长，为 -10.49%。从上面分析可以看出，知识产权壁垒导致了辽宁省机电产品出口受阻，辽宁省机电产品出口增长率下降。

表6.4 中国曾经遭受"337调查"的行业统计（截至2008年底）

单位：起

机电	56	轻工	12
化工	7	医保	5
五矿	3	生化	2

续表

鞋	1	皮革	1
食品	1	林产	1

资料来源：中国知识产权网。

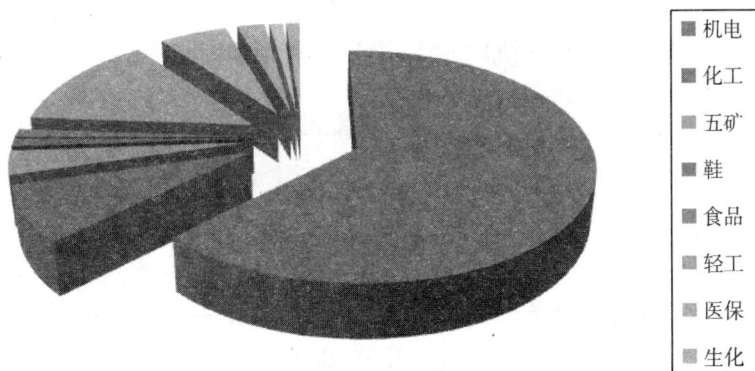

图6.2　中国遭遇美国"337调查"的行业

（二）增加出口产品的成本

根据价格控制机制作用机理，价格控制机制是指由于利益驱动，出口方必然努力设法跨越进口国的技术性贸易壁垒进入进口国市场，但是出口国产品要想进入进口国市场，就必须按照进口国规定的技术要求等措施，从而增加了出口产品的成本。由于辽宁省机电企业大多都没有自己的核心知识产权，尤其是走向国际市场时，国外机电企业巨头会合作起来对辽宁省机电产品征收花样繁多的专利费。就拿家电产品DVD来说，6C（日立、松下、三菱电机、AOL时代华纳、东芝、JVC六大DVD技术开发商形成的联盟）对来自我国的DVD生产商要求了一系列专利费标准：DVD生产商按DVD视频播放机、DVD—ROM播放器净售价的4%或每台1美元（以数额较高者为准）；DVD解码器净售价的4%或每台4美元（以数额较高者为准）；DVD光盘的专利费为每碟7.5美分。按次计算，中国DVD生产商每生产一台DVD就要向6C交纳100~200元人民币的专利费，而每张DVD光盘也被征收大约0.75

元的专利费，我国企业为缴纳专利费而被迫增加成本，[①] 而辽宁省的 DVD 产品因为出口量比较大，所以将造成更加严重的影响。众所周知，辽宁省目前在全国机电产品出口竞争力还不高，除了 DVD 以外，国外还对许多其他的机电产品征收专利使用费，辽宁省机电产品在国际上的主要竞争优势在于低成本、低价格，这些专利使用费肯定会使得辽宁省出口的机电产品成本增加。

（三）导致辽宁省机电产品出口竞争力降低

为了证明国外的知识产权贸易壁垒能够加剧辽宁省机电产品出口结构的不合理，在此本书引用贸易竞争力指数来计算辽宁省机电产品出口竞争力，贸易竞争力指数 =（出口额 – 进口额）/（出口额 + 进口额），贸易竞争力指数介于 – 1 与 1。当贸易竞争力指数为正数时，表示此类商品生产效率高于国际水平，出口竞争力增强，越接近 1 竞争力越强；反之，当贸易竞争力指数为负数时，表示此类商品生产效率低于国际水平，出口竞争力不强。

表 6.5　辽宁省机电产品贸易竞争力指数

年份	辽宁省机电产品出口额（亿美元）	辽宁省机电产品进口额（亿美元）	贸易竞争力指数
2000	40.20	36.72	0.05
2001	40.30	41.85	– 0.02
2002	48.00	46.89	0.01
2003	59.30	59.25	0.00
2004	70.60	75.20	– 0.03
2005	80.74	71.43	0.06
2006	99.00	77.81	0.12
2007	132.54	89.45	0.19
2008	160.10	132.11	0.10
2009	143.30	127.49	0.06
2010	187.40	189.02	– 0.00
2011	225.50	145.70	0.21

资料来源：笔者根据辽宁省机电产品进出口工作网与沈阳海关整理而得。

---

① 王维薇. 提高自主创新能力，跨越知识产权壁垒. 黑龙江对外经贸，2007（6）.

从表6.5可以看出，辽宁省机电产品贸易竞争力不高，2000年辽宁省机电产品出口竞争力指数为0.05，到2007年机电产品出口竞争力指数为0.19，总体上在这段期间辽宁省机电产品竞争力指数呈现上升的趋势，虽然中间也有负数出现。但是由于2008～2010年受到国际金融危机的影响，各国纷纷保护本国的市场，由于辽宁省机电产品出口主要以低成本、低价格作为竞争优势，所以难免会遭遇国际知识产权壁垒，尽管2011年辽宁省贸易竞争力指数较高，但是总体趋势还是不稳定，贸易竞争力指数呈现下降趋势。知识产权贸易壁垒导致辽宁省出口变得越来越困难，出口增长率连续降低，再加上辽宁省出口的机电产品关键技术所占比重不高，很大一部分产品依赖进口，所以知识产权贸易壁垒严重限制了辽宁省的机电产品贸易竞争力提高。

（四）造成比较优势的丧失

"比较优势"是一个国家或地区的资源禀赋优势，它可以确定不同地区或国家进行专业化分工的结构和贸易方向。其认为各国在参与国际分工时，应该优先发展本国具有比较优势的产业。而所谓"竞争优势"指体制创新、技术创新、管理创新及政府企业的其他经济活动对提高国际竞争力的影响，要求在国际竞争中，根据本国拥有的资源，来提高本国产品在国际市场上的占有率。比较优势与竞争优势还是存在着一定区别，比较优势是基础，竞争优势才是目标。一国应该利用本国的比较优势，整合与优化所拥有的各种资源，将比较优势转化为竞争优势。目前，知识产权盛行，知识产权壁垒可以弱化一国的比较优势，更不说将比较优势转化为竞争优势，所以辽宁省应该努力的跨越知识产权壁垒，否则辽宁省机电产品很难在国际市场上保持竞争优势。知识产权壁垒本质上是技术的壁垒，更是高科技壁垒。发达国家具有比较优势的产业（或产品）可以很顺利地转化为竞争优势，因为发达国家自身科技水平较高，在机电产品生产中拥有的自主知识产权也很多，很容易突破知识产权壁垒。辽宁省机电产品由于自身拥有的自主知识产权比较少，在国际市场上特别容易遭遇知识产权贸易壁垒，为此辽宁省机电企业必须支付高昂的知识产权使用费，辽宁省的比较优势产品（机电产品）在国际市场上就不再占有优势，更不能在市场上转变为竞争优势，这必将极大冲击辽宁省机电产品的生产,影响辽宁省机电产品在国际市场上的竞争力。

第三节　绿色壁垒对辽宁省
机电产品出口的影响

在机电产品方面,从 1995 年机电产品成为我国第一大出口产品时就遭遇绿色壁垒。近年来,我国机电产品的出口面临国外技术性贸易壁垒尤为严重,已经远远超出了"反补贴"、"反倾销"案件诉讼的影响,WTO 通报的 TBT 数量,这几年机电行业高居榜首不下,从表 6.6 可以看出机电产品 TBT 通报数占总的 TBT 通报数比重逐渐上升,从 2000 年的 8.58% 上升到 2011 年的 26.05%。其次是农产品与食品、化工产品。目前很多国家的技术性贸易壁垒更加关注环保等指标,美国对大多数消费品制定的《能源政策及节约法》、对电子产品制定的《控制放射性的健康与安全法》、对汽车制定的《空气净化法》和《防污染法》;欧盟 WEEK 指令和 ROHS 指令修订草案。由于辽宁省也以机电产品作为主要出口产品,辽宁省机电产品的技术含量不高,在环保方面的要求与发达国家相比还有一定的差距,所以这些"绿色壁垒"的提出将使辽宁省机电产品出口面临更为严峻的挑战。

表 6.6　中国机电产品 TBT 通报数情况

单位:起

年份	机电产品 TBT 通报数	所有产品 TBT 通报数	机电产品 TBT 通报数占总的 TBT 通报数比重（%）
2000	52	606	8.58
2001	15	533	2.81
2002	30	571	5.25
2003	172	805	21.37
2004	111	714	15.55

续表

年份	机电产品 TBT 通报数	所有产品 TBT 通报数	机电产品 TBT 通报数占总的 TBT 通报数比重（%）
2005	174	865	20.12
2006	204	993	20.54
2007	253	1212	20.87
2008	359	1533	23.42
2009	506	1890	26.77
2010	501	1853	27.04
2011	329	1263	26.05

资料来源：中国技术性贸易措施网，http：//www.tbt-sps.gov.cn。

一、绿色壁垒对辽宁省机电产品出口的积极影响

（一）绿色壁垒措施进一步促进辽宁省企业强化质量管理

根据动态作用机理，从长期来看，技术性贸易壁垒会提高出口国的创新速度、技术水平。由于国外较严重的绿色壁垒，辽宁省企业要想跨越这些绿色壁垒，就必须首先从自身做起，适应现在国际技术性贸易壁垒的发展趋势。目前辽宁省许多出口企业已充分地意识到国外绿色壁垒的严格性与严重性，在出口产品相关项目上实施动态管理，持续跟踪和研究国外有关技术标准的变化情况，及时在风险评估的基础上调整重点检测项目和重点监控项目。辽宁省企业作为质量主体，绿色壁垒措施进一步促进很多出口企业强化源头管理，努力增强自律意识，不断提高自检自控能力，借此提高产品质量安全。所以说，绿色壁垒可以提高辽宁省企业加强质量管理。

（二）绿色壁垒促进企业加快国际标准化认证

发展中国家的企业要参与到国际市场的竞争，有必要实施 ISO14000 管理等国际标准化认证，缩小国内企业环境标准与发达国家所要求的环境标准与环境法规的差距。辽宁省出口产品易遭遇国外的绿色壁垒，其中一个主要原

因是出口产品在安全和质量、环境等方面的确存在某些问题，根据需求差异理论得知，辽宁省机电产品由于安全与质量存在问题，无法符合贸易伙伴国规定的新标准与技术的要求，容易在发达国家市场产生"逆向选择"，被阻挡在贸易伙伴国市场之外。受此影响，辽宁省很多机电产品出口企业在遭遇此种"逆向选择"以后，许多企业开始变被动为主动，竭力按照国际标准来生产经营，进一步加快了 ISO9000、ISO14000 和 SA8000 等国际标准化的认证。[①] 辽宁省企业通过采取国际标准，积极参与国际标准化认证，也是提高辽宁省技术水平的一条途径。总之，绿色壁垒有助于企业加快国际标准化认证。

（三）有利于辽宁省机电产品出口企业环保意识的提高，促进绿色生产

2003 年 2 月，欧盟议会以及理事会通过了两项新的环保指令：《关于报废电气电子设备指令》（WEEE）和《关于在电气电子设备中禁止使用某些有害物质指令》（ROHS）。两个指令的主要内容主要围绕"电子垃圾"的回收以及循环再利用、防止部分有害物质对人体健康造成危害等问题作出详细规定与严格的限制。WEEE 指令要求，自 2005 年 8 月 13 日起，欧盟市场上流通的电气电子设备生产商（包括其进口商和经销商）必须在法律意义上承担支付自己报废产品回收费用的责任。对 2005 年 8 月 13 日前投放市场上所产生的电子电器废弃物（被称为"历史垃圾"）的管理费用，将由市场上所有的生产者按其产品所占的市场份额的比例承担。ROHS 指令的主要内容是，2006 年 7 月 1 日以后投放欧盟市场的电气电子产品不得含有铅、汞、镉、六价铬、多溴联苯和多溴联苯醚六种有害物质。发达国家绿色技术壁垒的设置使得辽宁省机电产品出口企业意识到，要想进入发达国家市场，辽宁省的环保标准必须要与国际惯例接轨，顺应世界发展潮流；发达国家针对进口机电产品设置的相关环境法规和措施与我国实施的可持续发展战略是相符合的。

---

① 刘钊. 新技术性贸易壁垒对辽宁出口贸易的影响及其应对策略. 对外经贸事务，2011（6）.

面对国外的绿色贸易壁垒，辽宁省机电产品出口企业必须要按照可持续发展战略的要求进行生产，提高环保意识，加强绿色生产，这也将有利于辽宁省出口机电产品结构的改善，产品附加值和技术含量的提高。

（四）有利于调整出口的机电产品结构

绿色贸易壁垒一定程度上是顺应消费者的绿色消费观念设置的，进入20世纪90年代，环境危机的出现引出了一种新的价值观——注重生活质量、营造绿色文明、超越狭隘的人类中心论，而价值观的变化又带来了消费观的变化，使得绿色产品备受消费者的青睐，绿色产品和与之相关的产品贸易快速增长，在贸易中所占比重逐渐增强。同时一些危害环境的产品需求受到限制，甚至被淘汰。因此，随着绿色消费运动的开展和深化，国际贸易商品结构必将影响出口的机电产品的结构。由于辽宁省目前出口的机电产品中，在环保方面的指标很大一部分不符合国外的要求，导致许多机电产品被阻挡于发达国家的市场之外。绿色贸易壁垒比如目前被越来越多的发达国家所推崇的碳标签制度，一方面将导致一些技术水平相对较低的企业由于生产的商品含有更多的碳排放量，在出口目标市场上不具有竞争优势，容易被赶出发达国家的市场。另一方面，辽宁省许多机电产品出口企业为了适应国际发展的形势，纷纷调整出口机电产品的结构，出口具有"碳标签"的绿色产品，使得不污染或有利于环保的绿色机电产品的出口比重日益增大，有助于提高机电产品的附加值，加快产品更新换代，使辽宁省机电产品结构向更高层次的绿色机电产品发展。

（五）绿色壁垒会促使企业注重环境保护

随着工业快速发展和世界经济的高速增长，资源和环境的破坏和污染变得日益突出，这直接影响到人类的生存和发展，引起了国际社会的广泛关注。人们的思维方式、消费行为和价值观念都发生了变化，注重生活质量、营造绿色文明的新价值观念产生，对不污染环境、人体健康无害的绿色产品的需求日益增长。发达国家消费者绿色价值观的形成，对绿色产品的需求偏好，也为发达国家绿色贸易壁垒的形成提供了条件和机遇。由于绿色壁垒自身的特点，很大程度上将促进辽宁省环保法规的完善和实施，在环境产业不断向高层次发展时，企业会提高环保投入自觉性和强化全社会环保意识。21世纪，绿色产品将成为国际贸易的主导产品，这将是国际贸易竞争的新热点。在这种压力下，企业被贯穿绿色生产的理念，生产资料采用绿色能源，进行绿色生产，倡导绿色消费，提供绿色服务。企业开发的新技术必须是环保的，在销售和提供服务中传播绿色教育，帮助人们形成新的消费观念，使整个的社会经济活动从根本上与环境相适应。总之，在绿色壁垒面前，辽宁省的机电产品出口活动的方方面面是必须与环境保护相联系，这也会导致辽宁省机电产品出口企业必须把环境保护放在重要的地位。

二、绿色壁垒对辽宁省机电产品出口的消极影响

（一）绿色壁垒增加辽宁省机电出口企业的成本

根据价格控制机制作用机理，价格控制机制是指由于利益驱动，出口方必然努力设法跨越进口国的技术性贸易壁垒进入进口国市场，但是出口国产品要想进入进口国市场，就必须按照进口国规定的技术要求等措施，从而增加了出口产品的成本。根据欧盟的"双绿"指令，对于2005年8月13日以前的来自家庭的"历史垃圾"，其相关费用是由生产者进行负担，具体标准是按照产品的市场占有率份额进行承担；对来自非家庭的"历史垃圾"，生产者同样也要承担相应的部分，也就是说，生产者要对售出的产品进行回收，消费者则承担其余的部分。2005年8月13日以后投放市场的产品，生产者应支付更多的费用，不仅体现在回收环节，还包括处理、再循环和环保丢弃等处理的费用，同时，欧盟还要求回收率和再利用率必须达到70%～80%，"双绿"指令实施后，电子电器产品的生产商将会承担更多的回收成本，这将使得我国的劳动力优势会逐渐地消失，这些增加的成本甚至会高于生产这些电子电器的成本。所以说国内的生产电子电器的行业会逐渐失去以前的优势，进一步会导致我国的电子电器产品出口竞争力降低。

另外，根据欧盟制定了相应的法律，要求通过必要的手段进行检测确定

产品是否符合要求，制造商要对组成产品的所有原材料和零部件逐一排查，确保不存在有害物质，这些要求都会导致相关的生产商付出一定的检测费用。据欧洲家电协会测算，欧盟的 WEEE 系统的整个 WEEE 管理费中，WEEE 的运输和处理费占 75%，注册费占 5%，行政管理费占 20%，废弃成本每公斤 0.41 欧元。随着辽宁省出口欧盟的机电产品日益增多，这些费用一定会增加辽宁省机电产品出口的成本。

（二）绿色壁垒措施的实施导致出口市场份额下降

根据双重控制机制作用机理，数量控制机制作用机理以及价格控制作用机理共同起作用，在这种双重机制作用下，技术性贸易壁垒会导致出口国的出口进一步减少。欧盟 WEEE 指令和 ROHS 指令修订草案的提出已经使辽宁省机电产品出口面临更为严峻的挑战。欧盟实施两指令事实上起到了保护当地企业、阻碍别国机电产品出口企业进入的绿色壁垒作用。ROHS 指令主要在于通过替代性的原材料及工艺，如使用无铅焊接材料等。这些对于早前就进行花费巨资进行研究的发达国家生产商来说是没有问题的，但是辽宁省对于这些研究投入还不够，再加上研发力量薄弱，所以说这样的要求对于辽宁省来说几乎是一场灾难。据表 6.7 与图 6.3 显示，由于"双绿"指令于 2005 年生效，2005 年辽宁省机电产品出口欧盟市场的份额开始下降，从 2005 年的 16.62% 下降到 2011 年的 10.34%。说明"双绿"指令严重影响了辽宁省机电产品对欧盟市场的出口份额，导致辽宁省出口欧盟的市场份额呈现下降趋势。由于"双绿"指令要求相当严格，短期内辽宁省大多数出口产品的技术标准很难达到相关要求，即使辽宁省能在一段时间内突破欧盟 WEEE 指令和 ROHS 指令，但是根据双重控制机制作用机理，以欧盟的"绿色"指令为代表的绿色壁垒还会继续增多，辽宁省突破绿色壁垒的难度将会进一步加大，这将对辽宁省未来的机电产品出口造成更加严重的影响。

表 6.7 辽宁省机电产品出口欧盟市场情况

年份	辽宁省机电产品出口额（亿美元）	辽宁省机电产品出口欧盟的份额（亿美元）	辽宁省机电产品出口欧盟份额占总出口额的比重（%）
2001	40.30	7.33	18.19
2002	48.00	7.77	16.19
2003	59.30	10.35	17.45
2004	70.60	12.18	17.25
2005	80.74	13.42	16.62
2006	99.00	14.77	14.92
2007	132.54	17.02	12.84
2008	160.10	21.00	13.12
2009	143.30	15.84	11.05
2010	187.40	19.50	10.41
2011	225.50	23.32	10.34

资料来源：辽宁省机电产品进出口工作网与沈阳海关。

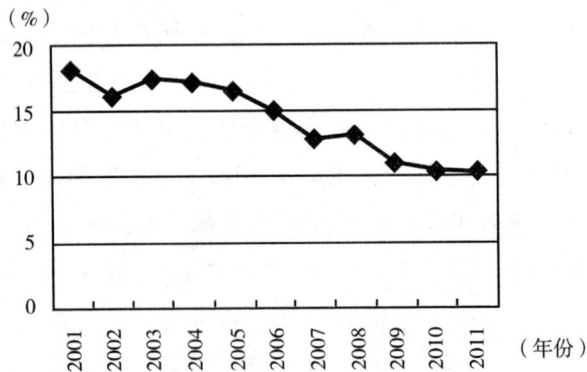

图 6.3 辽宁省机电产品出口欧盟份额占总出口市场份额的比重

（三）绿色壁垒措施会增加市场准入的难度

根据数量控制机制作用机理，进口国会对进口商品提出各种各样的技术性要求，不管要求是否合理，进口商品只有符合这些技术性要求才能获准进入该国市场。因此这种技术性要求就构成了市场准入的障碍。欧盟、美国、日本和韩国是辽宁省的主要贸易伙伴，与此同时，这四个出口市场也是近期制定和修订技术性贸易壁垒措施最多的国家。这些国家进一步强化进口商品的技术要求和管理，已经使其越来越成为保护本国市场的主要手段和工具。绿色壁垒已经在很大程度上影响到辽宁省出口行业大宗商品的发展，尤其是机电产品。以美国对电子产品进口设置了《控制放射性的健康与安全法》、对汽车制定《空气净化法》和《防污染法》为代表的绿色壁垒的实施将使得辽宁省机电产品出口欧盟的难度加大，尤其是私营企业。根据美国的这些技术法规规定，不达标的产品将被拒之门外。因此以美国为代表的绿色壁垒对辽宁省私营企业的机电产品出口影响更大。私营企业是近年来辽宁省机电产品出口的重要推动力量，私营企业由于资金、技术等限制，短期内一般很难做出有效的应对策略，所以绿色壁垒将会减少甚至禁止私营企业的某些机电产品出口。由于辽宁省机电产品技术含量不高，很难满足发达国家的"绿色"标准要求，所以说，绿色壁垒的实施将加大市场准入的难度。

（四）竞争力受到削弱

有些绿色壁垒虽然不对机电产品市场准入直接设限，但为满足要求而进行设备、人力的投入以及昂贵的检测费已经增加了企业的成本，从而削弱了其在国际市场上的竞争力。技术性贸易壁垒对企业的机电产品竞争力的影响主要表现在以下几个方面：一是企业技术、环保及为改善工人劳动条件的投入都直接增加了产品成本，从而丧失了机电产品价格优势，削弱了其在国际市场上的竞争力。二是国内缺乏先进的测试设备，进口大量设备增加了出口企业成本。辽宁省用于机电产品的检验检测设备的生产较之于发达国家有一定的差距，而且国内商检部门的检验检测设备很大一部分都落后于国际要求，使得辽宁省不得不进口大量的检验检测设备，通常情况下，进口先进的检验检测设备的同时还必须为其配备专门的实验室，并对相关技术人员进行专门的培训，产生大量的经费，增加了辽宁省出口机电产品的成本。三是机电产品出口企业要获取相关认证的费用也相应增加了企业的成本。具体表现形式有：没有获得有关认证产品的市场竞争力大大降低。

目前，由于人们对健康和环境越来越重视，有环境管理体系认证的企业产品或有环境标志认证的产品越来越受青睐，这就导致没有取得环境管理体系认证的企业产品或没有获得环境标志认证的产品的市场竞争力大大降低；由于发达国家不断提高产品检验检测标准，辽宁省机电产品出口企业要达标，须采购价格更高的原料，致使生产成本提高，削弱了产品在国际市场的竞争力；技术、环保以及改善劳动条件的投入也会使得企业产品的成本增加，削弱了企业竞争力。另外，由于跨国采购商要求机电产品出口企业或产品获取 ISO9000、ISO14000、SA8000 及环境标志、安全标志等相关认证，如果辽宁省机电出口企业要想成为跨国采购商的供应商，必须要达到其提出的标准和要求；过高的检验检测费用与认证费用将导致产品竞争力下降。由于辽宁省出口的机电产品大多为劳动密集型中低端产品，廉价的劳动力是辽宁省目前在国际市场上的比较优势所在，由此可使出口机电产品在国际市场上享有一定的价格优势。而绿色壁垒抬升了辽宁省机电产品的价格，在一定程度上削弱了辽宁省机电出口产品在国际市场上的竞争力。

（五）扭曲比较优势、引发贸易争端

根据 WTO 有关协定要求，在运用技术性贸易壁垒时，不得任意采取不合理的歧视手段，也不能对国际贸易构成变相的限制。但实际上，由于很难区分合法性和歧视性，加上技术性贸易壁垒涉及面广，有关风险评估、科学论证及合理保护水平等常常引起争议，技术性贸易壁垒较易被滥用，成为贸易保护主义的工具，从而扭曲国家间比较优势，抵消多边谈判取得的成果。

技术性贸易壁垒的合理目标是维护国家基本安全、保障人类安全和健康、保护动植物安全和健康及环境安全、防止欺诈行为和保证出口产品质量等。事实上，部分国家设置技术性贸易壁垒的真正目的往往不仅是这些，实施一项技术性贸易壁垒可能产生的效果也是多方面的。既可能保护了本国的产业，还可能同时促进了本国相关产业的发展。技术性贸易壁垒已经成为一国产业政策的有机组成部分。一些发达国家实施技术性贸易壁垒的目的正从单个目标转向多个目标，最终达到扭曲甚至抵消出口国的比较优势，创造本国新的比较优势的目的。由于利益不同，评判方法也较难以统一，且技术性贸易壁垒较易被贸易保护主义所利用，因此许多情况下对采取的技术性贸易壁垒合理性较难做出判断，结果较易引发国际贸易争端。目前绿色壁垒已成为贸易争端的重要领域。WTO 成员之间的双边争端更是层出不穷。它们涉及标准与技术法规的应用问题，包括测试和认证程序，有些未遵守协议规定的通报要求；有些被认为对贸易产生不必要的障碍；有些涉及否认最惠国待遇或国民待遇；有些没有足够的理由背离国际标准，还有包括标签规定等。其中大部分贸易争端都由发达国家引起。由以上分析可以得知，绿色壁垒容易扭曲辽宁省的机电产品在国际市场上的比较优势、引发贸易争端。

第七章 技术性贸易壁垒对辽宁省机电产品出口影响的实证研究

随着辽宁省机电产品对外贸易的迅速发展，据前面分析可知，从2000年的40.2亿美元增长到2011年的225.5亿美元，可是机电产品出口遭遇越来越多的技术性贸易壁垒，每年造成巨大的损失。技术性贸易壁垒对辽宁省出口的影响不仅取代了配额、关税等传统贸易壁垒方式，而且超过了反倾销的影响。在所有出口产品中，机电产品是遭遇国外技术性贸易壁垒最严重的产品，因为机电产品是辽宁省第一大类出口产品，2011年机电产品出口占辽宁省总出口的比重达到44.18%，所以有必要分析技术性贸易壁垒对辽宁省机电产品出口的影响。

据前面的分析可知，目前对辽宁省机电产品出口影响较大的技术性贸易壁垒的种类有标准壁垒、知识产权壁垒以及绿色壁垒。前面一章主要研究了标准壁垒、知识产权壁垒与绿色壁垒对辽宁省机电产品出口的积极影响与消极影响。但是这些影响中，正面影响为主还是负面影响为主，哪种影响起主要作用，目前还很难确定。本章将根据辽宁省机电产品出口的一些数据，从实证方面进一步检验标准壁垒、知识产权壁垒以及绿色壁垒对辽宁省机电产品出口产生的具体影响。

第一节 模型的选择

本书上一章进行了定性分析，其实在定性分析的基础上进行定量分析是经济学家们经常使用的分析方法，所以本书在本章也进行定量分析。由于技术性贸易壁垒曾被经济学家们称为"最难量化的非关税壁垒之一"。[①] 长期以来经济学家都试图定量估计技术性贸易壁垒对市场均衡、贸易流量、经济效率和消费者及生产者福利所产生的影响。但到目前为止还没有一种方法能够完整地、清晰地衡量出技术性贸易壁垒在经济、贸易和福利等方面产生的影响。目前，国际上关于技术性贸易壁垒影响的定量研究主要有以下几种方法：价格楔方法、问卷调查法、部分均衡模型研究、可计算一般均衡模型分析（CGE 模型）和引力模型。由于本书侧重于衡量技术性贸易壁垒对贸易的影响，所以本书采用贸易引力模型的分析方法。

一、贸易引力模型

引力模型的思想和概念来自物理学中牛顿提出的万有引力定律：两物体之间的相互引力与两个物体的质量大小成正比，与两物体之间的距离远近成反比。在之前就有学者研究认为国家之间的贸易流动规模与国家之间的距离成正相关的关系，但是人们一般都认为是 Tinbergen（1962）和 Poynohen（1963）最早在国际贸易的研究中引入贸易引力模型的，在研究中他们都是使用贸易引力模型研究双边之间贸易流量，并且都得出相同的结论：两国双边贸易规模与两国的经济总量成正相关，与两国之间的距离成负相关。他们最早得出的测量双边贸易流量的引力模型的形式如下：

---

① Jeffrey A. Frankel and Deardorff. The Regionalization of the World Economy. University of Chicago Press, 1998: 23 – 36.

$$X_{ij} = A（Y_i Y_j）/D_{ij}$$

式中，X_{ij} 为两国之间双边贸易流量，A 为包含一些其他因素在内的常数，Y_i 为国家 i 的经济总量，一般以一国或者地区的 GDP 来表示，Y_j 为 j 国的经济总量，一般以 j 国或者地区的 GDP 来表示，D_{ij} 为两国或者地区的空间距离。由于上面的式子为方程形式，为了研究方便一般对上面的式子进行取对数，取完对数的形式如下：

$$LnX_{ij} = a_0 + a_1 Ln（Y_i Y_j）+ a_2 LnD_{ij}$$

式中，a_1、a_2 分别为相应变量的弹性系数，a_0 反映其他各种因素的综合作用。

Ljnnemannn（1966）在原始的贸易引力模型中引进了人口这个因素，他得出的研究结论为双边之间的贸易流量不但与经济总量、地理位置有关系，而且还与人口这个因素有关系，双边之间的贸易流量与人口是成正比的。Berstrand（1989）没有引进人口因素，而是把人口因素换成国家人均收入。因为贸易引力模型所需要的变量数据是可以查询获得的，而且这些数据一般都来自官方统计，可信度是比较高的，所以使得越来越多的人使用贸易引力模型进行研究国际贸易，尤其是在双边贸易流量中。有学者形象地将贸易引力模型称为"双边贸易流量实证研究的役马"（Workhorse）。在以后的贸易引力模型研究中，学者们主要是在自己研究的领域，依据研究目的、重点，影响两国贸易流量的关键因素设置不同的解释变量，来分析这些因素的影响方向和影响大小，并对贸易潜力进行测算。

引力模型克服了古典贸易理论、新古典贸易理论无法开展实证计量研究的缺陷，但它本身是缺乏理论基础的。尽管贸易引力模型的模型比较简单，但是自 20 世纪 60 年代以来，贸易引力模型已经在国际贸易研究中尤其是对于一国对于另一国的贸易限制，已经获得一定的效果。它目前为止被广泛应用于测算贸易潜力、分析贸易模式以及估计贸易壁垒的边界成本等领域，较好地解释了在现实中观察到的一些经济现象。它通过借用万有引力定律的形式解释贸易流的问题，具有重要的应用价值。引力模型在国际贸易研究中获得了相当大的成功，20 世纪 70 年代以来，引力模型被广泛应用于测算一国潜在的贸易能力、估计贸易壁垒的边界成本等领域，并较好地解释了在现实中观察到的一些经济现象。近些年大量经济学家在理论及应用两个方面对引力模型都进行深入的研究和拓展，更加完善了这一模型，使得引力模型成为一个理论根基牢固，应用广泛而有效的日益成熟的分析工具，尤其是在检验双边贸易流量影响要素方面。

二、引力模型分析在衡量技术性贸易壁垒影响出口的应用

全球化的国际贸易活动中，技术性贸易壁垒逐渐取代传统的关税壁垒和传统非关税壁垒成为国际贸易活动面临的最突出的问题，也慢慢成为众多经济学者关注的焦点。贸易引力模型经过很长时间的发展，已经慢慢显示出其优越性，被看作是对国际贸易流量进行实证分析的行之有效的研究方法。因此，很多的研究人员相继开始利用引力模型来分析技术性贸易壁垒对出口贸易产生的影响。

到了20世纪90年代，不少经济学家开始用引力模型来解释技术法规和标准对国际贸易流量的影响，以研究技术性贸易壁垒的影响作用。他们利用技术法规的信息来解释双边贸易流量的变化，例如，标准和技术法规的数量，技术法规出现的频率，调查者对技术法规影响严重性的描述，或者标准本身的等级规定都可以用来作为解释变量。20世纪末21世纪初，Moenius、John S. Wilson和Otsuki等学者都直接使用引力模型来研究技术性贸易壁垒对出口贸易的具体影响，并且从多种角度以及不同的程度进行系统深入的研究。Moenius用进口国技术标准数量来研究技术性贸易壁垒对出口贸易的影响，Moenius主要引用了贸易引力模型与面板数据进行多元回归分析，在研究方法上面是一种进步，但是也存在着一定的不足，主要表现在，他并没有考虑技术标准与技术法规是有区别的，将两者进行混淆影响研究的结果。针对这种缺点，Wilson等人对之进行了改进，他在贸易引力模型中引入了技术法规因素。通过贸易引力方程系数的符号和显著性说明技术标准和技术法规对出口贸易的影响程度，最后得出了结论是技术标准能够有利于国际贸易的发展，而技术法规却对国际贸易产生了一定的阻碍作用。但是本次研究还存在一定不足之处，他们只是以相关行业的技术标准与技术法规数量来作为解释变量

来量化技术性贸易壁垒，这种做法其实施不够精确也不够科学。但是之后的研究都没有找到更好的方法来弥补这一不足。

第二节 标准壁垒对辽宁省机电产品出口影响的实证研究

一、模型的设定

本书主要测定技术性贸易壁垒对于辽宁省机电产品出口的影响。本书把技术性贸易壁垒限制为标准壁垒，标准壁垒是指主要进口国针对机电产品的进口标准提出的法规或指令。这些法规与指令主要指一些涉及标准以及环保方面的指令，如欧盟 EUP 指令、美国公布的环保标准等。根据前面的定性分析可知，标准壁垒将对辽宁省机电产品出口的贸易额产生一定的影响。如果出口额降低，则可认为这种法规的颁布意味着技术性贸易壁垒的提高，对辽宁省机电产品出口产生阻碍作用。但是标准壁垒也有一定的积极意义，如果出口额上升，则对辽宁省机电产品出口有一定的促进作用。

由于在标准壁垒方面，欧盟对辽宁省机电产品出口的影响比较深远，尤其是公布的欧盟 EUP 指令。在欧盟的所有成员国中，法国公布的标准对辽宁省的机电产品出口影响比较深远，所以本书选取欧盟成员国之一法国作为样本数据。其原因在于法国针对我国机电产品制定的技术标准数量占欧盟所有成员国的技术标准数量的比例最大，法国也越来越成为辽宁省出口机电产品的主要市场，因此选取法国具有很强的代表性。本书根据传统引力模型进行实证分析，此模型包括辽宁省的 GDP，相关出口国（法国）的 GDP，它们代表两个经济体的经济规模因素；两个经济体的相对贸易距离是首先根据"黄金易园中国各县市及世界城市经纬度查询系统"查询辽宁省省会沈阳市到相关出口国首都的空间距离，再利用查询得来的 GDP 数据，根据公式 $RELD_{ij} =$

（$Dist_{ij}/GDP_{ij}$）／$\sum$（$Dist_{ij}/GDP_{ij}$）计算而得。本书按照一般国际惯例，以出口国制定的机电产品技术标准数量作为标准壁垒。此模型还包括辽宁省的R&D 经费支出、人民币的年平均汇率。因此本书的贸易引力模型为：

$$LnEX_t = C + a_1 LnGDP1_t + a_2 LnGDP2_t + a_3 RELD_t + a_4 LnStandard_t + a_5 LnR\&D_t$$
$$+ a_6 LnExchange_t + \mu_t$$

式中，EX_t 为辽宁省当年对相关出口国（法国）的机电产品出口额，GDP1 为辽宁省当年的 GDP，GDP2 为相关出口国当年的 GDP，RELD 为辽宁省省会沈阳市到法国首都巴黎当年的相对贸易距离，Standard 为出口对象国（法国）在当年公布的机电产品标准数量，R&D 为辽宁省当年的 R&D 经费支出，Exchange 为当年人民币的平均汇率。

二、数据的来源

EX_t 为辽宁省当年对相关出口国的机电产品出口额，选自辽宁省机电产品进出口工作网以及辽宁省统计公报，GDP1 为辽宁省当年的 GDP，此数据选自辽宁省 2000 ~ 2011 年的统计公报，GDP2 为相关出口国当年的 GDP，此数据根据联合国数据库查询而得，RELD 为辽宁省省会沈阳市到相关出口国法国首都巴黎当年的相对贸易距离，是根据"黄金易园中国各县市及世界城市经纬度查询系统"查询辽宁省省会沈阳市到相关出口国首都的空间距离，再根据 $RELD_{ij}$ =（$Dist_{ij}/GDP_{ij}$）／$\sum$（$Dist_{ij}/GDP_{ij}$）计算而得。Standard 为出口对象国在当年公布的机电产品标准数量，此数据根据各个国家公布的机电产品技术标准数量进行归纳而得，部分参考广西大学何大伟的硕士论文，[①]R&D 为辽宁省当年的 R&D 经费支出，此数据根据辽宁省统计公报以及辽宁省的科技信息网而得，Exchange 是根据国家统计局统计年鉴与中国人民银行网站查询而得，其中 2000 ~ 2010 年的汇率是根据中国统计年鉴查询而得，而2011 年的汇率是根据中国人民银行的网站整理而得。

---

① 何大伟. 技术性贸易壁垒对中国机电产品出口的影响研究. 南宁：广西大学硕士学位论文，2008.

三、实证结果及分析

本书选取 2000～2011 年共计 12 年的时间序列数据作为数据样本，应用 Eviews 6.0 计量分析软件对贸易引力模型进行评估。采用最小二乘法分析结果为：DW = 3.248549，查表可知当显著水平为 5%，K = 6，N = 12 时，dl = 0.164，du = 2.665。DW = 3.248549 > du = 2.665，根据杜宾—瓦尔森检验表明模型不存在自相关，得出回归结果如表 7.1 所示。

表 7.1

Dependent Variable：LNEX				
Method：Least Squares				
Date：07/25/12 Time：20：38				
Sample：2000/2011				
Included observations：12				
Variable	Coefficient	Std. Error	t － Statistic	Prob.
LNGDP1	0.000543	0.000114	4.781762	0.0050
LNGDP2	－ 1.93E － 05	5.54E － 06	－ 3.474892	0.0178
LNRELD	－ 3.363856	0.670750	－ 5.015069	0.0041
LNSTANDARD	0.002172	0.000345	6.298817	0.0015
LNRD	－ 0.005686	0.001156	－ 4.917259	0.0044
LNEXCHANGE	0.213215	0.057207	3.727052	0.0136
C	－ 4.315249	0.873452	－ 4.940452	0.0043
R － squared	0.994076	Mean dependent var		0.445833
Adjusted R － squared	0.986967	S. D. dependent var		0.128732
S. E. of regression	0.014696	Akaike info criterion		－ 5.311234
Sum squared resid	0.001080	Schwarz criterion		－ 5.028372
Log likelihood	38.86741	F － statistic		139.8347
Durbin － Watson stat	3.248549	Prob （F － statistic）		0.000021

在本次实证分析中，本书通过以上的实证分析可知，我们发现整个方程

的拟合优度良好，调整后达到了 0.9869967，并且方程通过了 F 检验，经查表得知，F＝4.95，所以本实证中的 F 值》F＝4.95，所以模型可以通过 F 检验，说明模型显著性很好。再来看自变量系数，通过分析各自变量系数进行 t 检验得到的 t 值，经查表得知，t＝2.571，所以所有自变量系数均可以通过 T 检验。通过实证结果我们进一步发现，标准壁垒能对辽宁省机电产品出口起到促进作用，但是系数较小，标准壁垒的系数为 0.002172，也就是说标准壁垒每增长 1% 时，辽宁省机电产品出口额增加 0.002172%，虽然整体来说，标准壁垒对辽宁省的机电产品出口起到了促进作用，但是我们发现促进作用不明显，相对于其他变量的促进作用则显得小得多，本实证结果表明，尽管标准壁垒对辽宁省机电产品出口起到一定的促进作用，但是我们不能忽视会造成的潜在危害性。总体来说，标准壁垒对辽宁省机电产品出口还是起到一定的促进作用，也许是标准壁垒对辽宁省机电产品出口的长期影响在发挥作用。另外，通过上面的模型可以看出，R&D 的系数为 − 0.005686，表明目前辽宁省所花费的研发投入对于机电产品出口的影响起到了阻碍作用，也就是说辽宁省目前所支付的研发投入虽然比较大，但是研发投入的有效性不足，并没有把研发投入真正用到突破标准壁垒方面。

第三节　知识产权壁垒对辽宁省机电产品出口的实证研究

一、模型的设定

本书在此段主要测定知识产权壁垒对于辽宁省机电产品出口的影响，所以本书在此处主要将技术性贸易壁垒限制为知识产权壁垒，知识产权壁垒一般是指在保护知识产权的名义下对含有知识产权的商品，如专利产品、贴有合法商标的商品以及享有著作权的书籍、唱片、计算机软件等实行进口限制或者凭借拥有知识产权优势，超出知识产权法所授予的独占权或有限垄断权的范围不公平或不合理地行使知识产权实行"不公平贸易"。知识产权壁垒具有一定的时间性、地域性，再加之其分布在技术领域，可见它尽管是无形的却是客观存在的。本书研究的知识产权壁垒主要指专利构成的知识产权壁垒，本书以美国"337调查"作为知识产权壁垒的主要指标，知识产权壁垒对于一国的贸易额将产生一定的影响，如果对辽宁省机电产品出口起到促进作用，则辽宁省机电产品出口额将提高，如果对辽宁省机电产品出口起到阻碍作用，则辽宁省机电产品出口额将降低。

本书选取美国作为样本数据，因为美国"337调查"对辽宁省甚至我国的机电产品影响深远，国家知识产权局网站已经成立专门的网站来处理美国"337调查"，结合前面的贸易引力模型，本模型还包括辽宁省的GDP，出口对象国的GDP，当年我国人民币对美元的平均汇率，美国对我国机电产品发起"337调查"的数量，本书以美国对我国机电产品发起"337调查"的数量作为知识产权壁垒，本模型还包括辽宁省每年的R&D经费支出，两个经济体的相对贸易距离：$RELD_{ij} = (Dist_{ij}/GDP_{ij}) / \sum (Dist_{ij}/GDP_{ij})$，因此本书的贸易引力模型为：

$$LnEX_t = C + a_1 LnGDP1_t + a_2 LnGDP2_t + a_3 LnExchange_t + a_4 LnX337_t +$$
$$a_5 LnR\&D_t + a_6 LnRELD_t + \mu_t$$

二、数据的来源

本模型中包括辽宁省的GDP，是根据辽宁省统计公报以及国家统计局网站整理而得，出口对象国的GDP是根据联合国数据库系统查询而得，当年我国人民币对美元的平均汇率是根据国家统计局与中国人民银行网站查询而得，美国对我国机电产品发起"337调查"的数量，从国家知识产权局查询而得，本模型中包括的辽宁省每年的R&D经费支出是根据辽宁省科技信息网查询而得，两个经济体的相对贸易距离是首先根据"黄金易园中国各县市及世界城市经纬度查询系统"查询辽宁省省会沈阳市到相关出口国首都的空间距离，在利用查询得来的GDP数据，根据公式 $RELD_{ij} = (Dist_{ij}/GDP_{ij}) / \sum (Dist_{ij}/GDP_{ij})$ 计算而得。

三、实证结果及分析

本书选取 2000～2011 年共计 12 年的时间序列数据作为数据样本，应用 Eviews 6.0 计量分析软件对贸易引力模型进行评估。采用最小二乘法分析结果为：DW = 2.844231，查表可知当显著水平为 5%，K = 6，N = 12 时，dl = 0.164，du = 2.665。DW = 2.844231 > du = 2.665。根据杜宾—瓦尔森检验表明模型不存在自相关，得出回归结果如表 7.2 所示。

表 7.2

Dependent Variable：LNEX				
Method：Least Squares				
Date：07/26/12 Time：15：03				
Sample：2000/2011				
Included observations：12				
	Coefficient	Std. Error	t – Statistic	Prob.
LNGDP1	0.033128	0.005509	6.013703	0.0018
LNGDP2	0.000923	0.000115	8.021868	0.0005
LNEXCHANGE	21.22892	3.199202	6.635693	0.0012
LNX337	– 0.319295	0.119208	– 2.678466	0.0439
LNRD	– 0.237175	0.047452	– 4.998182	0.0041
LNDISTANCE	305.0524	118.4761	2.574802	0.0497
C	– 301.0205	34.88781	– 8.628243	0.0003
R – squared	0.991944	Mean dependent var		14.23750
Adjusted R – squared	0.982277	S. D. dependent var		6.242532
S. E. of regression	0.831044	Akaike info criterion		2.758930
Sum squared resid	3.453172	Schwarz criterion		3.041793
Log likelihood	– 9.553583	Hannan – Quinn criter.		2.654205
F – statistic	102.6129	Durbin – Watson stat		2.844231
Prob（F – statistic）	0.000045			

在模型中，本书通过以上的实证分析可知，我们发现整个方程的拟合优度很好，调整后超过了0.991944，并且方程通过了F检验，经查表得知，F=4.95，所以本实证中的F值=4.95，所以本次实证模型可以通过F检验，模型显著性很好。再来看自变量系数，通过分析各自变量系数进行t检验得到的t值，经查表得知，t=2.571，所以所有自变量系数均可以通过t检验，通过实证结果我们进一步发现，以美国"337调查"为代表的知识产权壁垒对辽宁省机电产品出口起到了一定的阻碍作用，则知识产权壁垒每增加1%时，辽宁省机电产品出口的贸易额将会减少0.319295%，说明美国的"337调查"抑制了辽宁省机电产品向美国出口额，而从模型中，还可以发现辽宁省R&D经费支出也不利于辽宁省机电产品出口，说明辽宁省的R&D经费支出没有用于研究如何突破知识产权壁垒，也许投资在别的地方比较多，但是对于辽宁省机电产品出口并没有起到一定的促进作用。总体来说，以美国"337调查"为代表的知识产权壁垒的确对辽宁省机电产品出口起到了抑制作用，这也许主要是美国"337调查"短期影响在发挥作用。

第四节　绿色壁垒对辽宁省机电产品出口影响的实证研究

一、模型的设定

本书主要测定技术性贸易壁垒对于辽宁省机电产品出口的影响。本书把部分技术性贸易壁垒限制为绿色壁垒，绿色壁垒是指主要进口国针对机电产品的进口标准提出的法规或指令。这些法规与指令主要指一些涉及环保方面的指令，如美国对电子产品进口设置了《控制放射性的健康与安全法》，对汽车制定了《空气净化法》和《防污染法》；欧盟的《关于报废电气电子设备指令》（WEEE）和《关于在电气电子设备中禁止使用某些有害物质指令》（ROHS）；日本的JIS标准。根据前面的定性分析可知，绿色壁垒将对辽宁省机电产品出口的贸易额产生一定的影响。如果出口额降低，则可认为这种绿色法规的颁布意味着技术壁垒的提高，对辽宁省机电产品出口产生阻碍作用。但是绿色壁垒同样也有一定的积极意义，如果出口额上升，则对辽宁省机电产品出口有一定的促进作用。

由于在绿色壁垒方面，虽然欧盟对辽宁省机电产品出口的影响比较深远，但是美国针对辽宁省的机电产品制定的技术标准数量更多，阻碍作用更大。美国的技术标准和法规相对欧盟、日本而言更是多得不胜枚举。而且，美国的技术标准大多数要求非常苛刻，辽宁省机电企业一般很难突破。所以本书选取美国作为样本数据。其原因是美国针对辽宁省机电产品制定的绿色法规数量占了所有绿色技术标准与法规的大多数，而且美国一直是辽宁省机电产品出口的主要市场，因此选取美国具有很强的代表性。本书根据传统引力模型中的变量，此模型包括辽宁省的 GDP、相关出口国（美国）的 GDP，它们代表两个经济体的经济规模因素；两个经济体的相对贸易距离是首先根据"黄金易园中国各县市及世界城市经纬度查询系统"查询辽宁省省会沈阳市到相关出口国首都的空间距离，并利用查询得来的 GDP 数据，根据公式 $RELD_{ij} = (Dist_{ij}/GDP_{ij}) / \sum (Dist_{ij}/GDP_{ij})$ 计算而得。本书按照一般国际惯例，以出口国制定的关于机电产品绿色技术标准与法规数量作为绿色壁垒。此模型还包括辽宁省的 R&D 经费支出、人民币的年平均汇率。因此本书的贸易引力模型为：

$$LnEX_t = C + a_1 LnGDP1_t + a_2 LnGDP2_t + a_3 LnExchange_t + a_4 LnR\&D_t + a_5 RELD_t + a_6 LnGreen_t + \mu_t$$

式中，EX_t 为辽宁省当年对相关出口国（美国）的机电产品出口额，GDP1 为辽宁省当年的 GDP，GDP2 为美国当年的 GDP，Exchange 为当年人民币的平均汇率，R&D 为辽宁省当年的 R&D 经费支出，RELD 为辽宁省省会沈阳市到美国首都华盛顿当年的相对贸易距离，Green 为出口对象国在当年公布的针对机电产品绿色技术标准与法规。

二、数据的来源

EX_t 为辽宁省当年对相关出口国的机电产品出口额，选自辽宁省机电产品进出口工作网以及辽宁省统计公报，GDP1 为辽宁省当年的 GDP，此数据选自辽宁省 2000～2011 年的统计公报，GDP2 为相关出口国当年的 GDP，此数据根据联合国数据库查询而得，RELD 为辽宁省省会沈阳市到相关国美国首都华盛顿当年的相对贸易距离，是根据"黄金易园中国各县市及世界城市经纬度查询系统"查询辽宁省省会沈阳市到相关出口国首都的空间距离，再根据 $RELD_{ij} = (Dist_{ij}/GDP_{ij}) / \sum (Dist_{ij}/GDP_{ij})$ 计算而得。Green 为出口对象国在当年公布的机电产品标准数量，此数据根据各个国家公布的针对机电产品的绿色技术标准与绿色技术法规的数量进行归纳而得，是根据国家的技术性贸易措施网查询而得，R&D 为辽宁省当年的 R&D 经费支出，此数据根据辽宁省统计公报以及辽宁省的科技信息网而得，Exchange 是根据国家统计局统计年鉴与中国人民银行网站查询而得，其中 2000～2010 年的汇率是根据中国统计年鉴查询而得，而 2011 年的汇率是根据中国人民银行的网站整理而得。

三、实证结果及分析

本书选取 2000～2011 年共计 12 年的时间序列数据作为数据样本，应用 Eviews 6.0 计量分析软件对贸易引力模型进行评估。采用最小二乘法分析结果为：DW = 2.554883，查表可知当显著水平为 5%，K = 6，N = 12 时，dl = 0.164，du = 2.665。所以 dl = 0.164 < DW = 2.554883 < du = 2.665。根据杜宾—瓦尔森检验表明模型的一阶自相关无法确定。因此有对模型的残差项建立一阶自回归模型 AR（1），使用广义最小二乘法（FGLS）对参数重新进行估计，得出回归结果如表 7.3 所示。

在模型中，本书通过以上的实证分析可知，我们发现整个方程的拟合优度很好，调整后超过了 0.999476，并且方程通过了 F 检验，经查表得知，F = 4.95，所以本实证中的 F 值 = 4.95，所以本次实证模型可以通过 F 检验，模型显著性很好。再来看自变量系数，通过分析各自变量系数进行 t 检验得到的 t 值，经查表得知，t = 2.571，所以所有自变量系数均可以通过 t 检验，通过实证结果我们进一步发现，以美国绿色壁垒对辽宁省机电产品出口起到了一定的阻碍作用，则绿色壁垒每增加 1% 时，辽宁省机电产品出口的贸易额将会减少0.08174%，说明绿色壁垒抑制了辽宁省机电产品的出口额，而从模型中，还可以发现辽宁省R&D经费支出也不利于辽宁省机电产品出口，说明辽宁省的R&D经费支出没有用于研究如何突破绿色壁垒，也许投资在别的地方比较多，但是对于辽宁省机电产品出口并没有起到一定的促进作用。总体来说，绿色壁垒的确对辽宁省机电产品出口起到了抑制作用，这也许主要是绿色壁垒的短期影响在发挥作用。

表7.3

Dependent Variable: LNEX			
Method: Least Squares			
Date: 07/25/12 Time: 11: 50			
Sample (adjusted): 2001 2011			
Included observations: 11 after adjustments			
Convergence achieved after 12 iterations			
	Coefficient	Std. Error	t - Statistic	Prob.
---	---	---	---	---
LNGDP1	0.034820	0.000757	45.98098	0.0000
LNGDP2	0.000703	2.68E - 05	26.23296	0.0001
LNEXCHANGE	20.11548	0.389877	51.59446	0.0000
LNRD	- 0.227105	0.005595	- 40.59307	0.0000
LNRELD	159.5374	32.27641	4.942848	0.0159
LNGREEN	- 0.081748	0.006478	- 12.61937	0.0011
C	- 257.1366	7.949844	- 32.34486	0.0001
AR (1)	- 0.965470	0.066926	- 14.42585	0.0007
R - squared	0.999843	Mean dependent var		14.50727
Adjusted R - squared	0.999476	S. D. dependent var		5.400802
S. E. of regression	0.123611	Akaike info criterion		- 1.188098
Sum squared resid	0.045839	Schwarz criterion		- 0.898720
Log likelihood	14.53454	Hannan - Quinn criter.		- 1.370511
F - statistic	2726.708	Durbin - Watson stat		3.036411
Prob (F - statistic)	0.000011			
Inverted AR Roots	- 0.97			

第八章 主要发达国家应对机电产品
技术性贸易壁垒的经验与启示

据前面的分析，辽宁省的机电产品近70%销往美国、欧盟、日本等国家和地区，而这些国家和地区是对进口机电产品实施技术性贸易壁垒最积极和最频繁的地区。2000～2011年，辽宁省的机电产品企业90%多遭遇这三大经济实体的技术性贸易壁垒，损失较大，为了更好地跨越这三大经济实体的技术性贸易壁垒对辽宁省机电产品出口的阻碍，并从其实际做法中获得相关经验和启示，下面将分析这三大经济实体应对技术性贸易壁垒的机制及其特点、三大经济实体应对技术性贸易壁垒的经验与启示、发展中国家应对技术性贸易壁垒的实践、对我国的经验与启示。

第一节 主要发达国家针对机电产品
技术性贸易壁垒的应对机制

美国对机电产品技术性贸易壁垒的应对没有专门的规定，适用有关技术性贸易壁垒应对的一般性规定如下：

一、美国针对机电产品技术性贸易壁垒的应对机制

(一) 美国技术性贸易壁垒应对机制的发展

在不同时期，美国技术性贸易壁垒应对机制各有不同，大致可以分为以下四个阶段：

第一阶段：1948 年《关税与贸易总协定》临时适用之前。美国主要是通过双边谈判或磋商来处理与其他国家的贸易关系，达成了一些双边贸易协议。

第二阶段：1948 年至美国《1962 年贸易拓展法》实施前。美国主要根据《关税与贸易总协定》有关规定进行双边谈判，或直接利用其提供的多边磋商途径和争端解决机制，解决对外贸易和投资中的壁垒问题。

第三阶段：20 世纪 60 年代中期至 1994 年。由于《关税与贸易总协定》在解决贸易争端、消除贸易及投资壁垒方面效率较低，且缺乏强制力。因此，尽管美国在继续使用 GATT 的有关规则，但当美国认为双边及多边机制无法有效解决问题时，便会通过单边调查和报复措施迫使他国取消贸易壁垒措施，其中扮演重要角色是美国贸易法中的"301 条款"。

第四阶段：1994～2012 年。随着世界贸易组织管辖范围的进一步扩大，争端解决机制效率的提高，单边贸易报复的使用受到约束，美国开始频繁地采用 WTO 争端解决机制解决其贸易关注。与此同时，美国积极推动区域化贸易安排并利用其规定的途径更有效地解决贸易纠纷。[①]

(二) "301 条款"

"301 条款"是指《1988 年综合贸易与竞争法》第 1301～1310 节的内容，包含"一般 301 条款"、"特别 301 条款"（关于知识产权）、"超级 301 条款"（关于贸易自由化）和具体配套措施以及"306 条款监督制度"。在这个意义上，美国"301 条款"又称为"301 条款制度"。"一般 301 条款"是

---

① 董展眉. 美国贸易壁垒应对机制对我国的启示. 商业时代, 2005 (23).

美国贸易制裁措施的概括性表述，而"超级301条款"、"特别301条款"以及配套措施等是针对贸易具体领域做出的具体规定，构成了美国"301条款"法律制度的主要内容和适用体系。具体说就是："特别301条款"是针对知识产权保护和知识产权市场准入等方面的规定；"超级301条款"是针对外国贸易障碍和扩大美国对外贸易的规定；配套措施主要是针对电信贸易中市场障碍的"电信301条款"及针对外国政府机构对外采购中的歧视性和不公正做法的"外国政府采购办法"，而且其范围有逐渐扩大的趋势。"一般301条款"是其他"301条款"的基础，其他"301条款"是"一般301条款"的细化。即使没有其他"301条款"，美国贸易代表一样可以使用"一般301条款"的规定解决贸易争端。美国狭义和广义的"301条款"之间的关系是辩证统一的，构成一个完全的、体现美国法律文化的价值体系，为美国的利益发挥着作用。

"301条款"是美国政府针对损害美国贸易利益和商业利益的外国政府的行为、政策和做法进行调查、报复和制裁的手段，其本质是美国强权政治和单边主义做法在外贸领域的体现，利用贸易政策推行其价值观念的一种手段，即通过强化美国对外贸易协定的实施，扩大美国海外市场，迫使其他国家接受美国的国际贸易准则，以维护美国的利益。"301条款"的作用：一是作为一种监督、威胁和干预工具，每年通过拟定"重点国家"、"重点观察国家"等各种名单，发布《国别贸易障碍评估报告》等措施，对其贸易伙伴施加压力，干预影响其国内政策乃至国内政治；二是作为进入世界贸易组织争端解决机制的前置磋商程序，经磋商后决定是否提交世贸组织；三是为美国贸易代表办公室（USTR）和业界提供了沟通和磋商的桥梁，使业界的诉求能够迅速地传递给美国政府并得到后者的支持。

法律授权美国贸易代表办公室（USTR）可以采取的制裁措施包括：①中止贸易协定项下的减让。②采取关税或其他进口限制。③对服务征收费用或采取限制。④与被调查国达成协议，以消除其违反行为或向美国提供补偿。⑤限制服务领域的授权。措施期限一般为4年。

（三）美国机电产品技术性贸易壁垒应对机制的特点与经验

美国机电产品技术性贸易壁垒应对机制，主要有以下特点：

（1）有明确的法律依据和较强的法律强制性。自 20 世纪 60 年代以来，美国贸易法历经了五次重大修改，从《1962 年贸易拓展法》到《1988 年综合贸易与竞争法》，对美国贸易代表开展对外贸易壁垒调查工作都有明确的授权。美国应对贸易壁垒最重要的国内法依据是"301 条款"（包括"特别 301 条款"和"超级 301 条款"），它们对贸易壁垒调查的发起、涉及的范围、调查程序及贸易代表的权利和义务均进行了明确界定，使得美国的贸易壁垒应对机制具有明确的法律依据；此外，它还规定，如认定国外贸易壁垒措施符合一定条件，则美国贸易代表必须采取制裁措施，体现了美国贸易壁垒应对机制的法律强制性。这些明确的法律依据与较强的法律强制性适用于美国应对所有技术性贸易壁垒，当然也适用于美国处理与机电产品有关的技术性贸易壁垒。

（2）企业、行业中介组织与政府三者积极配合，技术性贸易壁垒应对机制具有较强的针对性和有效性。美国机电生产企业维护自身利益的意识很强，在国外遭遇技术性贸易壁垒后，及时向政府机电产业部门投诉；在政府机电产业部门进行调查工作时它们会提供大量的机电产品数据和信息。美国的行业中介组织发展得比较早，体系完善，尤其是机电行业协会。它们一方面为本国机电生产企业提供国外机电产品技术性贸易壁垒信息服务，另一方面对涉及机电行业利益的国外有关贸易管理措施，机电行业协会便会向政府提交评估意见和应对建议，建议本国政府采取相关措施来应对国外的机电产品技术性贸易壁垒。另外，美国的机电行业协会还会积极游说国外政府或机构，积极进行针对本国企业遭遇的机电产品技术性贸易壁垒情况进行交涉，提高交涉效果。政府为保证技术性贸易壁垒应对机制的针对性和有效性，在实施调查和采取措施的过程中也会与本国机电产品生产企业和机电行业协会进行协商与沟通，听取它们的意见，使得美国的贸易壁垒应对措施符合美国的产业利益。① 总之，政府、行业协会与企业三个方面一起配合提高了美国应对机电产品技术性贸易壁垒的有效性与针对性。

（3）有效衔接单边调查程序与多边争端解决机制。在接到个人、企业或行业中介组织对贸易伙伴的不公平贸易行为的投诉后，美国贸易代表即可依

---

① 董展眉. 美国贸易壁垒应对机制对我国的启示. 商业时代，2005（23）.

据"301 条款"的授权开展调查。如认定贸易伙伴相关做法"不公平"或"不合理"，且相关贸易伙伴为 WTO 成员，则美国可根据其调查结果，诉诸WTO 争端解决机制。一旦争端解决机构做出有利于美国的裁决，美国就会充分利用 WTO 争端解决机构所授予的权利进行报复。因此，美国的争端解决机制是将个别企业或产业的投诉，转化为政府间贸易争端并寻求多边解决，从而有效衔接了单边调查程序与多边争端解决机制。① 同样这种情况也适用于机电产品，机电产品在美国出口中的重要地位，美国会更加重视有效地衔接单边调查程序与多边争端解决机制。

（4）加强对国外技术性贸易壁垒的动态系统报告，寻求适时对策。美国十分重视对本国所遭遇的包括技术性贸易壁垒在内的壁垒进行动态跟踪，目的是建立预警机制，寻找合适的对策进行应对。例如，根据《1974 年贸易法》181 条款，以及其后《1984 年贸易法》303 条款、《1988 年贸易法》1304 条款、《1994 年贸易法》311 条款、《因特网税收自由法》1202 条款等修正条款等。美国贸易代表办公室每年向总统、议会金融委员会和众议院的有关委员会就美国在出口中遭遇的技术性贸易壁垒状况进行报告，目的在于为减少或消除这些壁垒的谈判提供便利。就机电产品技术性贸易壁垒来看，美国会针对国外的机电产业领域进行重点监控，建立针对各国机电产品技术性贸易壁垒的预警机制；同时，美国也会对相关国家的贸易政策以及机电产品技术性贸易壁垒的变化进行实时的动态监控，并发布年度评估报告，寻找相应的应对策略。

美国对国外技术性贸易壁垒的动态系统报告可以对重点产业领域进行重点监控，建立完善的预警机制；对贸易伙伴的贸易政策和技术性贸易壁垒的变化进行实时动态监控，并发布年度评估报告，施加无形影响。

（5）继续影响 WTO 规则的发展。从历史来看，美国的贸易壁垒应对机制有力地推动了 GATT 相关规则的发展。在 GATT 时期，美国 301 程序的管辖范围超出了 GATT 的调整范围，并最终推动 GATT 扩大其调整范围；而且从实施力度来看，美国 301 程序的强制实施力度远远强于 GATT 争端解决机

---

① 徐睿霞. 论我国农产品技术性壁垒的应对策略. 商场现代化, 2008（16）.

制，并最终推动 GATT 提高其效率，强化其效力，最终推动了 WTO 的成立。在 WTO 成立后，301 程序更注重对 WTO 规则尚未涉及领域（如商业贿赂、共谋等）的国外贸易壁垒措施进行调查。同时，301 程序也在探索提高双边磋商效率，强化实施效果，以更有效地通过双边程序解决国外技术性贸易壁垒措施，所以根据前面的分析可以看出，美国的贸易壁垒应对机制将继续影响 WTO 规则的发展。同样美国应对国外机电产品技术性贸易壁垒的做法也会继续影响 WTO 规则的发展。

二、欧盟针对机电产品技术性贸易壁垒的应对机制

1984 年之前，欧盟主要的贸易政策工具仍限于通过反倾销、反补贴和保障措施等贸易救济措施救济欧盟内部产业。随着欧盟经济的发展，其贸易规模不断扩大，上述贸易政策工具已不能满足欧盟进一步拓展海外市场的需要，更难以对第三国实施的市场准入限制政策予以有效遏止。在这样的背景下，1984 年欧盟以美国贸易法"301 条款"为蓝本，制定了《新商业政策工具》（New Commercial Policy Instrument，NCPI）。与美国不同，欧盟一开始就比较注意《新商业政策工具》的国际合法性，在 NCPI 的基础上，又于 1994 年制定了《贸易壁垒条例》（Trade Barriers Regulation，TBR）。虽然《贸易壁垒条例》对《新商业政策工具》作出了改进，但是《贸易壁垒条例》与《新商业政策工具》立法目的都是为了消除贸易壁垒、扩大产品出口。《贸易壁垒条例》涵盖的范围比较广泛，它涵盖货物贸易、服务贸易以及知识产权保护三大领域。从 1995 年 1 月正式实施至今，《贸易壁垒条例》在帮助欧盟企业开拓国际市场方面起到了一定的促进作用，消除了国外贸易壁垒、扩大了欧盟产品的出口量。[①]

（一）《新商业政策工具》

1974 年，美国在其贸易法中引入了"301 条款"，欧盟也成了美国利用

---

① 沈四宝. 美国、日本和欧盟贸易摩擦应对机制比较研究：兼论对我国的启示. 国际贸易，2007（2）.

"301 条款"打击的主要对象。欧盟虽然也对美国的做法表示不满，但同时也感受到了"301 条款"的威力和作用。1983 年，欧委会向理事会提交了其关于 NCPI 的建议，认为应该采取美国的做法加强制定法律法规来应对第三国的贸易壁垒，避免欧盟产品的出口受到阻碍。在最终采纳欧委会建议时，欧盟理事会努力使欧盟的 NCPI 与美国的"301 条款"保持距离，美国"301 条款"的进攻性强，一旦立案调查，即威胁对方要实行强硬措施和报复手段，要求欧盟所采取的任何措施均需与其国际义务保持一致，以多、双边协议为主，希望通过双边磋商、多边贸易争端仲裁机制解决问题。NCPI 于 1984 年 9 月 17 日正式颁布。

《新商业政策工具》为欧盟保护其在多边规则框架中的合法权益，对第三国采取的不正当贸易做法确立了进行调查及采取相应措施的程序规则。其目标是在针对第三国采取不合理的做法而采取的一种对策，欧盟希望在遵守当时的国际义务和程序的前提下，消除国外的贸易障碍给欧盟带来的消极影响。同时，确保欧盟依据多边规则对第三国的贸易做法充分行使相应的权利。《新商业政策工具》的颁布标志着欧盟初步建立起贸易障碍调查程序规则。虽然《新商业政策工具》主要是针对国外的不正当做法并消除该做法对欧盟利益的损害，但是同样适用于机电产品技术性贸易壁垒。

（二）《贸易壁垒规则》

由于《新商业政策工具》的实施并未从根本上遏制第三国实施或维持的贸易障碍，很多规定仅在理论中可行，在实践中很难进行有效的实施。自 20 世纪 90 年代以来，随着经济全球化不断深入，国际贸易及投资迅速增长，尤其是 WTO 成立后，国际货物、服务及竞争性领域的贸易自由化不断加强，《新商业政策工具》已不能完全满足欧盟在新形势下维护其自身利益的需求。建立一套完整的贸易政策工具，制定相应的具有较强可操作性的程序规则势在必行。新规则不仅应有效保护欧盟区内市场，而且需服务于欧盟产业对外部市场的开拓、防止在欧盟产品在外遭遇不公平的待遇，同时应确保欧盟充分享受国际贸易规则赋予的全部权利。

欧盟部长理事会对欧委会的建议进行了修改，以确保该政策工具未超越

GATT 及 WTO 的相关规定，且理事会对该政策工具的执行程序保留着一定的控制力。此外，理事会在欧委会建议稿中增加了第 2 条第 8 款，将该政策工具涉及的服务业限定于欧盟根据《马斯特里赫条约》第 113 款签署的国际贸易协议中所涵盖的服务业。1994 年 12 月 19 日，欧盟部长理事会通过了《贸易壁垒规则》。1994 年 12 月 22 日，欧盟部长理事会颁布了《贸易壁垒规则》（Trade Barriers Regulation，TBR），取代了 NCPI，并于 1995 年 1 月 1 日起生效。[1]

《贸易壁垒规则》的最终目的是消除贸易壁垒，可以通过以下措施达到目的：①通过一定的措施让第三国主动采取措施取消贸易壁垒。在此种情况下，欧盟就不需要采取任何措施，但欧委会将对第三国是否认真遵守承诺进行检查。②欧盟与第三国达成协议。在调查结束或任何时候，如果欧盟认为通过与第三国达成协议可以达到取消贸易壁垒，且此协议将实质性改变欧盟与第三国的权利时，调查将会被暂停，进入谈判阶段，谈判工作需根据《欧盟条约》第 133 条的规定进行并达成协议。③通过引入国际争端解决程序。在前两种方式不能达到目的情况下，欧盟将通过世贸组织争端解决机制来解决，欧盟也能通过双边磋商来解决问题。同样，与《新商业政策工具》一样，《贸易壁垒规则》主要是针对消除第三国的贸易壁垒，但是同样也适用于机电产品技术性贸易壁垒。

（三）欧盟应对机电产品技术性贸易壁垒的应对机制的特点与经验

1. 注重机电产品技术性贸易壁垒调查的国际合法性

TBR 实体规则明确规定只以欧盟缔结或加入的国际贸易条约为法律基础；并且在确定可以应对的机电产品技术性贸易壁垒上，以上述条约授予欧盟行动权作为先决条件。在程序规则上，不仅以欧盟法院司法审查作为监督

---

① 沈四宝. 美国、日本和欧盟贸易摩擦应对机制比较研究：兼论对我国的启示. 国际贸易，2007（2）.

主管机构行为的保障；而且只有用尽上述条约规定的救济方法之后，才能对被诉国采取报复措施。

2. 消除机电产品技术性贸易壁垒的手段以双边协议和多边协议或磋商为主

一般认为，欧盟的《贸易壁垒规则》实为美国"301 条款"的翻版，但是仔细进行比较起来，还是有差别的。美国"301 条款"的进攻性强，一旦立案调查，即威胁对方要实行强硬措施和报复手段。而欧盟的 TBR 则避免出现进攻性，以双边、多边协议为主，希望通过双边磋商、多边贸易争端仲裁机制解决问题。一旦认定了贸易壁垒的存在，欧盟应与调查所涉及的外国进行协商，或根据双边或多边贸易协定启动相应的争端解决机制。根据《贸易壁垒规则》，如果双方达成协议，可随时终止贸易调查，欧盟希望以双方达成协议作为最佳解决问题的办法，不愿与第三国发生贸易冲突，打贸易报复战。同样的情形也适用于机电产品，一旦欧盟遭遇国外的机电产品技术性贸易壁垒，欧盟就会以双边、多边协议为主，希望通过双边磋商、多边贸易争端仲裁机制解决问题。

3. 欧盟应对贸易壁垒的实践经验

1995～2002 年，《贸易壁垒规则》在帮助欧盟企业开拓第三国市场方面发挥了重要作用，基本实现了其立法目的。在 18 起案件中，已解决的有 12 起，悬而未决的有 6 起。需要注意的是，未解决的案例中，因时间紧而导致未解决的有 3 起，其他未解决 3 起的对象分别是美国、日本和巴西。后 3 起调查未解决的原因，一方面是争端本身较为复杂，另一方面是对方在世界贸易中占分量较大的国家，问题难以迅速解决也在情理之中。欧盟在积极运用贸易壁垒调查程序维护其利益的同时，也加强了对国外贸易壁垒信息的收集和评估，其专门建立了涵盖所有贸易伙伴的市场准入数据库，在帮助欧盟企业开拓国际市场方面发挥了积极的作用。欧盟通过建立比较完善的机电产品技术性贸易壁垒的应对机制，维护其在世界市场上的合法权益，保证欧盟的机电产品的顺利出口发挥了积极的作用。欧盟的如此做法对发展中国家积极应对发达国家的机电产品技术性贸易壁垒同样也具有积极的借鉴作用。

三、日本针对机电产品技术性贸易壁垒的应对机制

（一）《进出口贸易法》

日本应对贸易摩擦的主要法律依据是该国的《进出口贸易法》。该法的实施，使日本应对贸易摩擦有了极大的主动性，形成了以中介组织为核心，以日本对外贸易主管部门为后盾，以企业为主体的贸易摩擦应对机制，这种健全的机制为日本应对贸易摩擦，尤其是日美贸易摩擦，起到了减压阀的作用。这种应对贸易摩擦机制实际上就是日本政府利用"看不见的手"通过法律赋权中介组织实施进出口自律，维护对外贸易秩序。

《进出口贸易法》对"不公正的出口贸易"进行了界定，即侵害出口目的国法令保护的工业所有权或著作权的货物的出口贸易；有虚假原产地标志的货物出口贸易；出口合同显著缺乏规定要件的货物出口；以上各规定之外，由政令所规定的违反国际贸易中公正惯例的出口贸易。上述规定体现了日本进行自我出口规范和自我出口限制的思想。从该法制定的目的来看，主要是通过规范出口贸易秩序，防止不公正的出口贸易，来达到预防和减少国际贸易摩擦、促进对外贸易健康发展的目的。当然在规范进口贸易秩序方面，该法也做出了相关的规定。① 虽然日本的目的是防止不公平贸易，但是日本这种健全的机制同样也适用于日本应对国外机电产品技术性贸易壁垒。

（二）日本应对机电产品技术性贸易壁垒机制的特点与经验

日本的贸易摩擦主要集中在主要发达国家例如美国和欧盟。从 20 世纪 50 年代开始，日本和原欧共体、美国的贸易摩擦在某些产品上趋于激化，如 50 年代后期日本对美国的纺织品出口、60 年代对美国的钢铁出口、70 年代中期对美国的彩电出口以及 70 年代末期对美国的汽车出口引发的贸易摩擦使日本深刻认识到自身贸易结构中的问题，日美双边贸易不平衡逐渐加大，日

---

① 郑学敏. 我国政府管理贸易摩擦的策略探讨. 中国商界：上半月，2009（6）.

本持续扩大的贸易顺差成为引发技术性贸易壁垒在内的贸易摩擦的重要根源。然而在长达半个多世纪的对外贸易摩擦期中，日本积累了大量的应对贸易摩擦的经验，集中分析日本应对技术性贸易壁垒机制的特点，主要体现在以下几个方面：

1. 注重使用自动出口限制策略，减缓贸易摩擦

自动出口限制策略往往是在进口国单方面报复措施的威胁下或者双方协商基础上实行的，虽非出口国情愿，但同进口国实行严格的技术性贸易壁垒相比，还是有利的。随着日本经济实力的提升和产品国际竞争力的增强，从20世纪60年代开始，日本的纺织品、钢铁、彩电及汽车等产品对美出口急剧增加，引发了技术性贸易壁垒在内的贸易摩擦。为化解日美贸易摩擦、减少贸易壁垒，日本政府采取的措施大都是与美国政府进行协商，通过谈判达成协议，由日本对某些商品进行自主出口限制。日美达成的协议主要包括《日美钢铁产品协议》、《日美半导体协议》、《日美彩电协议》、《日美汽车及零部件协议》等。

就《日美汽车及零部件协议》而言，20世纪60～70年代的大部分时间里，美国消费者与日本消费者对汽车的种类及需求是不同的，美国人比欧洲人和日本人更喜欢大汽车，但是到了1979年石油价格急剧上涨以暂时的石油短缺使得美国一下子把需求转向为小型汽车，由于日本汽车的生产成本低以及耗油量小的特点使得日本厂商的市场份额迅速扩大以及美国的市场份额的缩小，美国国内强大的政治力量要求保护国内汽车工业，日方担心受到美国单方贸易保护措施的影响，1981年日本将出口到美国的轿车控制在每年168万辆，1984～1985年又把总数修正到185万辆。通过这种方式，日本对出口美国的机电产品采取了自主出口限制，从而使贸易摩擦得到缓解、机电产品技术性贸易壁垒得到减少。

2. 扩大对外投资，规避和转移冲突

从第二次世界大战后日本产业国际化发展历程来看，贸易摩擦促使了日

本加快对外进行直接投资的动因。① 自 20 世纪 70 年代以来，随着日本与其他发达国家之间贸易摩擦数量的增多，日本就开始加强利用对外投资的方式来减少贸易摩擦。起初，由于多方面的原因，日本主要加强对亚洲国家进行投资，尤其在东亚地区的投资比较多，但是在欧美国家的投资比较少。后来，随着日本加大对欧美发达国家市场的出口，日本遭受的各种贸易摩擦也开始显现，例如，进口配额、反倾销、技术性贸易壁垒等。日本为了避免受到各种贸易摩擦的影响，加大了对欧美发达国家的投资。

就日美汽车贸易而言，为了避免美日汽车贸易的争端扩大，日本采取了向美国大量直接投资，在美国国内生产汽车而后再在美国销售的做法。按照美日新一轮谈判的协议，日本汽车厂商增加了在美国的直接投资。日本在美国的直接投资增加美国的就业机会和美国工人的收入等，从而减轻美国国民对日本汽车的不满情绪；随着日本在美国汽车行业投资的增加，日本厂商在当地的生产的汽车销量迅速增加。尽管美国从日本进口的汽车减少，但是在美国生产的日本汽车的增加也就弥补了日本出口的减少，这样日本利用在美国的直接投资，既避免了美日贸易争端的恶化，又使得美国市场上的日本汽车增加。② 所以从上面的例子可以看出，日本通过扩大对外投资，规避国外的机电产品技术性贸易壁垒。

3. 建立完善的预警机制，关注国外技术性贸易壁垒的发展动态

日本十分重视对本国所遭遇的壁垒进行动态跟踪（包括技术性贸易壁垒在内），实行危机管理，寻求适时对策，建立了完备的预警机制。日本也建立了以监控非关税壁垒为主的政府或民间机构的贸易预警或快速反应机制，其官方资助的"日本贸易振兴会"不仅代表国家承担 WTO/TBT 咨询任务，而且还向海外派出大量人员广泛收集进口国贸易壁垒信息，经研究后及时向日本出口企业或所在国日资企业提供这方面的有效咨询服务。同样的，日本完善的机电产品预警机制也适用于机电产品技术性贸易壁垒。

---

① 沈四宝. 美国、日本和欧盟贸易摩擦应对机制比较研究：兼论对我国的启示. 国际贸易, 2007 (2).

② 李小平. 日本应对美日贸易争端的措施及对中国的启示：以汽车贸易争端为例. 河北企业, 2004 (11).

4. 建立以民间为主导的研发机制

日本的研究开发活动主体主要有大型企业、国家研究机构、大学及其他组织，国家研究机构及大学主要从事基础理论研究，而企业的研究机构则主要从事产品开发研究。在实际研发活动中，日本采取了"官学民协作"或"产学协作"的官民并举的组织形式。日本电子信息技术领域的重量级企业都拥有自己的研发机构。1999年，日本最大的5家电子类综合厂商NEC、日立、东芝、富士通和三菱电工的出口额占日本总出口的1/4以上。1976~1979年，日本通产省牵头组成由NEC、东芝、富士通、日立、三菱电机参与的"超大规模集成电路（LSI）技术研究会"，合作开发目标指向动态随机存储器（DRAM）。20世纪80年代中后期，日本半导体产量终于超过美国。可以看出，日本建立的以民间为主导的研发机制在应对国外机电产品技术性贸易壁垒方面具有积极的作用。

5. 实施标准化发展战略

为了打破产品出口所面临的技术性贸易壁垒，日本非常重视实施标准化发展战略，以此提高竞争力，维护自身的利益。日本经济产业省工业标准调查会组织了20多名专家和有关方面的代表，投资1.3亿日元，1999年6月~2001年9月，制定了日本的标准化发展战略。值得注意的是，其制定的标准化发展战略都力争使本国标准成为国际标准。这表明日本已经很早就意识到标准的重要性。由于未来的竞争更多地表现为标准的竞争，日本积极实施标准化战略，提高本国产品不至于因为标准问题而授人以柄。日本实施的标准化战略同样也会力争使得本国的机电产品标准成为国际标准，按照国际标准生产与出口机电产品，遭遇的国外机电产品技术性贸易壁垒的机会就会大幅降低。

6. 寻找替代市场

日美贸易摩擦的激化使日本在对外投资和出口中开始实施多元化的发展战略，积极扩大与亚洲国家的经济合作。日本为了保持本国出口产品的竞争力优势，将一部分产业转移到其他国家，例如将本国处于劣势的劳动密集型产业转移到发展中国家，日本长期将东亚地区作为日本的产品出口生产基地。1985年日本向东亚地区出口的比重为24%，1994年增加到38.6%，超过美国，东亚地区成为日本最大的出口地区，日本通过寻找替代市场最终保持本国的产品出口不受美国技术性贸易壁垒的影响。日本还可以利用在亚洲建立生产基地，让这些生产基地所生产的产品通过这些地区大量向美国出口。同样日本的这种做法也适用于机电产品，日本在遭遇美国、欧盟等发达国家的机电产品技术性贸易壁垒后，日本将汽车、摩托车的机电产品出口到亚洲国家，从而也成功避开了发达国家机电产品技术性贸易壁垒。

7. 通过日元升值，减缓贸易摩擦

"二战"过后，随着日本的经济实力逐步增强，日本产品的国际竞争力也越来越强大。1985 年，日本取代美国成为世界上最大的债权国，日本制造的产品充斥全球。就在同一时期，美国却出现了经济增长的困境，美国贸易赤字和财政赤字出现逐年增长的双赤字危机。由于美国和日本之间的贸易赤字不断扩大，美日贸易摩擦也日益加剧，美国许多制造业大企业、国会议员开始纷纷游说美国政府，强烈要求当时的里根政府干预外汇市场，让美元贬值，来加强美国产品的对外竞争力，从而降低贸易赤字。1985 年《广场协议》后，日元升值，美元贬值。日本的出口产品竞争力下降，贸易顺差减少，与美国之间的贸易摩擦大大降低、贸易壁垒也越来越少。在这种情况下，日本所遭遇的机电产品技术性贸易壁垒也越来越少。

第二节　发达国家应对机电产品技术性贸易壁垒的经验与启示

一、发达国家应对机电产品技术性贸易壁垒的经验

（一）加强对国外技术性贸易壁垒的动态系统报告，寻求适时对策

发达国家十分重视对本国所遭遇的包括机电产品技术性贸易壁垒在内的

壁垒进行动态跟踪，目的是建立机电产品技术性贸易壁垒预警机制，实行危机管理，寻求适时对策。例如，根据《1974年贸易法》181条款，以及其后《1984年贸易法》303条款，《1988年贸易法》1304条，《1994年贸易法》311条款，《因特网税收自由法》1202条等修正条款，美国贸易代表办公室每年向总统、议会金融委员会和众议院的有关委员会就美国出口中遭遇的包括机电产品技术性贸易壁垒在内的主要壁垒提交报告，旨在为减少或消除机电产品技术性贸易壁垒的谈判提供便利。而日本也十分重视对本国所遭遇的机电产品技术性贸易壁垒进行动态跟踪（包括技术性贸易壁垒在内），实行危机管理，寻求适时对策，建立了完备的机电产品技术性贸易壁垒预警机制。日本也建立了以监控非关税壁垒为主的政府或民间机构的贸易预警或快速反应机制，其官方资助的"日本贸易振兴会"代表国家承担WTO/TBT咨询任务，而且还向海外派出大量人员广泛收集进口国贸易壁垒信息，经研究后及时向日本出口企业或所在国日资企业提供这方面的有效咨询服务。

欧盟关于贸易壁垒的调查报告包括五大壁垒，即关税壁垒、非关税壁垒、与投资有关的措施、知识产权保护和服务，其中有关机电产品技术性贸易壁垒的报告是一个重点，既有总体分析，如指出美国的技术法规、标准体系复杂、存在不采用国际标准等障碍，又有关于具体产品，如电气和电子设备、电信设备以及汽车等，遭遇壁垒的情况介绍。从以上可以看出发达国家都很重视对主要出口市场的机电产品技术性贸易壁垒的动态追踪，加强预警，以便寻找合适的对策来保证本国机电产品在国际市场上的地位。

（二）利用 WTO/TBT 和 WTO/SPS 等协议，解决争端

这些年的实践表明，发达国家很善于运用 WTO/TBT、WTO/SPS 等协议争取和维护自身的利益。自1995年WTO成立至2001年，美国按照TBT协议的要求，通报了215件技术法规，欧盟通报了191件，日本则通报了265件，其中，美国通报所涉及的主要产品包括机电产品、酒类、肉类标签、汽车刹车油、枣类水果等。美国负责TBT通报工作的咨询点"标准与认证信息国家中心"，目前专职人员编制有6人，2001年的经费预算为60万美元。

在使用WTO争端解决机制处理有关技术性贸易壁垒争端方面，美国、欧

盟、加拿大等发达国家发挥得淋漓尽致。自世界贸易组织 1995 年成立至
2000 年，在援引 WTO/TBT、WTO/SPS 协议的 25 件争端中，美国提起的胜诉
为 7 件、欧盟提起的胜诉为 5 件、加拿大提起的胜诉为 5 件，三者合计提起
申诉 17 件，占 68%。由此我们也可以看出发达国家积极地利用 WTO/TBT 和
WTO/SPS 等协议，解决贸易争端，消除贸易壁垒。①

（三）重视双边与区域合作和协调机制，促进市场准入

除了充分利用多边贸易体制，发达国家还纷纷诉诸双边和区域合作机制
以为本国产品的出口扫清障碍。欧盟在"欧洲标准化的作用"决议中指出，
"欧盟各国在国际标准化组织中的标准化提案要协调一致"。美国与欧盟达成
的《相互认可协议》更是这方面的典型代表。1998 年，美国与欧盟达成《相
互认可协议》，减少双方重复认证工作，提高两国在合格评定程序方面的透
明度，便于两国机电产品相互之间的流通，加快机电产品投放市场的速度。
同时美国也同其他发达国家签订相互之间的"认可协议"，便于促进美国机
电产品出口。重视双边以及区域合作和协调机制。

从以上发达国家的这一系列的行动可以看出，重视双边与区域合作和协
调机制是有助于消除相关国家之间的贸易壁垒，提高各国市场的透明度，促
进发达国家的机电产品出口。针对发达国家的机电产品技术性贸易壁垒，通
过相互之间签订双边协议，例如，美国与欧盟达成的《相互认可协议》，可
以避免本国机电产品在出口中因为不符合相关国家的要求而被拒之门外。

（四）制定标准化发展战略，提高竞争力

为了打破机电产品出口所面临的技术性贸易壁垒，主要发达国家都非常
重视制定标准化发展战略，借此提高机电产品的国际竞争力，维护本国的机
电产品合法利益。1998 年 3 月～2000 年 9 月，美国标准学会（ANSI）和美
国标准技术研究院（NIST）合作，制定了美国标准化发展战略。日本经济产

---

① 王孝存，刘厚俊. 国外应对技术性贸易壁垒的最新实践及对我国的启示. 南京社会科学，
2003（5）.

业省工业标准调查会组织了 20 多名专家和有关方面的代表，投资 1.3 亿日元，从 1999 年 6 月至 2001 年 9 月，制定了日本的标准化发展战略。欧盟于 1999 年 10 月通过了"欧洲标准化的作用"决议。另外，在此之前，欧洲标准化委员会（CEN）和欧洲电工标准化委员会（CENELEC）还于 1998 年 10 月相继发布了"CEN2010 年战略"和"CENELEC2010 年战略"，确立了 21 世纪头 10 年的标准化发展战略。

值得注意的是，主要发达国家制定的标准化发展战略都力争使本国机电产品标准成为国际机电产品标准。这表明它们已充分认识到未来机电产品技术性贸易的竞争主要表现在机电产品标准的竞争，谁拥有了机电产品标准制定权，谁在以后的国际竞争中就将占有主动权，因此，为了提高本国或本地区机电产品的国际竞争力，它们不遗余力地参与制定国际标准，以确保国际标准能够反映本国的机电产品技术水平和需求。

（五）贸易壁垒应对机制具有较强的法律依据性

20 世纪 60 年代以来，美国贸易法历经了五次重大修改，从《1962 年贸易拓展法》到《1988 年综合贸易与竞争法》，对美国贸易代表开展对外贸易壁垒调查工作都有明确的授权。美国应对贸易壁垒最重要的国内法依据是"301 条款"（包括"特别 301 条款"和"超级 301 条款"），它们对贸易壁垒调查的发起、涉及的范围、调查程序及贸易代表的权利和义务均进行了明确界定，使得美国的贸易壁垒应对机制具有明确的法律依据；欧盟有《新商业政策工具》与《贸易壁垒规则》，《贸易壁垒规则》的最终目的是消除第三国贸易壁垒；日本的《进出口贸易法》。由此可以看出，发达国家重视在应对第三国市场准入问题时提供法律依据。所以从上面的分析可以看出，发达国家在应对包括机电产品技术性贸易壁垒在内的贸易壁垒问题上基本上都有较强的法律依据性。

二、发达国家应对机电产品技术性贸易壁垒的经验对发展中国家的启示

20世纪90年代以来，特别是世界贸易组织成立以来，各个国家的关税水平大幅降低，而传统的非关税措施得到了严格的限制。在机电产品国际贸易中，发达国家越来越倾向于采用技术性贸易壁垒，由于机电产品技术性贸易壁垒不但具有隐蔽性、针对性、灵活性、报复性等一般性特征，而且还处于不断变化之中，形成一些新的特征。从近年国际贸易中机电产品技术性贸易壁垒的影响来看，发展中国家处于十分不利的境地。针对这种新情况，发展中国家也应该借鉴发达国家成功应对机电产品技术性贸易壁垒的经验。

（一）应该完善机电产品技术性贸易壁垒体系

总体来看，与发达国家相比，发展中国家的技术性贸易壁垒体系构成还不完善，还有许多薄弱残缺的地方。如日本1994年拥有8184个工业标准和397个农产品标准，到2005年已接近2万个产业标准；欧盟各国拥有技术标准已超过10万个；美国的技术法规和技术标准更是名目繁多，它所制定的包括技术标准和政府采购规定等在内的标准就有大约5万个，而且这些标准中的许多都还不包括一些约定俗成的以及被人们在现实当中作为事实而遵循的行业标准。而发展中国家的情况却不尽如人意，尽管一些新兴工业化国家和发展中大国比较注重技术标准，如印度、巴西等国已拥有了6000个以上的标准，但更多的发展中国家的技术标准体系还处于残缺薄弱的状态，不能完全适应现实发展的需要，与国际标准体系难以接轨。不仅如此，发展中国家的标准水平与发达国家还存在一定的差距。发达国家多采用国际标准，或采用比国际标准更高的国家或行业标准，而广大发展中国家使用的标准普遍比国际标准低，对国际标准的采标率也比较低，技术标准的更新换代的周期也比较长。[①] 所以综合发达国家应对机电产品技术性贸易壁垒的经验，发展中国

---

① 郑展鹏. 发达国家TBT的启示及对发展中国家TBT的评价. 北方经济，2006（20）.

家应该更多地采用机电产品国际标准，目前很多发展中国家机电产品出口受阻很大的一部分原因是发展中国家的机电产品标准低于发达国家所要求的标准与国际标准，按照国际标准生产与出口可以避免一部分机电产品技术性贸易壁垒。有条件的发展中国家还可以把自己国家的机电产品标准努力的变为国际标准，这样在应对机电产品技术性贸易壁垒方面就有了话语权。

（二）在充分利用双边、多边与区域合作机制方面还有待加强

发达国家不但能够充分利用多边贸易体制，还纷纷诉诸双边和区域合作机制以实现本国利益的最大化。欧盟在"欧洲标准化的作用"决议中指出，"欧盟各国在国际标准化组织中的标准化提案要协调一致"。美国与欧盟达成的《相互认可协议》更是这方面的典型代表。发展中国家在利用双边、多边与区域合作机制方面与发达国家相比还有很大的差距。据世界贸易组织通报，WTO 各成员方彼此间已签订相互认可协议和其他相互谅解备忘录，其中发达国家占有绝对的比重，发展中国家占有的比重比较少。签订协议的发展中国家彼此间不是有历史渊源，就是边界毗邻，或经济发展和技术水平同质化，与发达国家相比，在充分利用双边、多边与区域合作机制方面还存在一定的差距。所以，发展中国家应该就机电产品与发展中国家和发达国家达成双边与多边合作机制，利用双边、多边合作机制来消除机电产品技术性贸易壁垒。

（三）应该充分发挥非政府行为的积极性

通过对发达国家的研究，我们可以看出，发达国家比较重视非政府的作用。在日本，由政府主导的机电产品技术性贸易措施越来越多地受到指责和否定，取而代之的是机电行业的会规，或者是企业为了提高机电产品竞争力从内部制定更为严格的机电产品技术标准和管理规章。而美国的标准体制与其他国家的一个重要区别在于其结构的分散化。美联邦政府负责制定一些强制性的机电产品标准。此外，相当多的标准（尤其是行业标准）是由工业界及行业协会等非政府机构制定和采用的。在美国，甚至在一些机电产品技术法规的制定中，非政府机构也参与并发挥了积极的作用。欧盟与日本也充分发挥了非政府机构在制定标准方面的作用。这体现了发达国家在实施机电产

品技术性贸易壁垒中的一个共同的特点：发达国家非政府机构发挥了越来越重要的作用，非政府机构参与大量的机电产品技术标准、合格评定与认证工作。[①]

而广大的发展中国家在机电产品技术性贸易壁垒的构建过程中过分强调政府行为的作用，而不注重充分发挥非政府行为的优势和作用。发展中国家应该借鉴发达国家在构建本国机电产品技术性贸易壁垒方面的经验，充分发挥非政府机构的作用。在政府机构与非政府机构之间形成一个层次分明、职责清楚、合作协调、行之有效的机电产品技术性贸易壁垒体系。发展中国家政府在构建本国机电产品技术性贸易壁垒体系方面应该发挥主要作用，尤其在制定本国的机电产品技术法规方面承担主要的责任，但是在一部分非强制性的机电产品技术标准方面的工作应该交由非政府机构去完成。这样一方面可以提高本国政府行为的权威性，另一方面又可以充分发挥发展中国家非政府行为的作用。[②]

（四）充分利用 WTO／TBT 和 WTO／SPS，解决贸易争端

从近几年的实践看，发展中国家在其出口遭遇越来越多的技术性贸易壁垒过程中，也开始仿效发达国家，利用 WTO 的争端解决机制维护自身的利益。WTO 成立后受理的第一起申诉———巴西、委内瑞拉与美国关于汽油标准的纠纷，就是由两个发展中国家提出并最终获胜。但是发展中国家制定机电产品方面还没有成功地利用 WTO／TBT 和 WTO／SPS 解决技术性贸易壁垒。可见，发展中国家也开始意识到利用 WTO／TBT 和 WTO／SPS 解决贸易争端，维护自己的合法权利。总体来看，发达国家运用争端解决机制的能力更强。对多数发展中国家而言，对技术性贸易壁垒政策的运用和利用争端解决机制维护合法权利只是偶尔的行动，显得孤立零散、缺乏体系。所以说，发展中国家应该在利用 WTO／TBT 和 WTO／SPS 解决贸易争端方面，借鉴发达国家成功应对机电产品技术性贸易壁垒的经验，大胆地利用争端解决机制维护本国机电产品的合法权利。

---

①②　郑展鹏，苏科五. 技术性贸易壁垒的南北比较与中国的政策选择. 财贸经济，2004（2）.

（五）加强对国外技术性贸易壁垒预警机制的建立

发达国家的预警机制是适用于所有技术性贸易壁垒的，同样也适用于机电产品技术性贸易壁垒。从以上可以看出，发达国家都是重视对主要出口市场的机电产品技术性贸易壁垒的动态分析，加强机电产品技术性贸易壁垒的预警，以便寻找合适的对策来保证本国机电产品在国际市场上的地位。

发展中国家对这个问题的认识比较晚，虽然近年来逐步认识到建立起完备的机电产品技术性贸易壁垒预警机制的重要性，总体来看，依然显得比较落后。由于绝大多数机电产品技术性贸易措施从制定、采纳和执行都要经历一段时间，通过实时跟踪，能够及时掌握相关动态，采取相应措施，减少"碰壁"损失。而且技术性贸易壁垒近来还表现出一些新的特征，建立起完备的机电产品技术性贸易壁垒预警机制，研究国外机电产品技术性贸易壁垒体系，认真总结国内外企业突破贸易保护的经验和教训，建立国外贸易保护的数据库，及时收集、整理、跟踪国外机电产品技术性贸易壁垒的最新动态，及时向企业传递有关信息，及时发布机电产品技术性贸易壁垒的预警信息，才能帮助和指导国内企业突破国外机电产品技术性贸易壁垒。

三、发达国家应对机电产品技术性贸易壁垒的经验对中国的启示

从以上有关主要发达国家和发展中国家应对机电产品技术性贸易壁垒的最新实践分析可以看出，国际社会已积累了比较丰富的应对经验，这值得我国借鉴与学习，从而提高我国应对机电产品技术性贸易的成功率与效率。为此，可以得出以下对我国的有益启示。

（一）全面认识和充分利用 WTO/TBT、WTO/SPS 等协议，维护本国利益

发达国家很善于运用 WTO/TBT、WTO/SPS 等协议争取和维护自身的利益。自 1995 年 WTO 成立至 2001 年，美国按照 TBT 协议的要求，通报了 215

件技术法规，欧盟通报了 191 件，日本通报了 265 件，而发展中国家对于其运用仍然不成熟，由于经济技术水平的差距；发展中国家通报的技术法规数量与发达国家相比还有很大的差距。充分利用 WTO/TBT、WTO/SPS 等协议，维护本国利益，这对我国目前的限制来说，具有重要的示范价值。

我国企业在遭受机电产品技术性贸易壁垒后，往往不懂得维护自己的利益、不抗争，选择沉默，这往往助长了发达国家利用机电产品技术性贸易壁垒阻碍我国机电产品出口的气焰。目前，在机电产品技术性贸易壁垒的争端案中，诉讼方大多数是发达国家，中国等发展中家作为诉讼方很少，1995~2004 年国际上涉及 TBT 和 SPS 的争端达到 60 余起，大部分案例发生在发达国家。这并不是因为包括我国在内的发展中国家没有遭受技术性贸易壁垒，而是由于企业不太懂市场规则，遇到机电产品技术性贸易壁垒不应诉，白白放弃了巨大的市场。因此，我国机电产品出口企业应该在积极追踪国外机电产品技术性贸易壁垒动态的同时，加强对 WTO 等经济规则的学习，充分利用 WTO/TBT、WTO/SPS 等协议，维护本国机电产品的合法利益。

（二）重视双边与区域合作和协调机制，便利国际贸易

很多发达国家和越来越多的发展中国家都特别重视双边、区域合作和协调机制，实现贸易便利化。以最典型的美国和欧盟达成的《相互认可协议》为例。1998 年美国与欧盟达成了《相互认可协议》，《相互认可协议》避免了欧盟与美国之间重复认证，提高了两国之间的贸易措施的透明度，便利两国机电产品的出口。美国与欧盟达成《相互认可协议》并于 1998 年 12 月开始生效，主要包括六个方面：通信设备、电磁兼容性、电器安全、娱乐器械、药品制造和医疗设备。《相互认可协议》可以使得本国厂商能够在生产所在地获得认证而无须支付高额的认证费用，从而能够直接将产品从产地运往最终销售点；实现一种产品，一次认证，从而大幅减少贸易障碍；加快产品投放市场的速度。

重视双边与区域合作和协调机制，对于我国具有很好的启示作用。我国应顺应当今世界经济格局，利用多边、区域与双边等多种合作和协调机制，而不能仅仅借助于一种机制，毕竟我们所处的是一个多极化的时代，一个经

济全球化与区域集团化两种浪潮并存的时代。在此背景下，我国作为 APEC 的成员国，应该特别关注 APEC 为减少技术性贸易壁垒所做的努力，APEC 贸易和投资委员会下设的标准和合格评定小组委员会就 APEC 标准与国际标准的协调、标准制度透明度的提高、与欧盟进行有关标准问题的对话以及涉及电子设备、食品等的相互认可协议等问题进行了讨论。① 由此可见，APEC 为了便于实现贸易和投资的自由化，已经针对严重影响 APEC 成员国贸易和投资的技术性贸易壁垒采取了一系列实际的行动。我们应密切加以关注并积极参与，进而从中受益。所以我国应该积极利用双边与多边区域合作和协调机制，为我国机电产品出口扫清阻碍。

（三）实施标准化战略，构建完善的机电产品技术法规和标准体系

根据前面的分析可知，发达国家为了打破机电产品出口所面临的技术性贸易壁垒，一般都非常重视制定标准化发展战略，借此提高机电产品的国际竞争力，维护本国机电产品的合法利益。值得注意的是，主要发达国家制定的标准化发展战略都力争使本国标准成为国际标准。为了提高本国或本地区产品的国际竞争力，它们不遗余力地参与制定国际标准，以确保国际标准能够反映本国的技术水平和需求。

这一点对我国具有重要的启示，我国在机电产品方面的整体水平与发达国家还有很大的差距，采用国际标准和国外先进标准的程度远远不能适应当今国际化要求。20 世纪 90 年代以来，我国加快了国际标准采用速度，1997 年以后制定、修订标准的国际标准采用率已占 60%，但从整体看，我国采用国际标准的状况仍很落后。而且，我国参与国际标准制定的工作也远远落后于发达国家，目前，在全世界 16000 项国际标准中，只有 20 多项是我国参与

---

① 王孝存，刘厚俊. 国外应对技术性贸易壁垒的最新实践及对我国的启示. 南京社会科学，2003（5）.

制定的，参与率不足3‰。① 而且参与制定的机电产品标准更少。因此，我们要全面客观地认识机电产品技术性贸易壁垒的性质，加大对标准建设的投入力度，建设和创新我国的机电产品技术标准体系，在保护自身正当权益的同时，从善待环境的技术和机电产品中获利，使我国的机电产品出口更具竞争力。

（四）建立和完善技术性贸易壁垒预警机制，争取主动

无论是主要发达国家还是一些发展中国家，都非常重视对机电产品的主要出口市场的技术性贸易壁垒措施进行跟踪报告与研究，一般发达国家在应对机电产品技术性贸易壁垒上，已经建立起比较成熟的预警机制与应对机制，赢得了机电产品应对技术性贸易壁垒的主动权。实际上，绝大多数机电产品技术性贸易壁垒从制定、采纳和执行都要经历一段时间，因而可以说是一个过程。通过实时跟踪，能够及时掌握相关动态，采取相应措施，为成功应对机电产品技术性贸易壁垒创造有利条件。另外，机电产品技术性贸易壁垒不但具有隐蔽性、灵活性、针对性等一般特征，而且近来还出现许多新的特征，所以加强对机电产品技术性贸易壁垒进行及时的跟踪和研究显得十分必要。

信息不畅通，得不到针对性的咨询和服务是目前中国大部分机电产品出口企业应对技术性贸易壁垒的最大困难。主要是因为我国缺乏相应的机电产品预警机制，一旦机电产品遭遇技术性贸易壁垒，往往只能接受。而发达国家或地区对进口机电产品的市场准入条件不是一成不变的，它是随着社会的发展、科学技术水平乃至管理技术水平的进步在不断提高的。中国许多机电产品出口企业还不习惯关注国外市场变化情况，对与机电出口产品有关的市场准入条件、市场信息漠不关心，对贸易对象国完全不了解。信息的不对称导致机电产品出口企业在与国外客商洽谈贸易业务时，遭受不公平合同条款，在利益上受损。因此，政府应建立机电产品技术性贸易壁垒预警机制，为企业保持稳定的机电产品出口提供良好的服务。

建立起预警机制、重视投入相关基本要素、及时获得有关我国目标市场

---

① 王征．我国农产品出口的绿色壁垒及应对策略分析．武汉科技大学学报：社会科学版，2007（3）.

所在国或地区的技术法规、标准和合格评定程序等方面的信息，同时对我国出口产品的流量和争端情况实施有效监测，并建立专门的研究机构提交分析报告和建议，则完全能够在实际运作中变被动为主动。发达国家为保护本国机电产品市场，经常对本国机电产品技术法规和标准进行修订，如果企业信息不畅，不能按照已经变化了的法规或标准要求生产机电产品，在出口时就会遭遇技术性贸易壁垒。目前值得欣慰的是，中国政府已经意识到建立贸易预警机制的重要性，组织专门的部门负责机电产品技术性贸易壁垒的信息收集和分析整理工作，建立机电产品技术性贸易壁垒信息中心和数据库。及时将主要贸易对象国的机电产品技术法规、机电产品技术标准及合格评定程序通报给各外贸公司和外贸出口企业，帮助各机电产品出口企业采取针对性的措施，突破国外机电产品技术性壁垒，实现对外贸易保护的前置化，为千方百计扩大机电产品出口提供有效的服务。我国的预警机制与发达国家相比还有一定的差距，发达国家针对机电产品技术性贸易壁垒的预警机制已经形成体系化、动态化，发达国家完善的预警机制值得我国学习与借鉴。

（五）积极实施"走出去"战略

从发达国家的经验中得出，"走出去"战略可以大大缓解贸易摩擦。通过在国外设立独资企业或者合资企业，可以顺利避开包括机电产品技术性贸易壁垒在内的贸易壁垒。从日本的应对机制可以看出，为了避免美日汽车贸易的争端扩大，日本采取了向美国大量直接投资，在美国国内生产汽车而后再在美国销售的做法。一方面，日本在美国的直接投资能够增加美国的就业机会和美国工人的收入等，从而减轻美国国民对日本汽车的不满情绪。另一方面，随着日本在美国汽车行业投资的增加，日本厂商在当地的生产的汽车销量迅速增加。尽管美国从日本进口的汽车减少，但是在美国生产的日本汽车的增加也就弥补了日本出口的减少。

美、日、欧盟三大经济体是我国外贸出口的主要市场，更是我国机电产品主要三大出口市场。中国出口企业对这些国家和地区有着很强的依赖性。而这三大经济体又是实施机电产品技术性贸易壁垒最为严重的地区同时也是机电产品技术性贸易壁垒的主要发源地。为了规避风险，政府应完善各种支持和促进政策，鼓励机电产品出口企业采用多种方式实施市场多元化战略，从而绕过机电产品技术性贸易壁垒。政府也要为本省企业"走出去"创造有利的条件，政府应该完善本省的法规以及金融服务体系，同时政府还应该向企业提供信息咨询服务，帮助企业了解投资国的投资环境、市场前景、境外投资导向政策等方面提供信息。总之，发达国家通过实施"走出去"战略，在国外投资设厂，在当地生产与销售机电产品，占领当地的市场，同时也能绕开国外的机电产品技术性贸易壁垒，发达国家的这些做法对我国具有一定的借鉴作用。

第九章 辽宁省机电产品出口
应对技术性贸易壁垒的对策

面对技术性贸易壁垒，我国一方面要意识到自己的落后，加快发展壮大自身的整体水平；同时，也要区别对待，采取相应措施，有效应对标准壁垒、知识产权壁垒、绿色壁垒。这其中主要依赖于三个层面的工作，即政府的大力支持和指导、企业自身水平的提高和行业协会的协助。政府应起主导作用。同时，企业应积极配合，提高产品质量，行业协会发挥其中间作用。只有政府、企业和协会的共同努力，才能最终跨越技术性贸易壁垒障碍。本书也分为三个层面提出应对技术性贸易壁垒的措施。

第一节 政府层面的应对措施

一、实施与国际接轨的标准化战略

采用国际标准是突破标准壁垒的最有效手段。从实证分析的模型可知标准壁垒对辽宁省机电产品出口虽然起到了一定的促进作用，标准壁垒的系数为0.002172。但是标准壁垒的促进作用较小，所以我们不能忽略标准壁垒对辽宁省机电产品出口的潜在抑制作用。因此，辽宁省企业应该积极开展出口产品标准化建设以应对技术性贸易壁垒。国际标准目前已成为国际范围内协调标准和处理有关贸易纠纷的重要依据，WTO鼓励各国采纳现有的国际标准、法规或者建议，而且国际标准一般代表当前国际先进技术水平，采纳国际标准对于提高产品质量和推动辽宁省机电企业技术改进具有积极的作用，因此采用国际标准是突破标准壁垒等技术性贸易壁垒的重要途径。据辽宁省出入境检验检疫局统计，目前，欧盟、俄罗斯、加拿大、美国、澳大利亚、新西兰、南非、土耳其、菲律宾、韩国、智利、哥斯达黎加、哥伦比亚等50多个国家和地区已相继采纳国际标准，但是辽宁省采纳国际标准的比例不高，在当前形势下直接导致辽宁省的机电产品出口受到很大的影响，所以辽宁省政府部门与企业都应采取切实有效的措施，加快采用国际标准的步伐。

政府部门应该密切关注机电产品的国际标准，根据地方的实际情况，把国际标准变为地方标准，要求地方企业要按照国际标准进行生产，不符合条件的企业限制其机电产品出口，以免影响辽宁省的机电产品在国际市场上的影响力。政府部门还应当全面参与国际标准化委员会 ISO、国际电工技术委员会 IEC 等标准化组织的各种技术活动，特别是国际标准的制定、修订与协调活动，只有积极主动的参与国际标准的相关活动，密切关注国际标准发展情况，把我国的相关意见与合理的要求引入到国际标准的制定中，并争取把我国具有先进水平和比较优势的技术标准向国际标准化组织推荐，争取纳入国际标准。另外，有条件的企业应该发挥主观能动性，积极关注机电产品国际标准，把国际标准变为企业标准，把采用国际标准贯彻到企业的生产活动中去，尽量在各个方面都按照国际标准的要求进行生产，这样辽宁省机电企业不但能够很好地突破技术性贸易壁垒，而且还可以提高辽宁省机电产品的技术含量，促进机电产品出口大幅增长。

二、制定国际认证制度，建立与国外权威认证机构的互认机制

认证是证明企业所生产的终端产品及生产管理体系符合某种法规和标准的合格评定程序。虽然大多数认证是自愿性的，但它在国际贸易中的地位越来越重要。产品认证、管理体系认证及环境认证都是企业通向国际市场的一张通行证，辽宁省很多机电产品就是因为缺少国际认证而被阻挡于国际市场之外。所以辽宁省政府应该建立本省的产品认证体系，加强本省的产品认证

体系与国际标准体系接轨，扩大本省机电产品的出口。另外，辽宁省政府应该借鉴发达国家的经验，加强与相关国家建立双边合作机制。辽宁省政府应该鼓励本省认证机构发展壮大并积极与发达国家知名认证机构建立合作关系，建立与发达国家权威认证机构的相互认可机制，相互认可机制可以简化检验检测的程序，便于扩大国家之间的机电产品出口。目前很多发达国家和发展中国家都已经通过政府以及非政府的作用，取得欧共体授予的"被指定机构"资格，辽宁省政府应该借鉴以上国家的做法，努力使得本省的机电产品获得欧共体授予的认证机构资格，为本省机电产品出口到欧盟市场提供便利。

按照前面的实证分析，绿色壁垒对辽宁省机电产品出口起到阻碍作用，所以辽宁省政府关注绿色壁垒、加强环境方面的认证认可体系显得十分必要。在机电产品方面，辽宁省要进一步加强 ISO14000 环境管理体系和各类环境标志、安全、卫生标准和社会责任标准等认证机构的建设，强化认证机构的服务功能，加强对出口机电产品的认证，提高辽宁省机电产品出口认证工作在国内外的影响力和权威性。另外，辽宁省要借鉴发达国家的经验，加强与其他国家或地区在相互认证方面的协商与谈判，为辽宁省机电产品出口相关国家扫清障碍。

三、建立产业集群，大力发展出口基地

由前面分析可知，辽宁省机电产品结构不合理，产业升级缓慢，机电产品大多数靠加工贸易出口，很少出口具有自主知识产权的产品。机电企业出口秩序混乱，许多机电产品出口企业在国际市场上存在恶性竞争的情况，企业之间缺乏良性的沟通机制，因此辽宁省政府有必要进行对机电产品出口企业进行整合。我国已经进入产业集群与产业竞争力密切关联的阶段。产业集群是市场经济条件下工业化进行到一定阶段后的必然产物，是集中于一定区域内特定产业的众多具有分工合作关系的不同规模等级的企业与其发展有关的各种机构、组织等行为主体，通过纵横交错的网络关系紧密联系在一起的空间积聚体，代表着介于市场和等级制之间的一种新的空间经济组织形式。它可以有效地促进知识、信息、技术等的扩散，通过企业间频繁的交往合作、

政府对共同技术研究的支持，可以促进区域内产业的合理分工，解决由产业同构化所带来的恶性竞争，提供更多的就业和发展机会。因此，美国哈佛大学以研究竞争战略而著名的迈克尔·波特教授指出，一个国家的产业竞争力，集中表现在这个国家内以集聚形态出现的产业上，而一个成功的产业集聚区，需要 10 年甚至更长时间才能发展出坚实稳固的竞争优势。在工业发达国家，经过长期发展，竞争力强的产业通常采取集群的方式组织生产。

在我国，也已经可以观察到这样的趋势：就同类产品而言，采取产业集群方式的地区，竞争力显著强于其他地区，并且出现了其他地区企业向产业集聚地区转移的势头；而没有形成产业集群的地方，或者没有产业竞争力，或者曾经有过也会衰落下来。在中国众多的企业中，有许多成功的例子。据有关数据显示，截至目前，浙江所拥有的年总产值在亿元以上的产业集群区大约有 500 多个，实现年产值高达 6000 亿元。如嵊州的领带、温州的打火机以及苍南的铝制徽章都已经形成了一定规模的产业集群，在相应的国际市场份额中占有极大的比重。① 正是由于这些产业集群的存在，才使得浙江的出口得到大幅度增长，并使得浙江形成以这些产业为基础的国内或国际的核心竞争力。产业集群既加强了企业之间的良性竞争，同时又能促进互相学习经验的效应，使企业有了动力进行生产技术的不断创新。

辽宁省目前以机电产品作为主要出口产品，就机电产品而言，辽宁省存在比较优势，不仅有劳动力的优势还有辽宁省发达的装备制造业，以沈阳为中心的辽宁中部城市群是新中国成立后，由国家采用行政手段最早建立起来的老工业基地。其中，装备制造业是区域内的优势产业之一，为我国的工业化进程做出了重大贡献，在计划经济时代被誉为"共和国的装备部"，现在仍具有较强的产业基础、科研开发和技术人才优势。辽宁省可以在现有的装备制造业产业集群的基础上重新构造出口机电产品产业集群。在区域分工与协作的基础上，通过生产要素的自由流动，实现出口机电产品产业集群高度集聚，推进机电产业结构优化升级，提升机电产品品质。加强产业集群内的产学研合作，发挥比较优势共同攻克技术性贸易壁垒。

---

① 章志键. 技术性贸易壁垒对我国外贸出口的影响及对策. 价格月刊, 2009 (4).

四、优化贸易结构，增加出口机电产品的技术含量

辽宁省应该进一步加大出口商品结构调整。当前，出口产品结构仍然是制约辽宁省扩大出口的关键。近几年，由于辽宁省的产业结构仍处于过渡完善阶段，导致全省的机电产品出口增长一直在低位徘徊，2000~2008 年机电产品出口额在出口总额中的比重一直在35.0%左右徘徊，直到2009~2011 年才稍微有点上升，比例达到40%以上。由于当今以信息技术为代表的高新技术产品变得更加活跃，显示出较强的生命力，正在逐步成为国际贸易的重要组成部分。但值得注意的是，近年来受国际产业构成变动的影响，辽宁省机电产品贸易结构虽然得到一定的改善，但是辽宁省的高新技术产品出口增长乏力，在全省出口总额中的比重有所下滑，由 2001 年的43.42%下降到2011 年的25.59%，可以看出辽宁省目前出口机电产品结构总体上还是不合理的，出口机电产品的技术含量较低。由于未来技术性贸易壁垒实质是高科技壁垒，所以辽宁省应该优化贸易结构，提高出口机电产品的技术含量，一方面能够提高出口机电产品的竞争力，另一方面能够突破技术性贸易壁垒。

此外，辽宁省应着力培养和发展受国家政策调整影响较小的机电产品及高新技术产品的出口，《关于"十二五"期间促进机电产品出口持续健康发展的意见》指出，推动出口产品结构从劳动密集型向劳动密集型和技术资金密集型并重转变。扩大拥有自主知识产权、自主品牌的机电产品出口，力争一般贸易机电产品自主品牌出口比例提高到30%。由于辽宁省机电产品技术含量不高，所以有必要加快产品的技术创新来提升辽宁省机电产品的技术含量。当今的技术性贸易壁垒实质是高科技技术壁垒，不管进口国设置技术性贸易壁垒的目的是什么，设置什么样的技术性贸易壁垒，总体来说，技术性贸易壁垒对于科学技术的要求是越来越高。所以辽宁省应该根据国家的形势，将国家有关提高机电产品和高新技术产品出口退税等优惠政策用好用足，切实加强对涉及企业在资金、税收、退税等方面的大力扶持，优化贸易结构，应着力培养和发展自主知识产权的产品出口，提高产品的技术含量，促进辽宁省机电产品出口大幅度增长。

五、调整出口市场结构，积极拓展新的国际市场

《关于"十二五"期间促进机电产品出口持续健康发展的意见》指出，推动出口市场结构从传统市场为主向多元化市场全面发展转变。巩固欧盟、美国、日本等传统市场，大力拓展中东、拉美、非洲、东盟、南亚等发展中国家新兴市场。努力实施好已签署的自贸协定，加快区域内贸易便利化进程；努力将对新兴市场的出口比例提高到40%左右，增量占比提高到60%以上。目前，辽宁企业出口市场主要集中在日本、美国、欧盟等发达国家，而这些国家又是颁布和实施标准壁垒、绿色壁垒、知识产权壁垒等技术性贸易壁垒最多、对辽宁省出口企业影响最大的国家。因此，辽宁省机电产品出口企业必须主动进行出口市场调整，坚持实施市场多元化战略，在不放弃传统出口市场的同时，应把辽宁省机电产品出口尽可能转向发展中国家和中等收入国家，由于辽宁省机电产品技术含量不高，虽然机电产品在发达国家市场上遭遇技术性贸易壁垒，但是辽宁省这些产品还是比较适应发展中国家市场的需求，应该多开拓发展中国家市场。

目前，随着"金砖四国"的经济快速增长，以及俄罗斯加入世界贸易组织，辽宁省应该大力开发俄罗斯等国家市场。辽宁省企业还应该把目光关注到拉美、中东、非洲等潜力较大、前景广阔的新兴市场，尽可能减少技术性贸易壁垒产生的不利影响。另外，新兴市场国家仍处在快速发展期，对机电消费品和工业设备均有较大需求。辽宁省有些低端机电产品和很多发展中国家趋同，可以很好地适应当地市场，很多中高端机电产品在新兴市场国家同样具有较强的竞争力。因此开拓新的国家市场不但可以规避国际贸易风险，还可以促进辽宁省机电产品出口的持续增长，积极开拓新的国际市场已经成为辽宁省一项紧迫的任务。

六、加大研发投入，突破技术性贸易壁垒

由于当今的技术性贸易壁垒实质是高科技技术壁垒，不管进口国设置技

术性贸易壁垒的目的是什么，设置什么样的技术性贸易壁垒，总体来说，技术性贸易壁垒总是与科学技术水平密切联系的，对于科学技术的要求也越来越高。而且在当前国际金融危机以及主要发达国家经济持续低迷的影响下，国外设置的技术性贸易壁垒的种类越来越多，技术标准越来越繁杂、琐碎，技术要求也越来越高。在这种形势下也对产品的研发投入提出了更高的要求，尤其是针对技术性贸易壁垒的研发投入。因此，加大针对技术性贸易壁垒的研发投入是应对技术性贸易壁垒的最有效手段之一。目前辽宁省 R&D 经费支出中，2002 年只有 58.4 亿元，而到 2011 年则增加到 334.1 亿元，为 2002 年的 5.72 倍。但是从实证分析的结果可知，在标准壁垒对辽宁省机电产品出口影响的实证分析中，辽宁省 R&D 经费支出系数为 -0.005686；在知识产权壁垒对辽宁省机电产品出口影响的实证分析中，辽宁省 R&D 经费支出系数为 -0.237175；在绿色壁垒对辽宁省机电产品出口影响的实证分析中，辽宁省 R&D 经费支出系数为 -0.227105。在以上的实证分析中辽宁省 R&D 经费支出系数均为负数，说明辽宁省的 R&D 经费支出没有有效地用于突破技术性贸易壁垒。为了突破技术性贸易壁垒，辽宁省应该不断的加大针对技术性贸易壁垒的研发投入。只有这样才能不断突破发达国家设置的技术性贸易壁垒，为此需要政府与企业共同合作、共同配合。

辽宁省政府应制定财政、信贷、税收等方面的优惠政策，必要时可以建立专项基金，支持和鼓励企业加大对技术性贸易壁垒的研究，对成功突破技术性贸易壁垒的企业进行奖励。政府应该始终把科技兴贸这项政策作为提升辽宁省出口产业结构、促进辽宁省经济发展的新的经济增长点。辽宁省机电出口企业应不断加大资金投入，加大研发力度，把资金真真实实地用于突破技术性贸易壁垒。对于一些实力比较强的机电产品企业，不但要建立技术性贸易壁垒研发中心，更应该树立"以质取胜"的意识，不断进行技术创新，提高出口产品质量，树立自己的品牌，拥有自主知识产权，促使产品升级换代，以达到世界先进水平。

七、通过技术引进来跨越技术性贸易壁垒

根据技术差距理论，技术性贸易壁垒的实质就是国家之间的技术差异，尤其是发达国家与发展中国家之间的技术差异更为明显，发达国家利用自己的技术优势设置复杂、多样的技术性贸易壁垒。通过前面的分析可知，知识产权壁垒对辽宁省机电产品出口的负面影响比较大，知识产权壁垒系数为 - 0.319295，绿色壁垒系数为 - 0.081748。知识产权壁垒与绿色壁垒的影响本质在于技术方面的影响。但是在机电产品出口方面，辽宁省相当大的一部分机电产品尤其是高新技术产品都是通过加工贸易出口，自主创新的出口产品比较少，这就说明辽宁省的技术与发达国家在先进技术方面还存在一定的差距。由于辽宁省的技术供给能力有限，要应对和跨越国外层出不穷的技术性贸易壁垒，有必要十分重视对国外先进技术的引进。

要通过技术引进跨越技术性贸易壁垒就必然需要政府与企业之间的合作，政府应该鼓励企业加强对先进适用技术的引进，在财政、税收、政策等方面给予支持，同时政府也应该设立专项基金，引导企业对引进来的技术进行消化吸收再创新；制定专项优惠政策，大力支持企业对"进口技术"的再创新；同时在重点领域要严格限制重复引进技术与设备。而企业应该加强对先进适用技术的引进，通过技术追随者战略，低成本地获得企业的"后发优势"，促进辽宁省的机电产品竞争力提高，从而突破技术性贸易壁垒；企业更应该加强对引进技术的消化与吸收。相关资料表明，目前辽宁省大中型企业中七成以上没有技术研发机构，2/3 没有相关技术研发活动。特别是航空设备、精密仪器、医疗设备、工程机械等具有战略意义的高科技产品，八成以上是依赖进口。即便一些国企引进了技术，但是理解技术和再次创新能力欠缺。所以辽宁省企业应该重视"二次创新"的重要性，通过"二次创新"，提高企业的技术水平，更好地应对技术性贸易壁垒的静态作用机理与动态作用机理。所以说通过国际贸易引进国外先进技术，不仅在静态意义上提高了辽宁省的技术水平，缩小了与发达国家在技术方面存在的差距，更为重要的是在动态意义上辽宁省可以通过多种途径促使辽宁省技术创新能力的提高，

为突破发达国家的技术性贸易壁垒提供了某种可能性。

第二节　行业协会层面的应对措施

在美国、日本、欧盟等发达国家，行业协会组织在技术性贸易壁垒方面的工作地位和作用日益突出。许多过去由政府承担的管理和产业扶持职能转由行业协会等中介组织来履行，政府不再进行直接的干预，否则就会被认为设置贸易壁垒、歧视行为，很容易就受到其他国家的控告或者贸易报复。甚至有些发达国家的行业协会还参与制定国际标准的工作。行业协会可以代表企业与政府进行对话，架起企业与政府机构之间桥梁；还可以直接代表国内企业同国外竞争者、国际经济组织乃至政府进行交涉，自我辩护和保护，保护本国的企业。目前，辽宁省机电产品行业协会在职能上与发达国家还有一定的差距，本节就行业协会如何应对技术性贸易壁垒提出如下的对策。

一、完善行业协会服务与监督职能

根据以上分析，辽宁省机电产品出口企业存在对目标市场的技术标准不重视、甚至不了解，当产品进入到进口国市场时才知道自己的产品不符合进口国的"技术壁垒"。这些问题的存在不能仅靠政府与企业就能完成的，行业协会也有着不可推卸的责任。自从我国加入世界贸易组织后，政府的功能受到限制，而行业协会的作用得到加强。在应对国外的非关税壁垒时，行业协会发挥着特殊的双重作用：一方面，行业协会可以协调组织企业应诉，发挥中介作用；另一方面，行业协会自己也可以作为应对主体参与应对国外的非关税壁垒。而辽宁省行业协会相对于国外的行业协会而言还存在很多问题，在应对技术性贸易壁垒的问题时服务与监督职能还需要进一步加强。

加强辽宁省机电行业协会的服务职能。辽宁省机电行业协会（辽宁省机电产品进出口办公室）要向本行业内的中小企业大力宣传技术性贸易壁垒的相关知识，使机电产品出口企业要从思想上重视技术性贸易壁垒。行业协会还要与政府的技术性贸易壁垒信息咨询机构加强联系，及时将与本行业相关的重要信息传递给机电产品出口企业尤其是中小企业。出口企业获得信息的来源十分有限，而行业协会则可以利用政府主管部门对本行业机电产品的信息进行对技术性贸易壁垒的跟踪和了解，另外本行业的驻外机构获得当地市场和相关机电产业的信息，能够掌握国内外的整个机电行业动态。机电行业协会应协调好机电行业内企业与上下游企业之间的关系，使原材料供货企业、加工企业、出口承运企业等多种经营主体之间形成合力，加强对机电产品质量的全程控制。当本行业内的机电产品出口企业遭遇到国外不合理的技术性贸易壁垒时，行业协会应当通过各种渠道将贸易纠纷提交给政府有关机构解决，积极维护本行业中小企业的合法利益。

加强辽宁省机电行业协会的监督职能。辽宁省机电产品出口企业总体秩序比较混乱，存在恶性竞争的情况，行业协会的监督作用就显得十分重要。行业协会应督促本行业内的中小企业有步骤、分批次地进行各种权威性的国内及国际质量认证，保证出口的产品符合出口国的技术标准与要求。而且还要建立一套合理完善的行业激励机制，鼓励本行业的企业加强对自身产品技术的提高，多出口绿色环保型机电产品，对本行业内达到环保标准、产品质量高、有自主知识产权的企业进行奖励，如进行融资担保、在与外商有合作项目时优先推荐等。行业协会为了有效地监督辽宁省机电出口企业有序的出口，可以制定同类机电产品在同一国家市场的最低价格，防止机电产品出口企业在国际市场上竞相杀价，破坏辽宁省机电企业在国际上的形象，行业协会可以在法律允许的范围内对不遵守行业规定的企业采取惩罚措施。

二、建立完善的技术性贸易壁垒预警机制

技术性贸易措施从制定、采纳到执行往往需要经过一段漫长的时间，通过密切关注，能够及时掌握相关动态，采取相应措施，能够减少相应的损失。我国应该充分发挥国家的宏观调控能力，行业协会的灵活管理能力以及企业的快速反应能力，形成由国家、行业协会和企业共同组成的预警体系。2003

年科技部中国科技促进发展研究中与中国企业联合会共同对天津、山东、江苏三省市 260 家出口企业的调查中显示，从国外的 TBT 对我国这三个地方的企业造成的影响来分析，18.7% 企业认为国外的技术性贸易壁垒是不合理的，但是对国外技术性贸易壁垒不了解或者含者产品标准达不到国外设置的标准的比例分别为 34.7% 和 25.9%。① 信息不对称造成的贸易损失比产品质量不达标准造成的损失更大，也更加可惜。所以辽宁省应该建立技术性贸易壁垒预警体系，让机电出口企业适时掌握国外技术性贸易的情况。

根据前面的分析可知，技术性贸易壁垒对辽宁省机电产品出口造成很大的阻碍，尤其是知识产权壁垒、绿色壁垒造成的阻碍更为明显，知识产权壁垒系数为 -0.319295，绿色壁垒的系数为 -0.081748。然而据调查辽宁省机电产品出口企业中也有很大一部分企业尤其是中小企业对国外的技术性贸易壁垒知之甚少，所以建立辽宁省的技术性贸易壁垒预警机制显得更加重要。行业协会应该借鉴发达国家建立技术性贸易壁垒预警机制的成功的经验，组织专门的人力、物力研究和跟踪国外的技术性贸易壁垒，建立专门的机构对机电产品技术性贸易壁垒进行信息收集，建立起技术性贸易壁垒预警机制。技术性贸易壁垒预警系统应密切注视机电产品出口市场动态和把握辽宁省贸易伙伴的市场动态，及时向企业通报和传递国外技术标准、法规合格评审制度的有关信息。尽快建立行业预警系统和地区预警系统，通过网络保持及时传递信息。同时，要求辽宁省机电产品出口企业及时通报在出口过程中遭遇新的技术性贸易壁垒的信息。总之，建立的机电产品技术性贸易壁垒预警机制是利用网络进行信息发布，行业协会和出口企业在内的高效运作的宏观管理系统。

三、制定完善的行业标准

根据前面的分析可知，标准壁垒对辽宁省机电产品出口起到积极作用，但是系数比较小，也就是说标准壁垒对辽宁省机电产品出口起到促进作用比

---

① 潘飞霞，阮明烽. 我国机电产品出口所面临的技术性贸易壁垒及对策. 企业经济，2007 (2).

较小，辽宁省机电产品出口企业还不能忽视标准壁垒对机电产品出口的潜在抑制作用。目前标准壁垒更多地表现为技术标准与技术法规，所以制定完善机电行业技术标准与技术法规显得十分必要。

目前，辽宁省许多企业遭遇国外的标准壁垒，就是因为缺乏标准或者是采用的标准太低，如果再不提高机电产品标准，促使企业进行技术创新，辽宁省机电产品出口企业在面临发达国家越来越严格的技术性贸易壁垒面前将会越来越被动，政府主要的目的就是制定与推广行业技术标准，而政府要想成功制定与推广行业技术标准，必须依靠企业和行业协会的力量，行业协会由于对本行业了解得比较透彻，在操作方面显得更为有效。在面对机电产品技术性贸易壁垒方面，辽宁省的机电行业协会要充分发挥在机电行业标准的制定和规范化方面的优势，全面推进本省机电产品出口企业采用国际机电产品标准工作，保证企业的每一道工序都要符合国际标准。在推广采用国际机电产品统一标准的同时，机电产品行业协会还要充分利用自身的技术优势，组织制定本省特色的机电行业技术标准，尤其在辽宁省拥有传统优势、技术领先的装备制造领域。要制定出辽宁省自己的机电行业标准并争取使之成为国家标准、甚至是国际通用标准。机电产品行业协会通过健全和完善辽宁省机电行业的技术标准体系，就可以规范行业内的生产和竞争行为，提高出口机电产品的技术标准和质量，从而增强机电产品的出口竞争力。总之，辽宁省行业协会应该积极采用国际通用标准，完善自己的行业标准，规范机电行业产品质量，提高辽宁省整个机电产业的技术标准化水平，提升机电出口产品的国际竞争力。

四、代表企业积极参与解决相关的国际贸易争端

目前，辽宁省机电行业协会（辽宁省机电产品进出口办公室）在应对国际贸易争端，突破技术性贸易壁垒方面发挥的作用还很有限。因为机电产品出口企业在遭遇技术性贸易壁垒时，往往不能形成组织，据理力争，白白失去了很多挽救的机会。要摆脱这种状况，机电行业协会可以发挥相应的作用，避免上述情况发生。辽宁省机电行业协会应该完善自身建设，学习国际贸易

中有关规则和争端解决机制，增强解决贸易争端的经验和能力。建立良好的贸易预警机制，及时向企业和有关政府部门提供国内外市场的动态数据和分析报告，为企业的生产经营提供决策依据，协助政府在 WTO 规则范围内与其他成员协商解决各种贸易争端。企业也要加强对贸易技术壁垒的防范能力，与行业协会联合起来，突破技术性贸易壁垒。

随着辽宁省机电产品出口企业遭遇到越来越多的技术性贸易壁垒，这些技术性贸易壁垒中有相当大的部分是不合理的，按照 WTO 的规则，可以向 WTO 秘书处进行申诉，还可以按照国际惯例和世界贸易组织规则进行报复。但是依靠单个企业的力量应付难度极大，政府又不可能每件事都介入，此时行业协会组织应该义不容辞地履行好维护辽宁省机电行业利益的职责。辽宁省机电行业协会对本省机电产品出口企业遭遇到技术性贸易壁垒的时候可以向输入国政府或者 WTO 秘书处进行申诉，也可以与输入国行业组织进行磋商，利用行业协会的力量可以达到解决国外技术性贸易壁垒的能力。另外，省机电产业协会也可以对相关国家进行报复，限制国外产品的进入，以保护本省的机电产业。总之，辽宁省的机电行业协会在本省出口企业陷入国际贸易争端时，要作为企业代表出面协调解决这些问题，以及在必要的时候采取措施进行贸易报复。

第三节　企业层面的应对措施

辽宁省机电产品出口企业普遍技术水平不高，环保意识不强，很少产品具有自主知识产权，面对国外繁复的技术性贸易壁垒时往往会遭受巨大损失。一项新的标准确立后，在短期内将极大地阻碍企业出口，而在长期当企业经过努力达到该项标准以后，新的标准又出现了；当企业努力发明新的产品时，由于没有自主知识产权，到国际市场却遭遇进口国市场知识产权壁垒；由于国内对于环保方面的要求不高，在国内市场很有销路的产品到国际市场上却因为绿色壁垒而被阻挡于发达国家的市场之外。由此可见，被动地满足国外技术壁垒要求是应对的下策；企业力求在应对技术性贸易壁垒过程中始终掌握主动权，方为上策。本节从企业的角度谈如何加强对技术性贸易壁垒的应对。

一、加强信息的收集

随着辽宁省企业遭遇到的技术性贸易壁垒事件越来越多，加强关于技术性贸易壁垒的信息收集就显得十分必要。目前 WTO 根据透明度原则设置了 TBT/SPS 通报机制，我国的 WTO/TBT—SPS 是中国技术性贸易措施网站所提供的，是关于各国发布技术性壁垒信息的综合平台，是我国国民与企业了解国外技术性贸易壁垒的最主要渠道。企业在出口产品之前应该关注这些机构发布的相关信息，争取在第一时间获得与本企业出口产品相关的新的技术性措施信息。为了对目标市场的技术性贸易措施信息有更全面的了解，企业可以向政府、行业协会、TBT/SPS 咨询点寻求必要的帮助，因为政府、行业协会、TBT/SPS 咨询点有更加全面的信息，便于企业在出口前对目标市场的要求有一个很好的了解。企业应该充分利用这些信息来便利自己的产品出口。

就机电产品而言，技术性贸易壁垒对机电产品的影响程度在不断地加深，政府对机电产品技术性贸易壁垒也格外地重视，每当国外有重大技术性措施通报或即将实施前都组织向企业进行通报、并开展研讨和培训。企业应该注重加强信息的收集，利用政府提供的机会获取相关信息和对策建议，便于本企业的产品出口。目前辽宁省机电产品出口企业对这种培训和会议的重视程度普遍不够，如欧盟的《用能产品生态设计指令》（EUP 指令），该指令对用能产品的设计、生产、维护到回收和处理及最终淘汰都提出较高的环保要求，是继《关于报废电子电气设备指令》（WEEE）和《关于在电子电气设备中限制使用某些有害物质指令》（ROHS 指令）后欧盟的又一影响较大的技术性贸易壁垒，对出口欧盟的产品产生了严重的影响。由于辽宁省向欧盟出口的机电产品占机电产品总出口的比重较大，欧盟的技术性贸易壁垒不仅对该省出口欧盟用能产品产生直接冲击，而且还波及很多输欧电子产品和出口机电产品生产企业以及很大数量的机电产品从业人员，对该省机电产业的影响也十分巨大。而目前辽宁省很多机电产品出口企业对国外的技术性贸易壁垒不够重视，甚至只有当产品出口到国外市场时才明白国外的要求，所以对于本省的机电产品出口企业来说，加强对相关信息的收集有着积极的意义，企业应该充分关注 WTO/TBT—SPS 的相关信息，利用好相关的研讨和培训机会，保证本企业出口的机电产品符合国外市场的要求，进而成功跨越技术性贸易壁垒。

二、通过技术创新跨越技术性贸易壁垒

根据前面的对策分析，政府应该采用技术引进的方法进行跨越技术性贸易壁垒，这是因为目前全国的机电产品技术并不高，辽宁省机电产品技术在全国范围内与南方发达省份还有很大的差距。政府引进技术，要求企业对所引进的技术加以吸收并能进行"二次创新"。从前面实证分析的结果得知，知识产权壁垒与绿色壁垒对辽宁省机电产品出口产生了阻碍作用，所以该省企业更应该采用技术创新来跨越技术性贸易壁垒。

从技术引进到技术创新是逐渐演进的，但技术创新与技术引进却是两种不同的发展模式，其中最大的不同是观念的不同，是主动与被动的问题，是核心能力与普通能力的问题。虽然二者都是技术进步的手段，知识产权的获得主要依靠技术创新，技术创新可以在一段时间内获得创新成果，获得创新利润。技术创新可以产生知识产权。技术引进是在对别人的技术进行消化、理解、吸收的基础上加强对技术的改进，技术引进可以使得企业在短时间内获得相关的技术，便于达到进口国相关的技术要求，但是技术引进很难产生知识产权。因为在技术引进的同时，相关国家不允许进口方对引进的技术申报知识产权。辽宁省机电产品出口大多数是靠加工贸易出口的，加工贸易对技术引进有很强的依赖性，其对本省企业的技术创新很不利。同时，企业目前普遍缺乏创新的动力，因为技术引进的成本低于技术创新的成本。随着辽宁省机电产品出口的增加，其对国外市场的冲击比较大，遭遇到国外的知识产权贸易壁垒与绿色壁垒也就越来越多，西方发达国家为了限制辽宁省的机电产品出口，故意提高该省技术引进的成本。所以辽宁省企业应该尽早调整

观念，变被动为主动，企业应该加强对引进技术的创新和自主创新的能力，尝试用自主技术创新来解决技术提升和技术跨越问题。

企业的技术创新需要资源的保证，主要是资金的保证和人力资源的保证。为了让企业能够充分地进行技术创新，政府应该加强对技术创新企业的资金补贴，并且在税收上给予优惠。企业自己也应该设立研发资金，保证资金和其他相关资源的持续投入，这样企业才能源源不断地产生创新成果和新产品。企业也应该意识到人力资源的保证是突破技术性贸易壁垒的关键，企业要为各类人才提供一切可能的条件和便利，加大研发经费的投入，并制定奖励政策，调动创新人员的研发积极性。

三、树立环保意识、知识产权意识，加强对技术性贸易壁垒新特征的认识

针对国际社会尤其是发达国家越来越多地采用以保护环境为由对辽宁省产品尤其是机电产品出口加以限制，所以我们应该树立环保意识，加强对技术性贸易壁垒新特征的认识。就机电产品而言，环保事业更多地表现为绿色壁垒与标准壁垒，所以辽宁省应该积极关注以绿色壁垒、标准壁垒为形式的环保事业发展。据实证分析的结论可知，标准壁垒的系数为 0.002172，其对辽宁省机电产品出口起到一定的促进作用，但是绿色壁垒对辽宁省的机电产品出口起到了一定的阻碍作用，其系数为 - 0.081748。为此辽宁省政府应该注意标准壁垒可能产生的潜在抑制作用，同时加大力气用于突破绿色壁垒。目前标准壁垒、绿色壁垒已经成为当前技术性贸易壁垒的新形势，辽宁省企业应该树立环保意识，积极应对技术性贸易壁垒。企业要注意跟踪本行业出口产品对象国的绿色技术标准、绿色环境标准、绿色包装制度等，采取新技术、新工艺，生产环保产品，使其满足贸易国的需求。

在知识经济时代，知识产权壁垒也已经成为当前技术性贸易壁垒的新形势，经过前文定性分析得知，知识产权壁垒可能会阻碍辽宁省机电产品的出口。实证分析得知，知识产权壁垒系数为 - 0.319295，知识产权壁垒相对于其他的壁垒有很大的阻碍作用。所以政府与企业都应该适应目前的形势，树

立知识产权意识，这样才能有效避免国际上的知识产权壁垒。辽宁省机电产品出口企业不但要加大自主知识产权的构建和保护，还应该避免出口的产品侵犯他人的知识产权。据统计，美国涉华机电产品的337调查逐年增多，绝大多数集中于电子产品，辽宁省出口的电子产品中由于很大一部分缺乏自主知识产权，所以很难避免遭遇美国337调查。因此只有树立环保意识、知识产权意识，加强对技术性贸易壁垒新特征的认识，才能有效地应对技术性贸易壁垒。

四、优化贸易商品结构，加强和改善企业的管理

由前文分析可知，辽宁省出口的机电商品结构中，虽然机电产品结构得到一定程度的改善，但是目前辽宁省出口的机电产品科技含量不高，高新技术产品出口的增长率较低。出口的产品中很大一部分是通过加工贸易出口的，产品结构层次技术含量不高。在技术性贸易壁垒很普遍的今天，这些产品往往成为发达国家设置技术性贸易壁垒的对象。辽宁省出口企业要想在国际市场上占据一席之地就应苦练内功，提高自身技术水平和管理水平，优化贸易商品结构。出口企业同时还应提高环保科技水平，努力增加出口商品附加值，确保出口产品的技术标准、卫生标准和环保标准达到国际标准。在产品开发时，对技术设施、原材料、生产设备、产品质量、包装等方面都要给予技术和资金支持，让产品以环境竞争力去参与市场竞争，为辽宁省的机电产品出口开拓广阔的绿色市场。

产品结构不合理是辽宁省遭受技术性贸易壁垒的一个重要原因。辽宁省发达的装备制造业以及劳动力人口优势，使得该省机电产品本应该在国际市场上占据比较有利的地位，但是在国际市场上同样遭受技术性贸易壁垒，究其原因主要还是由于国外技术性贸易壁垒的限制范围特别宽泛，包括技术、法规、标志等许多方面，也还包括标准壁垒、知识产权壁垒、绿色壁垒等新的技术性贸易壁垒形式。因此辽宁省机电产品出口企业要想跨越技术性贸易壁垒，除了要优化贸易结构，还要加强和改善企业管理，提高科学管理水平。只有现代化的管理才能把企业改革的活力和技术进步的效力充分发挥出来。

企业要想适应加入世贸组织的需要，就必须探索科学有效的管理方式，建立现代管理制度。管理水平的好坏对企业的经营能力、应对技术性贸易壁垒的能力的提高有着不可忽视的作用。另外，企业可采用国外先进的质量管理标准，获得质量体系认证，从而在提升自身管理水平的同时突破技术性贸易壁垒。[①]

五、利用 FDI 跨越技术性贸易壁垒

根据以上分析可知，本书提到利用技术引进与技术创新突破技术性贸易壁垒，但是技术创新是需要一段时间的，如果辽宁省机电产品出口企业要想快速的获得国外市场，可以考虑通过利用 FDI 跨越技术性贸易壁垒。目前，辽宁省机电产品出口企业要想快速获得先进技术，很重要的一项工作就是引进外资，这是因为仅通过购买技术是很难得到较为先进的技术的。先进的技术往往掌握在跨国公司的手中，跨国公司不会放弃这些技术带来的收益，因此要付出一定的代价，而且有的代价太高以至于让有的企业考虑是否应该退出目标市场。如果双方能从互惠互利的角度合作，那么辽宁省的机电出口企业可以利用跨国公司的营销渠道、品牌等来壮大自身实力。用 FDI 跨越技术壁垒，可以实现本国产业与跨国公司的合作，可以取得双赢的结局。另外，在应对技术性贸易壁垒的同时，中国有实力的企业也可以通过对外直接投资、并购等方式来实现跨国经营。可以利用当地人才设立技术中心，研发新技术，开发新产品，还可以利用当地资金、原材料，建立工厂或带料加工就地销售，节约运输成本，这不仅可以规避技术性贸易壁垒的不利影响，还可以扩大国外的市场。

辽宁省机电产品出口地主要集中于日本、欧盟、美国、中国香港。据前面统计，辽宁省出口的机电产品近 70% 销往这些地区，2010 年与 2011 年销往这些国家和地区的机电产品都占了六成以上，2010 年销往以上国家和地区的机电产品更是占了 68.9%，除了中国香港地区外，日本、欧盟、美国这三

---

① 章志键. 技术性贸易壁垒对我国外贸出口的影响及对策. 价格月刊，2009 (4).

大经济实体恰恰是技术标准最严格的，同时也是实施技术性贸易壁垒的积极倡导者和绝大多数技术性贸易措施的发源地，具有长期而丰富的经验，且制定了大量严格的技术标准与法规。辽宁省机电产品出口市场过于集中，受到的技术性贸易壁垒也越来越多，所以有条件的机电产品出口企业可以利用外国公司的品牌和营销渠道，吸引外商投资机电产品的生产、加工、改造和有潜力的合作项目，生产绿色产品，在产品的各个环节都要始终树立环境保护意识，同时也可以与国外企业合作，利用国外企业的自主知识产权共同投资生产，就能避免国外的知识产权贸易壁垒。另外，辽宁省机电企业应实施"走出去"战略，通过对外直接投资或者间接投资的方式，带动机电产品出口，避开国际贸易壁垒。

第十章 结论

技术性贸易壁垒日益成为非关税壁垒中的重要手段并为各国所利用，技术性贸易壁垒导致了辽宁省机电产品出口增长率下降，对辽宁省机电产品贸易产生了严重的影响。随着辽宁省机电出口的迅猛增长，一系列问题也应运而生，其虽然在短期内给辽宁省机电产品的出口带来了许多负面的影响，遏制了机电产品出口的势头，导致了机电产品出口增长率的下降。但从长期来看，其还有积极的一面，技术性贸易壁垒对辽宁省机电出口企业技术创新、机电产品质量提升有着促进作用。由于技术性贸易壁垒的两面性以及不确定性，对其作用机理的研究比较困难，目前国内外对技术性贸易壁垒的研究主要停留在国家的层次，对地区性具体产品的研究还很少。本书在继承国内外专家学者对技术性贸易壁垒研究的基础上，对技术性贸易壁垒与机电产品进行了深入的研究和探索。获得的主要成果如下：

（1）根据目前存在的关于技术性贸易壁垒定义的争议，对各种主要的观点进行了梳理，总结出各自核心的观点以及缺陷，对技术性贸易壁垒进行重新界定。在此基础上联系机电产品的定义，提出机电产品技术性贸易壁垒的概念，并赋予其实质性的内涵。

（2）在对技术性贸易壁垒作用机理研究的基础上，结合机电产品研究技术性贸易壁垒的数量作用机理、价格作用机理、综合作用机理、动态作用机理，进一步验证了技术性贸易壁垒对机电产品出口的促进与制约作用，为本书的研究提供了理论依据。

（3）在对机电产品技术性贸易壁垒有关的国际规则研究的基础上，重点对与机电产品技术性贸易壁垒有关的国际规则的背景、原则、缺陷进行了深入的研究。通过将国际规则与机电产品技术性贸易壁垒结合起来，研究国际规则的缺陷是怎样演变成机电产品技术性贸易壁垒的，为利用国际规则、克服国际规则的缺陷提供理论依据。

（4）对辽宁省机电产品出口遭遇技术性贸易壁垒的原因进行深入的研究，本书突破了常规思维——从政府、行业协会、企业方面找原因。对生产层面、信息管理层面、国际环境层面、国内外消费者方面以及法律层面进行了系统的深层次分析，进一步验证了机电产品技术性贸易壁垒的形成机制。

（5）在对辽宁省机电产品出口遭遇技术性贸易壁垒研究的基础上，按照影响辽宁省机电产品出口的主要技术性贸易壁垒种类，定性分析标准壁垒、知识产权壁垒、绿色壁垒对辽宁省机电产品出口的积极影响以及消极影响，进一步验证了技术性贸易壁垒对机电产品出口的影响机制。

（6）通过贸易引力模型构建技术性贸易壁垒对辽宁省机电产品出口的影响模型。在前面研究的基础上，广泛收集相关的数据，通过贸易引力模型分别构建机电产品标准壁垒、机电产品知识产权壁垒、机电产品绿色壁垒对辽宁省机电产品出口影响的模型。对模型进行多元回归分析，进一步明确了知识产权壁垒对辽宁省机电产品出口的阻碍作用最大，绿色壁垒的阻碍作用稍小于知识产权壁垒的阻碍作用，而标准壁垒对辽宁省机电产品出口的促进作用稍大于阻碍作用。通过模型同时也找出了影响辽宁省机电产品出口的关键因素，为辽宁省机电产品出口应对技术性贸易壁垒提供了依据。这是对机电产品技术性贸易壁垒的一种创新。

（7）在对发达国家应对机电产品技术性贸易壁垒的研究基础上，对发达国家（美国、欧盟、日本）应对机电产品技术性贸易壁垒的经验、特点进行了深入的研究，总结出发达国家应对机电产品技术性贸易壁垒的经验对发展中国家的启示以及对我国的启示，为进一步完善辽宁省机电产品出口应对技术性贸易壁垒的对策提供了依据。

（8）对辽宁省机电产品出口遭遇技术性贸易壁垒的情况进行系统的分析，总结出存在的问题，提出了辽宁省机电产品出口应对技术性贸易壁垒的对策。

参考文献

［1］鲍晓华. 技术性贸易壁垒的双重性质及甄别机制. 财贸经济, 2005 (10).

［2］保罗·克鲁格曼. 克鲁格曼国际贸易新理论. 北京: 中国社会科学出版社, 2001.

［3］毕文红. 应对技术性贸易壁垒: 政府的角色和职能. 工业技术经济, 2005 (2).

［4］波特. 国家竞争优势. 北京: 华夏出版社, 2002.

［5］曹暄, 刘仕俊. 日本技术性贸易壁垒及对我国出口的启示. 甘肃农业, 2005 (5).

［6］蔡继明. 宏观经济学. 北京: 人民出版社, 2002.

［7］陈志友. 技术性贸易壁垒: 机理特征、政策效应、对策措施. 国际贸易问题, 2004 (11).

［8］陈志田, 叶柏林. 贸易技术壁垒与商品进出口. 北京: 中国计量出版社, 2002.

［9］陈振锋, 吴莹, 汪寿阳. 中国机电产品进出口的统计分析. 国际技术经济研究, 2005 (3).

［10］董展眉. 美国贸易壁垒应对机制对我国的启示. 商业时代, 2005 (23).

［11］董浩. WTO 争端解决机制及其对发展中国家的影响: 以三国诉欧糖为视角. 知识经济, 2010 (8).

［12］杜新年, 舒先林. 《与贸易有关的知识产权协议》的理性评述. 科技进步与对策, 2003 (10).

［13］方爱华. WTO 技术性贸易壁垒的回应战略. 社会科学辑刊, 2001 (1).

［14］冯宗宪, 柯大钢. 开放经济下的国际贸易壁垒: 变动效应、影响分

析、政策研究. 北京：经济科学出版社，2001.

[15] 高文书. 贸易技术壁垒经济分析. 财贸经济，2003（9）.

[16] 葛志荣. 实施卫生与植物卫生协定的理解. 北京：中国农业出版社，2001.

[17] 郭波. 新贸易壁垒论. 北京：中国经济出版社，2008.

[18] 郭立夫，毕文红. 技术性贸易壁垒的新趋势及理性对策. 吉林大学社会科学学报，2005（2）.

[19] 猴先锋. 日本应对贸易摩擦的策略对我们的启示. 东北财经大学学报，2005（3）.

[20] 黄涛，王亚琴. 我国应对技术性贸易壁垒（TBT）的措施. 黑龙江对外经贸，2005（8）.

[21] 黄岳衡，冯宗宪. 对如何设置内生性技术性贸易壁垒的探讨. 对外经济贸易大学学报，2004（5）.

[22] 黄倪丽，王晓红. 技术性贸易壁垒对中小企业技术创新的影响研究. 科技与管理，2006（3）.

[23] 黄荣芳. 我国行业协会应对贸易摩擦的 SWOT 分析. 北方经贸，2008（12）.

[24] 赫国胜，杨哲英，张日新. 新编国际经济学. 北京：清华大学出版社，2005.

[25] 何理. 技术性贸易壁垒的 Bertrand 博弈分析. 财经问题研究，2006（4）.

[26] 韩可卫. 欧盟设置的技术性贸易壁垒的透析. 中国石油和化工标准与质量，2006（3）.

[27] 姜国庆，庄明星. 技术性贸易壁垒对我国机电产品出口的影响. 沈阳工业大学学报：社会科学版，2011（4）.

[28] 金泽虎. 透视当代国际贸易中技术性壁垒的新趋势. 重庆工商大学学报：社会科学版，2004（6）.

[29] 康晓玲，宁艳丽. 外国对华实施技术性贸易壁垒问题的博弈分析. 经济体制改革，2005（2）.

[30] 孔庆峰. 技术性贸易壁垒：理论、规则和案例. 中国海关出版

社，2004.

[31] 李纪宁. 对技术性贸易壁垒功能的辩证思考. 中国科技信息，2008（10）.

[32] 李小北，王振民，路剑等. 国际贸易学. 2 版. 北京：经济管理出版社，2005.

[33] 李树. 技术性贸易壁垒的设置与我国政府的行为选择. 经济纵横，2003（11）.

[34] 李光. 21 世纪企业竞争力评价指标全系的研究. 生产力研究，2000（6）.

[35] 李春顶. 技术性贸易壁垒对出口国的经济效应综合分析. 国际贸易问题，2005（7）.

[36] 李轩. 对技术性贸易壁垒国际规范机制的理性分析. 经济纵横，2007（5）.

[37] 李钢英. 技术标准壁垒形成的理论研究. 广西民族学院学报：哲学社会科学版，2004（2）.

[38] 李春顶，尹翔硕. 技术性贸易壁垒的保护绩效及影响因素. 世界经济研究，2007（7）.

[39] 李小平. 日本应对美日贸易争端的措施及对中国的启示：以汽车贸易争端为例. 河北企业，2004（11）.

[40] 卢欣，路漫. 三里河报告十大重点行业运行监测稳中有忧. 商务周刊，2010（7）

[41] 卢洁. 欧美国家应对技术性贸易壁垒实践对中国出口贸易的启示. 全国商情：经济理论研究，2009（10）.

[42] 卢洁. 西方国家对技术性贸易壁垒的理论研究给中国出口贸易的启示. 商场现代化，2009（14）.

[43] 刘钊. 新技术性贸易壁垒对辽宁出口贸易的影响及行业协会对策. 黑龙江经贸，2011（9）.

[44] 刘钊. 新技术性贸易壁垒对辽宁出口贸易的影响及其应对策略. 对外经贸事务，2011（6）.

[45] 刘钊. 美国技术贸易壁垒新动向分析与辽宁省对策选择. 黑龙江对

外经贸，2011（10）.

　　［46］龙永图. 世界贸易组织问题解答. 北京：中国对外经济贸易出版社，2000.

　　［47］梁小尹，刘善球. WTO 争端解决机制述评. 株洲工学院学报，2002（16）.

　　［48］麦文伟. 积极应对金融危机下技术性贸易壁垒. 中国检验检疫，2009（9）.

　　［49］马迁. WTO 技术贸易壁垒协议的启示. 企业活力—跨国经营，2005（9）.

　　［50］潘兴磊. 谈 WTO 保障措施实施过程中因果关系的界定. 商业时代，2009（2）.

　　［51］潘省初. 计量经济学. 2 版. 北京：中国人民大学出版社，2007.

　　［52］潘飞霞，阮明烽. 我国机电产品出口所面临的技术性贸易壁垒及对策. 企业经济，2007（2）.

　　［53］平狄克·鲁宾费尔德. 微观经济学：第四版. 北京：中国人民大学出版社，2007.

　　［54］秦天宝. 世界贸易组织关于环境保护的法律与实践. 国际论坛，2000（1）.

　　［55］戎卫东. 欧盟在技术性贸易壁垒方面的主要做法及启示. 中国标准化，2000（8）.

　　［56］宋阳. 发展中国家技术性贸易壁垒发展趋势及对我国的启示. 石家庄铁道学院学报：社会科学版，2008（2）.

　　［57］孙敬水. 试析技术性贸易壁垒及我国的应对策略. 商业经济与管理，2002（6）.

　　［58］孙敬水，龚江洪. 论行业协会在应对技术性贸易壁垒中的作用与对策. 科技管理研究，2006（8）.

　　［59］沈四宝. 美国、日本和欧盟贸易摩擦应对机制比较研究：兼论对我国的启示. 国际贸易，2007（2）.

　　［60］王伍. 技术壁垒论. 上海：上海财经大学出版社，2008.

［61］王志明，袁建新. 技术性贸易壁垒的影响及中国的对策. 世界经济，2003（7）.

［62］王维薇. 提高自主创新能力，跨越知识产权壁垒. 黑龙江对外经贸，2007（6）.

［63］王晓红. 包装、标签贸易技术壁垒及应对策略的探讨. 包装工程，2003（5）.

［64］王征. 我国农产品出口的绿色壁垒及应对策略分析. 武汉科技大学学报，2007（3）.

［65］王征. 我国农产品出口应对绿色壁垒策略分析. 当代经济，2007（10）.

［66］王孝存，刘厚俊. 国外应对技术性贸易壁垒的最新实践及对我国的启示. 南京社会科学，2003（5）.

［67］王鹰柏. 当代国际贸易中的技术性贸易壁垒及其对策. 湖南经济，2002（7）.

［68］王耀中，侯俊军. 论技术型贸易壁垒的消费效应. 国际贸易研究，2005（2）.

［69］王轶南. 国外技术壁垒对我国出口的影响及对策研究. 黑龙江对外经贸，2004（5）.

［70］汪琦. 日本与欧美对"合规性"贸易壁垒运用的差异及成因. 当代亚太，2005（3）.

［71］徐睿霞. 论我国农产品技术性壁垒的应对策略. 商场现代化，2008（16）.

［72］徐睿霞. 试析外国对华农产品技术性贸易壁垒的突破策略：基于美国、欧盟和日本经验的借鉴. 商场现代化，2009（2）.

［73］夏友富. 试论技术性贸易壁垒（TBT）. 中国工业经济，2001（2）.

［74］夏友京，赵存华，俞雄忆等. 技术性贸易壁垒综述. 技术性贸易壁垒动态，2006（1）.

［75］夏友富. 技术性贸易壁垒体系与当代国际贸易. 中国工业经济，2001（5）.

［76］夏友富. 2002 年技术性贸易壁垒研究报告. 北京：机械工业出版社，2002.

［77］薛荣久. 世贸组织与中国大经贸发展. 北京：对外经济贸易大学出版社，2000.

［78］叶柏林，陈志田. 技术引进与进出口商品的标准化. 北京：中国标准出版社，1992.

［79］余敏友，左海聪，黄志雄. WTO 争端解决机制概论. 上海：上海人民出版社，2001.

［80］杨圣明. 中国对外经贸理论前沿. 北京：中国社会科学出版社，1999.

［81］杨国华.《与贸易有关的知识产权协议》的产生背景. 律师世界，2002（1）.

［82］杨书林. 论 WTO 争端解决机制的缺陷及我国的应对措施. 特区经济，2012（7）.

［83］姚钟华. WTO 例外规则与运用谋略. 广州：广东经济出版社，2002.

［84］曾令良. 世界贸易组织法. 武汉：武汉大学出版社，1996.

［85］张海东. 技术性贸易壁垒形成机制的经济学分析. 财贸经济，2004（3）.

［86］张海东. 强化应对技术性贸易壁垒的政府管理. 商业时代，2006（5）.

［87］张海东. 技术性贸易壁垒与中国对外贸易. 北京：对外经济贸易大学出版社，2004.

［88］张靓. 探析技术性贸易壁垒的特点. 商业经济，2010（3）.

［89］张平. 技术性贸易壁垒与知识产权. 中国政法大学学报，2004（1）.

［90］章俊欣. 技术性贸易壁垒对我国机电产品出口的影响与对策. 大连海事大学学报，2006（5）.

［91］章志键. 技术性贸易壁垒对我国外贸出口的影响及对策. 价格月刊，2009（4）.

［92］章志键. 技术性贸易壁垒形成机制的博弈分析：基于国家间及国内不同利益集团相互博弈的视角. 企业经济，2009（3）.

［93］朱坤林. 技术性贸易的演变历程及其发展趋势. 中国经贸，2011（10）.

［94］朱玉荣，杨东升. 辽宁外贸企业应对知识产权壁垒的对策研究. 辽

宁工业大学学报：社会科学版，2010（8）.

　　[95] 钟志泉. 技术性贸易壁垒对浙江机电产业的影响及对策. 集团经济研究，2007（33）.

　　[96] 周敏，蒋国瑞. 中国电子信息产业面对欧盟 TBT 的 SWOT 分析及对策. 北方经济，2008（11）.

　　[97] 赵维双. 技术创新扩散的环境与机制. 北京：中国社会科学出版社，2007.

　　[98] 赵欣. 美国、欧盟、日本技术性贸易壁垒的比较分析与对策研究. 中国轻工教育，2005（4）.

　　[99] 赵春明. 非关税壁垒的应对与运用. 北京：人民出版社，2001.

　　[100] 周敏. 技术性贸易壁垒中的博弈及我国的对策. 对外经济贸易大学学报，2006（1）.

　　[101] 郑展鹏. 发达国家 TBT 的启示及对发展中国家 TBT 的评价. 北方经济，2006（20）.

　　[102] 郑展鹏，苏科五. 技术性贸易壁垒的南北比较与中国的政策选择. 财贸经济，2004（2）.

　　[103] Acemoglu D. Directed Technical Change . MIT Working paper，2002（4）：36 - 69.

　　[104] Arghya Ghoshprofile. Quantifying the Impact of Technical Barriers to Trade：Can It be Done？. Review of International Economics，2005，13（2）：397.

　　[105] Ann Mulhaney，James Sheehan，Jacqueline Hughes. Using ISO9000 to Drive Continual Improvement in a SME. The TQM Magazine，2004，16（5）：325 - 330.

　　[106] Barbara Fliess，Joy A. kim. Nor - tariff Barriers Facing Trade in Selected Environment Goods and Associated Services. Journal of Worde Trade，2008，42（3）：535 - 562.

　　[107] Barro R，Sala - I - Martin X. Technological Diffusion. Convergence and Growth . Journal of Economic Growth，1997，2（1）：1 - 26.

[108] Barro R, Sala - i - Martin X. Convergence . Journal of Political Economy, 1992, 100 (2): 223 - 251.

[109] Baier S L, Bergstrand J H. Do Free Trade Agreements Actually Increase Member's International Trade. Journal of International Economics, 2007 (71): 72 - 95.

[110] Bergstran J H The Generalized Gravity Equation, Monopolistic Competition and the Faetor - propotions Theory in International Trade. Review of Economics and Statistics, 1989 (71): 143 - 153.

[111] Buntoon Wongseelashote. Trade Liberalization and Climate Change ? Lmplications for Developing Countries. Asia Pacific Technical Monitor, 2010 (210): 18 - 20.

[112] Breuss F. WTO Dispute Settlement: An Economic Analysis of Four EU - US Mini Trade Wars - A Survey. Journal of Industry, Competition and Trade, Bank Papers, 2004: 275 - 315.

[113] Bruneau J F. A Note on Permits, Standards and Technological Innovation. Journal of Environmental Economics and Management, 2004 (48): 1192 - 1199.

[114] Colyer, Dale. The Role of Science in Trade Agreements. Estey Centre Journal of International Law and Trade Policy, 2006, 7 (1): 84 - 94.

[115] Carolin Averbeck. Olga Skorobogatova. Non - tariff Measures & Technical Tegulations. International Trade Forum, 2010 (3): 35 - 36.

[116] Cordella T, Minelli E, Polemarchakis H M, Chichilnisky G. Trade and Welfare. Cambridge University Press, 1999: 322 - 327.

[117] Donna Roberts. Analyzing Technical Trade Barriers in Agricultural Markets: Challenges and Priorities . Agribusiness, 1999 (15): 336 - 337.

[118] Doi J, Nishimuxa K, Shimomura K. A Two - country Dynamic Model of Intenational Trade and Endogenous Growth: Multiple Balanced Growth Paths and Stability. Journalof Mathematical Economics, 2007 (43): 390 - 419.

[119] Egan, Michelle P. Constructing an European Market: Standard,

Regulation, and Governance. Oxford University Press, 2001: 23 – 58.

[120] Fliess, Barbara, Kim, Joy A. Non – tariff Barriers Facing Trade in Selected Environmental Goods and Associated Services. Journal of World Trade, 2008, 42 (3): 535 – 562.

[121] Gancia G, Zilibotti F. Horizontal Innovation in the Theory of Growth and Development . Economics Working Papers, 2005 (831): 236 – 297.

[122] Gabriele Camera, Alain Delacroix. Trade Mechanism Selection in Markets with Frictions . Review of Economic Dynamics. 2004 (7): 851 – 868.

[123] Gregory Tassey. Standardization in Technology – Based Markets. Research Policy, 2000 (29): 587 – 602.

[124] Graham Mayeda. Developing Disharmony? The SPS and TBT Agreements and the Impact of Harmonization on Developing Countries. Journal of Economic Law 2004, 7 (4): 737 – 764.

[125] Hu D. Trade, Rural – urban Migration, and Regional Income Disparity in Developing Countries: A Spatial General Equilibrium Model Inspired by the Case of China, Regional Science and Urban Economics, 2002 (32): 311 – 338.

[126] Henson S, Wilson J S (eds). The WTO and Technical Barriers to Trade. Reference & Research Book News, 2005: 599 – 601.

[127] International Trade Forum. Technical Trade Barriers. Information Week, 2005 (1039): 34.

[128] Zhao Jianhong Bi Wenhong. The Roles and Function of Chinese Industrial Associations in Dealing with Abroad Technical Barrier. Management Science and Engineering, 2011, 2 (1): 61 – 66.

[129] Jeffrey A, Frankel and Deardorff. The Regionalization of the World Economy. University of Chicago Press, 1998: 23 – 36.

[130] Jane Winn and Nicolas Jondet. A "New Approach" to Standards and Consumer Protection. Journal of Consumer Policy, 2008, 31 (4): 459 – 472.

[131] Jiawen Yang, Hossein Askari, et al. US economic Sanctions against China: Who Gets Hurt? . The World Economy, 2004, 27 (7): 1047 – 1081.

[132] Jorgen Ulff – Moller Nielsen et al. The EU Anti – dumping Policy towards Russia and China: Product Quality and the Choice of an Analogue Country . The World Economy, 2005, 28 (1): 103 – 136.

[133] Keith E. Maskus, Tsunehiro Otsuki, John S. Wilson. The Cost of Compliance with Product Standards for Firms in Developing Countries: An Economic Study. World Bank Policy Research Working Paper, 2005: 3590.

[134] Krugman P. Technology, Trade and Factor Prices. Journal of International Economics, 2000 (50): 51 – 71.

[135] Liu, Lan, Yue, Chengyan. Non – tariff Barriers to Trade Caused by SPS Measures and Customs Procedures with Product Quality Changes. Journal of Agricultural and Resource Economics, 2009, 34 (1): 196 – 212.

[136] Mangelsdorf, Axel. The Role of Technical Standards for Trade Between China and the European Union. Technology Analysis and Strategic Management, 2011, 23 (7): 725 – 743.

[137] Marco Antonio Grecco D'Elia, Desire Moraes Zouain. Overcoming Technical Barriers to International Trade by the Small and Medium Technological Based Companies the Case of Medical Devices Exportation to European Community. RAI: Revista de Administra, 2008, 5 (1): 5 – 19.

[138] Ming Du, Michael. Domestic Regulatory Autonomy under the TBT Agreement: From Non – discrimination to Harmonization. Chinese Journal of International Law, 2007, 6 (2): 269 – 306.

[139] Markuson J D, James R M. Factor Movements and Commodity Trade as Complements. Journal of International Economics, 2001 (104): 341 – 345.

[140] Michelle Egan. Setting Standards: Strategic Advantages in International Trade Business. Strategy Review, 2002, 13 (1): 51 – 64.

[141] MP G, Swann. The Economics of Standardization. Final Report for Standards and Technical Regulations Directorate Department of Trade and Industry. Department of Trade and Industry, 2000: 1 – 65.

[142] Neil Gandal, OzShy. Standardization Policy and International Trade.

Journal of International Economics, 2000 (53): 363 - 389.

[143] Natalie Chen, Dennis Novy. Gravity, Trade Integration, and Heterogeneity across Industries. Journal of International Economics, 2011, 85 (2): 206 - 221.

[144] Neil Gandal, Oz Shy. Standardization Policy and International Trade. Journal of International Economy, 2001, (53): 363 - 383.

[145] Posner Richard A. Theories of Economic Regulation. Bell. Journal of Economics & Management Science, 1974, 5 (2): 335.

[146] Poyhonen, P A. Tentative Model for the Volume of Trade between Countries. Aichives, 1963 (90): 93 - 100.

[147] Peter Swann, Paul Temp le, Mark Shurmer. Standards and Trade Performance: the UK Experience . Economic Journal 1996 (106): 1301 - 1305.

[148] Paul Brenton, John Sheehy. Marc Vancauteren. Technical Barriers to Trade in the European Union: Importance for Accseesion Countries. Journal of Common Market Studies, 2001, 39 (2): 265 - 284.

[149] Robert Ackrill and Adrian Kay. EU Biofuels Sustainability Standards and Certification Systems - How to Seek WTO - Compatibility. Journal of Agricultural Economics, 2011, 62 (3): 551 - 564.

[150] Robert Kaarls. Metrology, Essential to Trade, Industry and Society. Accreditation and Quality Assurance: Journal for Quality, Comparability and Reliability in Chemical Measurement, 2007, 12 (8): 435 - 437.

[151] Rajesh Aggarwal. Bringing down the Barriers: Helping Small Exporters in Developing Countries Adapt to New Global Trade Conditions. International Trade Forum, 2008 (1): 45.

[152] Roland - Holst D, Weiss J. ASEAN and China: Export Rivals or Partners in Regional Growth? . the World Economy, 2004, 27 (8): 1255 - 1274.

[153] Ronald Fischer, Pablo Serra. Standards and Protection. Journal of International Economics, 2000, 52 (2): 377 - 400.

[154] Vernon R. International Investment and International trade in the

Product Cycle. QJE. 1966, (80): 190 -209.

[155] Skyse O. Product Standards for Internationally Integrated Goods Markets. The Brookings Institution, Washington, DC, 1995: 7.

[156] Sreten Cuzovic. Quality Management System In Trade-Internationalisation of Marketing Relations with Consumers . Perspectives of Innovation in Economics and Business, 2011, 8 (2): 41 -44.

[157] Silja Baller. Trade Effect of Regional Standards Liberalization-A Heterogeneous Firms Approach. World Bank Policy Research Working Paper, 2007: 4124.

[158] Torek Farhadi. Regional Trade for Global Gains. International Trade Forum, 2010 (4): 36 -37.

[159] Thomas A. Hemphill. The Business Method Patent: A Barrier to Global Harmonisation of Intellectual Property Rights?. Global Business and Economics Review, 2006, 8 (3): 179 -186.